MÓDULO 5

Técnicas digitales

SISTEMAS DE INSTRUMENTOS ELECTRÓNICOS

JORGE LÓPEZ CRESPO

MÓDULO 5

Técnicas digitales

SISTEMAS DE INSTRUMENTOS ELECTRÓNICOS

JORGE LÓPEZ CRESPO

Actualizado al Reglamento de Ejecución (UE) 2023/989

Paraninfo

Paraninfo

Módulo 5. Técnicas digitales. Sistemas de instrumentos electrónicos

© Jorge López Crespo

Gerente Editorial
María José López Raso

Equipo Técnico Editorial
Paola Paz Otero
Sofía Durán Tamayo

Editora de Adquisiciones
Carmen Lara Carmona

Producción
Nacho Cabal Ramos

Diseño de Cubierta
Ediciones Nobel

Preimpresión
Sonia Ojanguren Llera

2.ª edición, 2024

C/ Sierra de Guadarrama 35. Naves 2, 3, 4 y 5
Polígono Industrial San Fernando II
28830 San Fernando de Henares

Teléfono: 914 463 350
clientes@paraninfo.es / www.paraninfo.es

ISBN: 978-84-283-6824-7
Depósito legal: M-20352-2024

(30602)

Impreso en España /*Printed in Spain*
Liberdigital (Casarrubuelos, Madrid)

Las actividades contenidas en este libro han de realizarse en un cuaderno aparte.
Los espacios incluidos en las actividades son meramente indicativos y su finalidad es didáctica.

CONTENIDO

UNIDAD 9 145

DISPOSITIVOS SENSIBLES A CARGAS ELECTROESTÁTICAS

UNIDAD 10 155

CONTROL DE GESTIÓN DE SOFTWARE

UNIDAD 11 167

ENTORNO ELECTROMAGNÉTICO

UNIDAD 12 197

SISTEMAS TÍPICOS ELECTRÓNICOS-DIGITALES EN LAS AERONAVES

INTRODUCCIÓN

En noviembre de 1947, en los Laboratorios Bell de Nueva Jersey (EE. UU.), los físicos estadounidenses de la compañía AT&T John Bardeen y Walter H. Brattain lograron construir un dispositivo amplificador de señales con elementos de estado sólido. Había nacido el **transistor.** Durante los meses siguientes, el físico teórico William B. Shockley ayudó a Bardeen y Brattain a perfeccionar el diseño del transistor, lo que les valió el Premio Nobel de Física de 1956. La aparición del transistor no solo provoca un gran salto tecnológico, además inicia un cambio social que marcará la segunda mitad del siglo XX.

El mundo de la aviación no es ajeno a esta revolución. Los equipos de comunicaciones a base de válvulas, que se habían utilizado a bordo desde 1917, se ven relegados por las modernas radios transistorizadas, más fiables, eficientes, ligeras, compactas y baratas. También aparecen sofisticados equipos electrónicos de navegación y piloto automático cuyo componente principal es el transistor.

A la vez que se hacía pública la invención del transistor, en 1947 se completó la construcción de la primera **computadora electrónica digital:** ENIAC (*Electronic Numerical Integrator and Computer*). El desarrollo de ENIAC comenzó en 1943, en plena segunda guerra mundial, en la Universidad de Pensilvania. Su tamaño era enorme, formada por 18 000 válvulas termoiónicas, 70 000 resistores, 10 000 condensadores y 1500 relés, ocupaba un espacio de 15 m por 9 m. En funcionamiento, era capaz de realizar 5000 sumas por segundo con un consumo eléctrico de 150 kW. Fue sin duda un gran avance para la época, encabezando la primera generación de computadoras.

No pasó mucho tiempo hasta que el transistor sustituyera a las válvulas en la construcción de las computadoras, apareciendo la segunda generación de computadoras. Esta segunda generación es más compacta, rápida y presenta un menor consumo que la primera. En 1954, científicos de los Laboratorios Bell desarrollan la primera computadora totalmente transistorizada TRADIC (*Transistor Digital Computer*), bajo pedido de la U. S. Air Force. La TRADIC estaba formada aproximadamente por 700 transistores y 10 000 diodos de estado sólido, con una velocidad de procesamiento de 1 MHz y un consumo eléctrico de apenas 100 W. Una versión más ligera de esta computadora, la Flyable TRADIC, sustituyó a la computadora analógica de navegación y control de bombardeo del avión Convair C-131.

5.9. Multiplexación —

- No se exige para las licencias B1.

5.10. Fibra óptica 1

- Ventajas y desventajas de la transmisión de datos por fibra óptica respecto a la transmisión por cable eléctrico.
- Bus de datos de fibra óptica.
- Términos relacionados con fibra óptica.
- Terminaciones.
- Acopladores, terminales de control, terminales remotos.
- Aplicación de la fibra óptica en sistemas de aeronaves.

5.11. Indicadores visuales electrónicos 2

- Principios de funcionamiento de tipos comunes de indicadores visuales usados en aeronaves modernas, como: tubos de rayos catódicos, diodos emisores de luz y pantallas de cristal líquido.

5.12. Dispositivos sensibles a cargas electrostáticas 2

- Manipulación especial de componentes sensibles a descargas electrostáticas.
- Conocimiento de los riesgos y posibles daños, dispositivos de protección contra las cargas electrostáticas para personas y componentes.

5.13. Control de la gestión del software 2

- Conocimiento de las restricciones, los requisitos de aeronavegabilidad y los posibles efectos catastróficos producidos por cambios no aprobados a programas de software.

5.14. Entorno electromagnético 2

- Influencia de los siguientes fenómenos en las prácticas de mantenimiento de sistemas electrónicos:
  - EMC: Compatibilidad electromagnética.
  - EMI: Interferencia electromagnética.
  - HIRF: Campo de radiación de alta intensidad.
  - Rayos/protección contra rayos.

5.15. Sistemas típicos electrónicos/digitales en aeronaves 1

- Disposición general de los sistemas típicos electrónicos/digitales de aeronaves y sus equipos asociados (BITE), como:

  a)
  - ACARS – *ARINC Communication and addressing and reporting system* (Sistema de notificación, dirección y comunicación de ARINC).
  - FBW – *Fly-by-wire* (Mandos de vuelo electrónicos.
  - FMS – *Flight management system* (Sistema de gestión del vuelo).
  - IRS – *Inertial referente system* (Sistema de referencia inercial).

  b)
  - ECAM – *Electronic centralizad aircraft monitoring* (Supervisión centralizada electrónica de la aeronave).
  - EICAS – *Engine indication and crew alerting system* (sistema de indicación de los motores y de alerta a la tripulación).
  - EFIS – *Electronic flight instrument system* (Sistema de instrumentos electrónicos de vuelo).
  - GNSS – *Global navigation satellite system* (Sistema de navegación global por satélite).
  - TCAS – *Traffic alert collision avoidance system* (Sistema de alerta de tráfico aéreo para la prevención de colisiones).
  - Aviónica modular integrada (IMA).
  - Sistemas de cabina.
  - Sistemas de información.

UNIDAD 1

SISTEMAS DE INSTRUMENTOS ELECTRÓNICOS

El sistema de instrumentación de una aeronave proporciona información sobre su estado y su funcionamiento. A través de la instrumentación, los pilotos pueden saber la velocidad de vuelo, el rumbo o cómo están funcionando los motores y el resto de sistemas de la aeronave. Además, ayudándose de la instrumentación, los técnicos de mantenimiento podrán realizar diversos test para comprobar el correcto estado del aparato. El **sistema de instrumentación analógico** tradicional está compuesto por cuatro indicadores:

- Anemómetro (*airspeed indicator*).
- Horizonte artificial o indicador de actitud (*attitude indicator*).
- Altímetro (*altimeter*).
- Indicador de rumbo (*heading indicator* – HI).

Estos instrumentos se encuentran en el panel principal de la cabina de vuelo dispuestos en forma de T (Figura 1.1), flanqueados por el indicador de viraje y deslizamiento (*turn and bank indicator*) y por el variómetro (*Vertical Speed Indicator* – VSI). Los dos puestos de pilotaje cuentan con su propio conjunto de seis indicadores, situados en el panel principal de la cabina.

Figura 1.1. Disposición de los indicadores en el panel principal en un sistema de instrumentación analógico (T básica).

Además, puesto que las aeronaves suelen contar con sistemas de radionavegación, en cabina también nos encontraremos con sus respectivos indicadores (Figura 1.2):

- Indicador radiomagnético (*Radio Magnetic Indicator* – RMI). En este instrumento se representa la dirección en la que se encuentran las estaciones de tierra de los sistemas de navegación ADF (flecha sencilla) y VOR (flecha doble).
- Instrumentación de aterrizaje (*Instrument Landing System* – ILS). Ayuda al piloto a mantener la aeronave en la senda de planeo descendente óptima durante el aterrizaje.

Estos indicadores analógicos están construidos con componentes mecánicos, neumáticos y eléctricos que moverán las agujas y el dial de los instrumentos según corresponda. De esta forma, la cápsula barométrica de un anemómetro se hinchará por la acción del aire proveniente del tubo de pitot y, a través de un mecanismo, provocará el movimiento de la aguja, dando la indicación. En un sistema de instrumentación digital, la presión captada por el tubo de pitot se introduce en la computadora de datos del aire (*air data computer*), que mide dicha presión, obteniendo una señal digital que se envía a las pantallas de la cabina a través de un bus de datos, en donde se representará el valor de la velocidad del aire.

Hoy en día, los pilotos visualizan la información del vuelo mediante una serie de pantallas que reciben datos, en formato digital, de distintas computadoras. A este tipo de cabinas se las conoce como *glass cockpits* (cabinas de cristal).

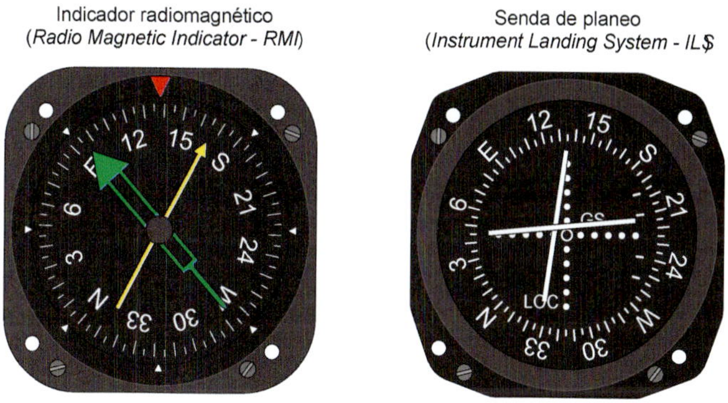

Figura 1.2. Indicadores analógicos de navegación: RMI e ILS.

1.1. GLASS COCKPIT

El primer avión comercial en utilizar un sistema de instrumentación electrónico (*Electronic Instrument System* – EIS) fue el McDonnell Douglas MD-80 en 1980, empleando pantallas de tubo de rayos catódicos (CRT). El MD-80 muestra la información del horizonte artificial y la del indicador de rumbo en dos pantallas, situadas en la misma posición que dichos indicadores (Figura 1.3). Estas pantallas son el indicador de actitud electrónico (*Electronic Attitude Direction Indicator* – EADI) y el indicador de rumbo electrónico (*Electronic Horizontal Situation Indicator* – EHSI). En el EADI se centraliza la información del horizonte artificial, del coordinador de giro e inclinómetro y del ILS. En el EHSI se recoge la información relativa al rumbo y navegación. Tanto el piloto como el copiloto cuentan con su pareja de pantallas. También nos podemos encontrar una pantalla adicional multifunción (*Multi-Function Display* – MFD) entre medias de ambos puestos de pilotaje, en donde se representan los datos provenientes del radar meteorológico o de los sistemas de la aeronave. Esta pantalla adicional es idéntica a las de actitud y de navegación, por lo que en caso de fallo de alguna de ellas, podrá mostrar la información del EADI o del EHSI.

Figura 1.3. Disposición de las pantallas e indicadores analógicos en el panel principal de un MD-80. T básica con EADI y EHSI.

Figura 1.4. Cabina tipo *full glass cockpit* con sistema de instrumentos electrónicos (EIS).

En 1988 entra en servicio el Airbus A-320, el primer avión comercial con instrumentación totalmente electrónica. El Airbus A-320 cuenta con seis pantallas en donde aparece toda la información que los pilotos necesitan: actitud, rumbo, velocidad, funcionamiento de motores y sistemas, etc. Este sistema de instrumentación electrónica se divide en dos: EFIS (actitud y navegación) y EICAS o ECAM (sistemas de a bordo y planta de potencia).

1.1.1. EFIS

El sistema electrónico de instrumentación de vuelo (*Electronic Flight Instrument System* – EFIS) proporciona a la tripulación la información referente a la actitud del avión y la navegación. Cada puesto de pilotaje tendrá dos pantallas:

- **PFD** (*Primary Flight Display*): en esta pantalla se centraliza la información del horizonte artificial, del inclinómetro y coordinador de giro, del ILS, del radioaltímetro, del sistema de prevención de colisiones TCAS, del anemómetro, del variómetro y del altímetro (Figura 1.5). Es una evolución del EADI.

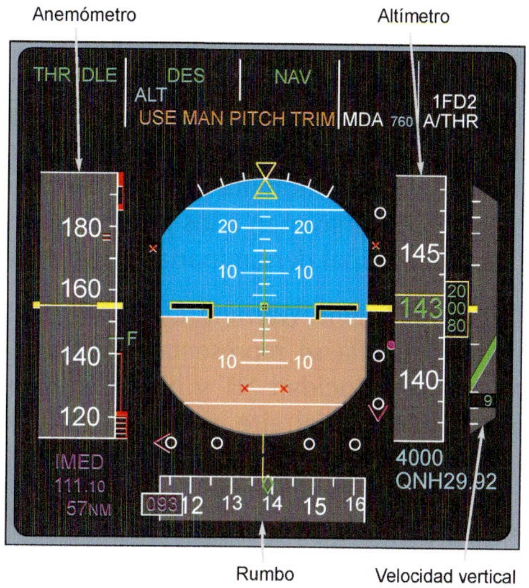

Figura 1.5. Pantalla PFD (Primary Flight Display) del EFIS en un Airbus A-320.

- **ND** (*Navigation Display*): en la pantalla ND se representa la información de rumbo, radioaltímetro, radar meteorológico WXR y navegación ADF, VOR, GPS e ILS. Es una evolución del EHSI. El ND tiene tres modos de presentar la información: ARC, ROSE y PLAN (Figura 1.6). Las pantallas más modernas son capaces incluso de representar el terreno que sobrevuela la aeronave en tres dimensiones.

El comandante y el copiloto cuentan con una pareja de pantallas PFD+ND enfrente de sus respectivos puestos.

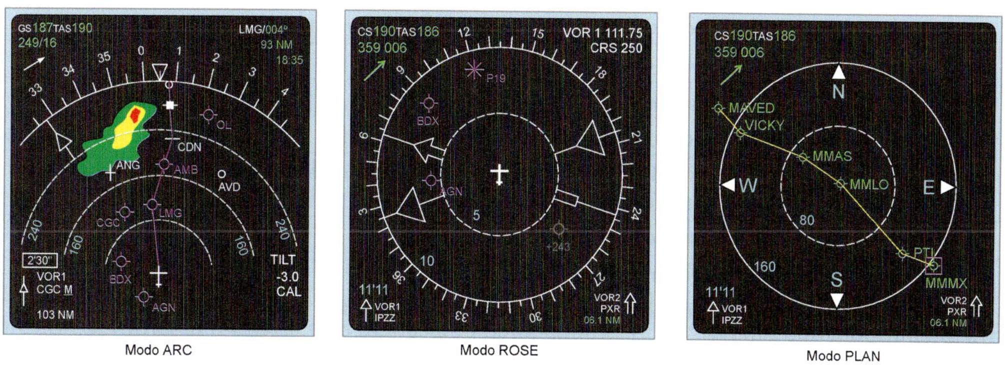

Figura 1.6. Pantalla ND (*Navigation Display*) del EFIS en un Airbus A-320 en sus tres modos: ARC, ROSE y PLAN.

SD también se denomina pantalla multifunción **MFD** (*Multi-Function Display*), debido a la diversa información que puede representar.

Las pantallas del EFIS y el EICAS se pueden intercambiar, bien por preferencias de la tripulación o bien por el fallo de alguna de ellas, mediante el panel de control situado en el **panel antideslumbrante.** De esta forma, el piloto puede representar en la ND información de sistemas, típica de la SD, y viceversa.

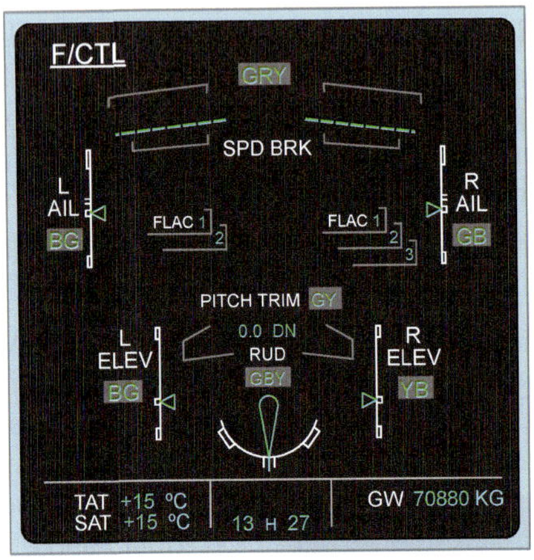

Página de mandos de vuelo

Página de sistema eléctrico

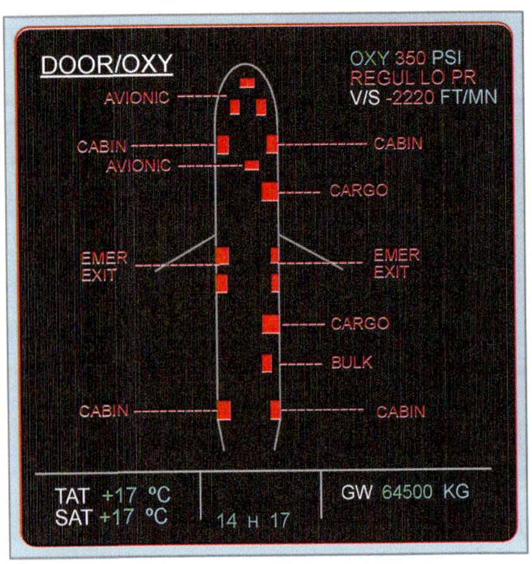

Página de puertas

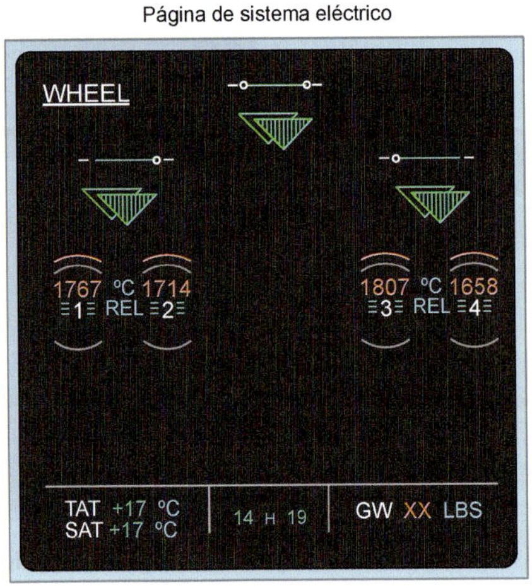

Página de tren de aterrizaje

Figura 1.8. Pantalla SD (*System Display*) del EICAS o ECAM.

Las viejas pantallas de tubo de rayos catódicos CRT (*Cathode Ray Tube*) dejaron paso a finales de los noventa a las más ligeras y eficientes pantallas de cristal líquido LCD (*Liquid Crystal Display*). Con el paso de los años, las pantallas también han ido aumentando de tamaño. El moderno Airbus A-350 tiene además dos grandes pantallas laterales denominadas **OIS** (*Onboard Information System*), en donde se representa información variada de sistemas y navegación. De esta manera, el panel principal queda prácticamente cubierto de pantallas en su totalidad.

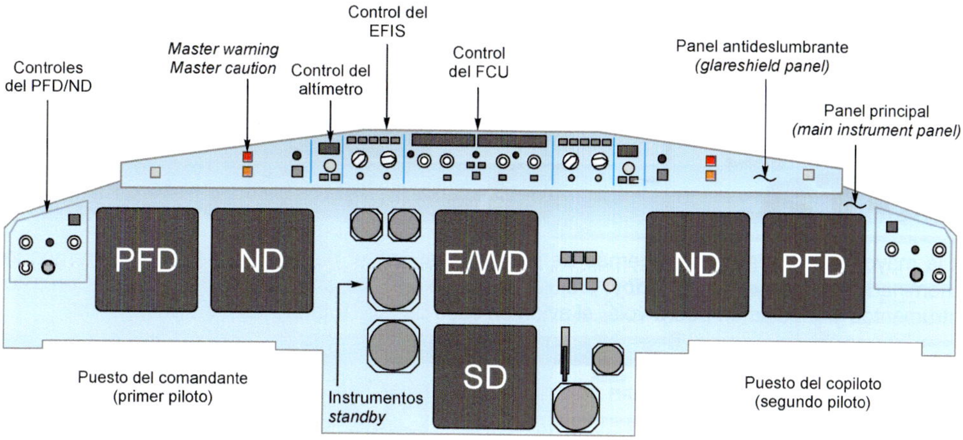

Figura 1.9. Disposición de las pantallas del EFIS y el ECAM en el panel principal de un Airbus A-320. Esta disposición es la típica y habitual empleada en todos los aviones comerciales modernos.

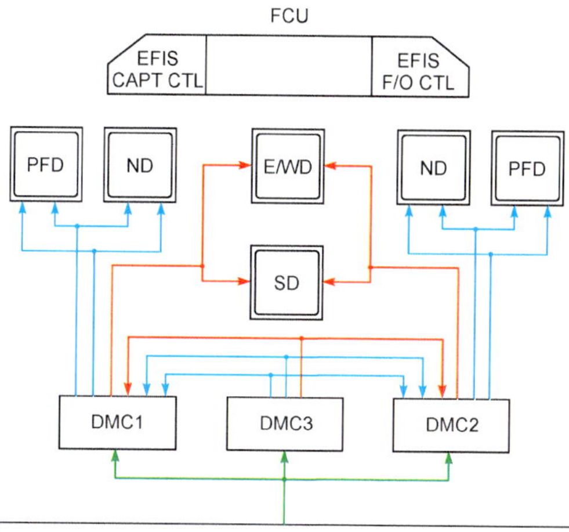

ADIRS1, ADIRS2, ADIRS3 (*Air Data Inertial Reference System*): proporciona datos de aire (velocidad del aire, altitud, ángulo de ataque) y referencia inercial (posición, actitud). También puede proporcionar información de piloto automático y navegación.
FCU1, FCU2 (*Flight Control Unit*): Unidad de control del modo de vuelo (piloto automático o manual).
FMGC1, FMGC2 (*Flight Management Guidance Computer*): Computadora que gestiona datos de navegación, actuaciones y piloto automático.
FAC1, FAC2 (*Flight Augmentation Computer*): Computadora de control del timón de dirección (guiñada).
ILS1, ILS2 (*Instrument Landing System*): Sistema de aterrizaje por instrumentos.
VOR1, VOR2 (*VHF Omnidirectional Range*): Sistema de radionavegación.
DME1, DME2 (*Distance Measurement Equipment*): Sistema de medición de distancia una estación de tierra mediante ondas de radio.
ADF1, ADF2 (*Automatic Direction Finder*): Sistema de radionavegación.
WXR1, WXR2 (*Weather Radar*): Radar meteorológico.
FADEC (*Full Authority Digital Engine Control*): Sistema de control electrónico del motor.

Figura 1.10. Las pantallas del EFIS y el ECAM se controlan desde tres unidades DMC, que reciben múltiple información de las computadoras de a bordo situadas en el centro de los equipos.

El funcionamiento de las pantallas se gestiona desde tres DMC (*Display Management Computer*). Cada DMC recibe información de las computadoras de a bordo y la envía a las pantallas para su representación (Figura 1.10). Durante el vuelo normal, solo la DMC1 y la DMC2 se encuentran activas, la DMC3 entra en funcionamiento en caso de fallo de una de ellas. Todas estas computadoras se encuentran ubicadas en el **compartimento de aviónica** de la aeronave, junto con el resto de componentes eléctrico-electrónicos (baterías,

autoevaluación

1.1. ¿Qué cuatro instrumentos analógicos forman la T básica tradicional?

1.2. ¿Qué dos instrumentos flanquean a la T básica analógica tradicional?

1.3. ¿Qué instrumento analógico indica la velocidad vertical de la aeronave?

1.4. Un anemómetro analógico recibe una señal ________ (eléctrica/neumática).

1.5. (Referido a la Figura 1.14.) Identifica cada uno de los instrumentos analógicos de la figura (T básica).

A. __________ B. __________
C. __________ D. __________
E. __________ F. __________

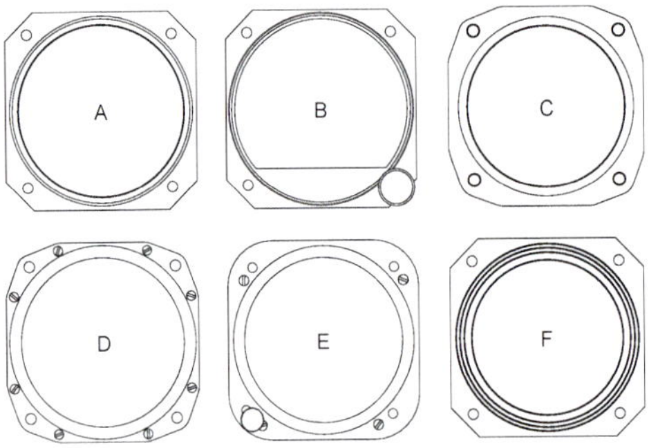

Figura 1.14. Pregunta de autoevaluación 1.5.

1.6. El RMI es un indicador de ____________ (navegación/actitud).

1.7. En el __________ (EADI/EHSI) se representa el horizonte artificial.

1.8. En el __________ (EADI/EHSI) se representa la información relativa al rumbo y a la navegación.

1.9. (Referido a la Figura 1.15.) Identifica cada uno de los instrumentos analógicos y digitales de la figura.

A. __________ B. __________
C. __________ D. __________
E. __________ F. __________

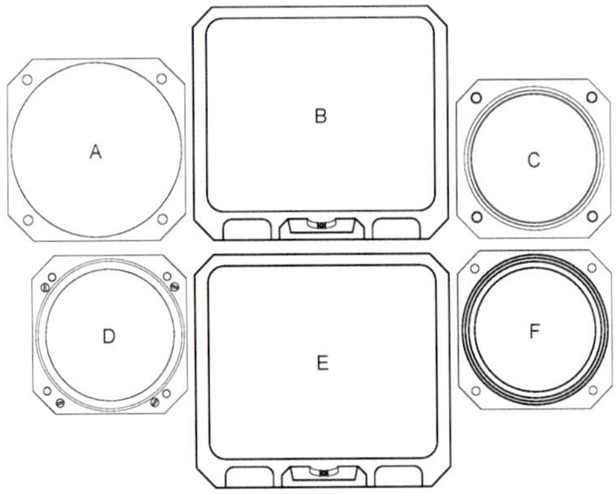

Figura 1.15. Pregunta de autoevaluación 1.9.

1.10. (Referido a la Figura 1.16.) El indicador electrónico de la figura se denomina ______.

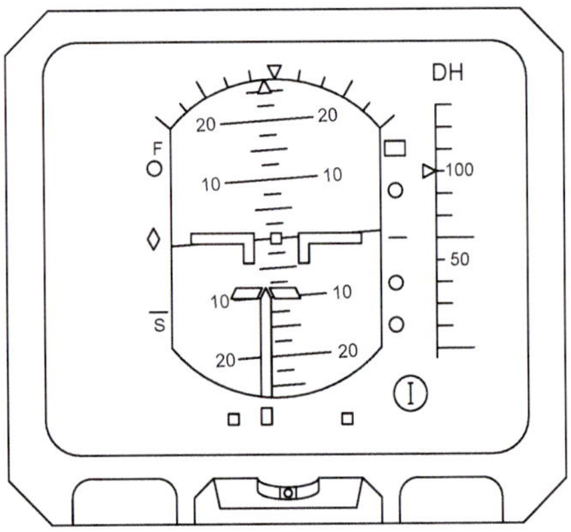

Figura 1.16. Pregunta de autoevaluación 1.10.

1.11. Las cabinas en las que se representa la información utilizando pantallas en vez de indicadores analógicos se las conoce como ________________.

1.12. El ________ (EFIS/EICAS) proporciona información referente a la actitud y navegación del avión.

1.13. Las pantallas del EFIS se denominan _____ y _____.

1.14. En la pantalla _____ se centraliza la información del horizonte artificial, inclinómetro, anemómetro, variómetro, etc., mientras que en la pantalla _____ se representarán los datos de rumbo y navegación.

1.15. La información proveniente del radar meteorológico se representa en la pantalla _____.

1.16. ¿De qué modos puede mostrar la información la pantalla ND?

1.17. (Referido a la Figura 1.17.) Identifica cada una de las pantallas de la figura, según su posición habitual.

A. __________ B. __________

C. __________ D. __________

E. __________ F. __________

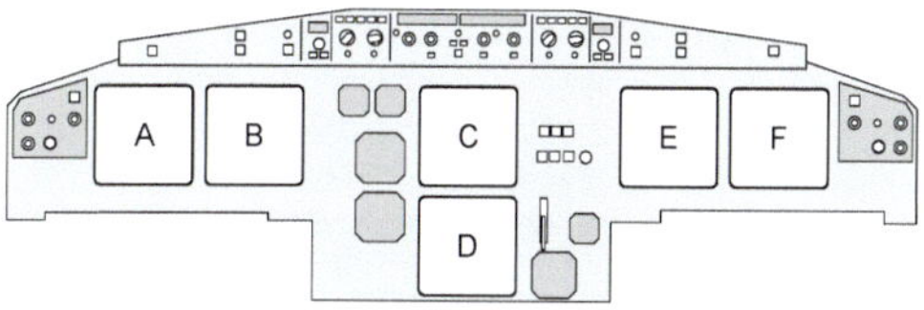

Figura 1.17. Pregunta de autoevaluación 1.17.

1.18. En Airbus, el sistema que se encarga de informar a los pilotos del funcionamiento de los motores y los sistemas de a bordo es el _________, que Boeing denomina _________.

1.19. La pantalla EWD es la pantalla _______ (principal/secundaria) del EICAS.

1.20. En la pantalla _______ se representan los datos propios del motor y los fallos detectados por el avión.

1.21. La información relativa a los sistemas se muestra en la pantalla _____ del ECAM.

1.22. ¿Dónde se alojan las DMC que controlan las pantallas del EIS?

1.23. (Referido a la Figura 1.18.) Es la pantalla ______ (PFD/ND/EWD/SD).

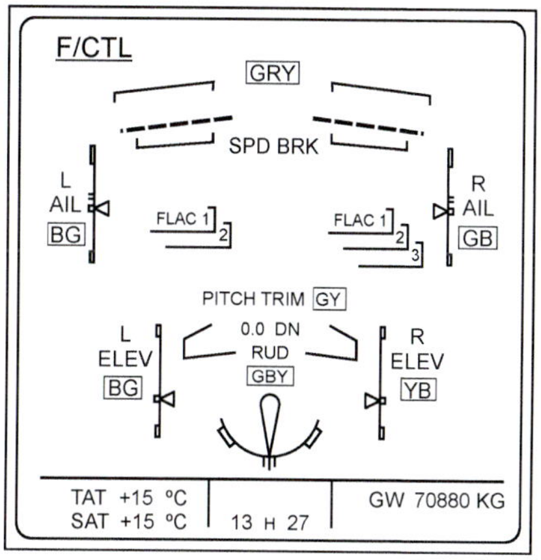

Figura 1.18. Pregunta de autoevaluación 1.23.

1.24. ¿Cuántas DMC tiene un sistema EIS convencional?

1.25. ¿Dónde está localizado el compartimento de aviónica de un avión comercial como el Airbus A-320?

1.26. ¿Cuáles son los instrumentos *standby*?

1.27. La ________ es el componente que sirve de interfaz a la tripulación y a los técnicos de mantenimiento para comunicarse con la FMGC de a bordo.

1.28. ¿En qué zona de la cabina se encuentran las MCDU?

1.29. ¿En qué zona de la cabina se encuentra el panel de control del EFIS?

1.30. ¿En qué zona de la cabina se encuentra el panel de comunicaciones?

1.31. El _______ de un dispositivo es capaz de detectar fallos propios y de otros dispositivos a los que esté conectado.

1.32. ¿En qué zona de la cabina se encuentra el control de dirección del tren de morro?

1.33. ¿En qué zona de la cabina se encuentran los controles de los sistemas de a bordo?

UNIDAD 2

SISTEMAS DE NUMERACIÓN

Desde la antigüedad, hemos recurrido a sistemas de numeración para representar los números. Así, tenemos el sistema de numeración hebreo, el babilónico, el egipcio y el romano, más conocido por nosotros. En el siglo IX, los árabes introducen en Europa, a través de la península ibérica, el sistema de numeración indoarábigo, que es el sistema decimal que utilizamos hoy en día. Ahora bien, para un circuito digital, resulta mucho más sencillo trabajar con un sistema de numeración binario que con uno decimal. En esta unidad vamos a estudiar las particularidades de estos, y de otros sistemas de numeración, y cómo pasar de un sistema a otro.

2.1. SISTEMA DECIMAL

El sistema de numeración que utilizamos de forma cotidiana se denomina **sistema decimal.** El sistema decimal se caracteriza por componer todos los números empleando diez dígitos: 0, 1, 2, 3, 4, 5, 6, 7, 8 y 9. La posición de los dígitos dentro de un número nos da información de su importancia. Por ejemplo, en el número 273, el 2 es más importante que el 7 y, a su vez, el 7 es más importante que el 3. Ahora bien, ¿cuánto más importante es un dígito que otro? Para resolver esa pregunta vamos a descomponer el número decimal 273:

$$273 = 200 + 70 + 3 = 2 \cdot 100 + 7 \cdot 10 + 3 \cdot 1$$

Vemos que cada dígito está multiplicado por una potencia de diez distinta, en función de su posición en el número:

$$273 = 2 \cdot 10^2 + 7 \cdot 10^1 + 3 \cdot 10^0$$

En el sistema de numeración decimal, la importancia de cada dígito está definida por la potencia de diez que multiplica ese dígito. Por ello, a este sistema también se le denomina sistema en **base diez.**

2.2. SISTEMA BINARIO

Un **sistema de numeración binario** emplea solo dos dígitos para formar todos los números: 0 y 1. La importancia de cada dígito dentro de un **número binario** está definida mediante potencias de 2. Por ejemplo, el número binario 1001 será:

$$1001 = 1 \cdot 2^3 + 0 \cdot 2^2 + 0 \cdot 2^1 + 1 \cdot 2^0$$

Decimos que el sistema binario es un sistema de **base dos.** Si operamos tendremos:

$$1001 = 1 \cdot 2^3 + 0 \cdot 2^2 + 0 \cdot 2^1 + 1 \cdot 2^0 = 1 \cdot 8 + 0 \cdot 4 + 0 \cdot 2 + 1 \cdot 1 = 8 + 0 + 0 + 1 = 9$$

Por tanto, el número binario 1001 se corresponde con el número decimal 9:

$$1001_2 = 9_{10}$$

Ambos números representan la misma realidad. Así pues, un niño nos podría decir que tiene 1001_2 años, expresado en números binarios, o bien que tiene 9 años, expresado en sistema decimal. En ambos casos su edad quedará perfectamente definida. Ahora bien, será muy raro que alguna persona nos dé su edad en binario o que al ir a la frutería los precios de las naranjas estén puestos en binario. Aparentemente, en nuestro día a día el sistema binario brilla por su ausencia. Pero solo aparentemente, ya que las computadoras, los *smartphones*, el reloj, la televisión, etc., emplean este sistema como base de funcionamiento.

Los circuitos eléctricos son controlados mediante interruptores: si el interruptor se cierra pasará corriente y encenderá la luz; si el interruptor se abre dejará de fluir corriente eléctrica y la luz se apagará. La mayoría de circuitos eléctricos pueden permanecer en dos estados: encendido (ON) y apagado (OFF). Podemos asignar el dígito 1 a la posición ON y el 0 a la posición OFF. En una computadora, los circuitos electrónicos actúan como miles de pequeños interruptores que se abren o cierran de forma coordinada para formar números binarios. Estos circuitos electrónicos que manejan números binarios se denominan **circuitos digitales.**

2.2.1. CONVERSIÓN BINARIO-DECIMAL

Para convertir un número binario en su equivalente decimal bastará con multiplicar cada dígito binario por la potencia de 2 que le corresponde. Por ejemplo, para convertir en decimal el número binario 10101_2:

$$10101_2 = 1 \cdot 2^4 + 0 \cdot 2^3 + 1 \cdot 2^2 + 0 \cdot 2^1 + 1 \cdot 2^0 = 1 \cdot 16 + 1 \cdot 4 + 1 \cdot 1 = 21_{10}$$

Por tanto, el binario 10101_2 es igual al decimal 21_{10}.

nota

Un **bit** (***BI**nary digi**T***) es la forma abreviada de nombrar a un dígito binario.

2.2.2. CONVERSIÓN DECIMAL-BINARIO

Para convertir un número en base diez en su binario equivalente se emplea el método de divisiones repetidas (Figura 2.1). Este método consiste en dividir el número a convertir y los cocientes enteros resultantes entre dos. Los restos de estas divisiones serán los dígitos del número binario.

Por ejemplo, si queremos convertir el número en base diez 25_{10}, procederemos como sigue: en primer lugar dividiremos el número a convertir entre 2, para obtener un cociente entero y un resto:

$$25 \div 2 = 12 \qquad R = 1$$

Este primer resto será el bit menos significativo o LSB (*Least Significant Bit*), esto es, el que colocaremos más a la derecha. A continuación dividiremos el cociente anterior entre 2, para obtener un nuevo cociente y otro resto:

$$12 \div 2 = 6 \qquad R = 0$$

Este nuevo resto será el siguiente dígito o bit del número que estamos buscando. Repetiremos este proceso hasta que obtengamos un cociente igual a cero:

$$6 \div 2 = 3 \qquad R = 0$$
$$3 \div 2 = 1 \qquad R = 1$$
$$1 \div 2 = 0 \qquad R = 1$$

Este último resto será el bit más significativo o MSB (*Most Significant Bit*), colocándose a la izquierda del número. En definitiva, el número 25_{10} será igual al 11001_2.

2.2.3. CONVERSIÓN A BCD

Los números binarios estudiados hasta el momento son los que comúnmente llamamos **binarios naturales.** Existe otro tipo de numeración binaria denominada BCD (*Binary Coded Decimal*) o decimal codificado en binario, que nos permite realizar conversiones sencillas entre el número binario y el decimal.

En un número binario BCD, los dígitos se agrupan de cuatro en cuatro, de tal manera que a cada grupo le corresponde un número decimal. Por ejemplo, el número binario BCD 0101 0011 1000 lo descompondremos en grupos de cuatro dígitos:

0101 0011 1000

A cada uno de estos grupos le corresponderá un número decimal, realizando la conversión de binario a decimal tal y como ya sabemos:

$$0101_2 = 0 \cdot 2^3 + 1 \cdot 2^2 + 0 \cdot 2^1 + 1 \cdot 2^0 = 5$$
$$0011_2 = 0 \cdot 2^3 + 0 \cdot 2^2 + 1 \cdot 2^1 + 1 \cdot 2^0 = 3$$
$$1000_2 = 1 \cdot 2^3 + 0 \cdot 2^2 + 0 \cdot 2^1 + 0 \cdot 2^0 = 8$$

Problemas resueltos

Convierte el número decimal 94_{10} en su equivalente en binario BCD.

Solución

Tendremos que convertir a binario por separado el 9 y el 4. Mediante el método de divisiones sucesivas o por tanteo, se obtiene que:

$$9_{10} = 1001_2 \qquad 4_{10} = 0100_2$$

Por tanto:

$$94_{10} = 1001\ 0100_{BCD}$$

Determina el complemento a uno y a dos del número binario 011010_2.

Solución

El complemento a uno se obtiene permutando los unos por ceros y viceversa, por tanto será 100101_2.

Por su parte, el complemento a dos se obtiene sumándole la unidad al complemento a uno:

$$\begin{array}{r} {\scriptstyle 1} \\ 1\,0\,0\,1\,0\,1 \\ +\quad\quad\quad\quad 1 \\ \hline 1\,0\,0\,1\,1\,0 \end{array}$$

Fijémonos que 1 + 1 = 0 y arrastramos un 1 para la siguiente columna, por lo que el complemento a dos será 100110_2.

El número decimal será por tanto 538 (Figura 2.2). Para convertir un número decimal a su equivalente binario BCD simplemente realizaremos el proceso inverso.

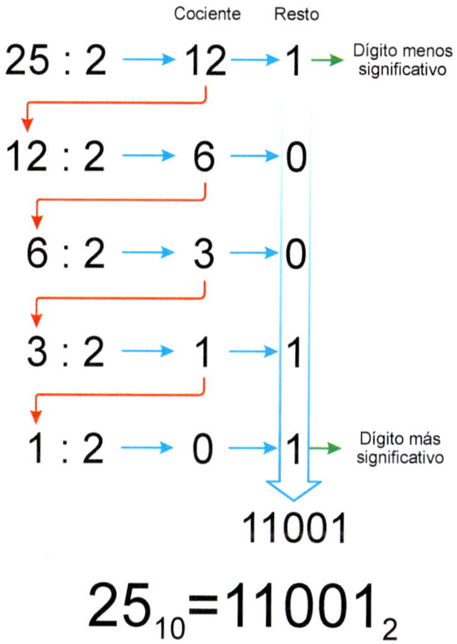

Figura 2.1. Conversión de un número decimal a un número binario por el método de divisiones sucesivas.

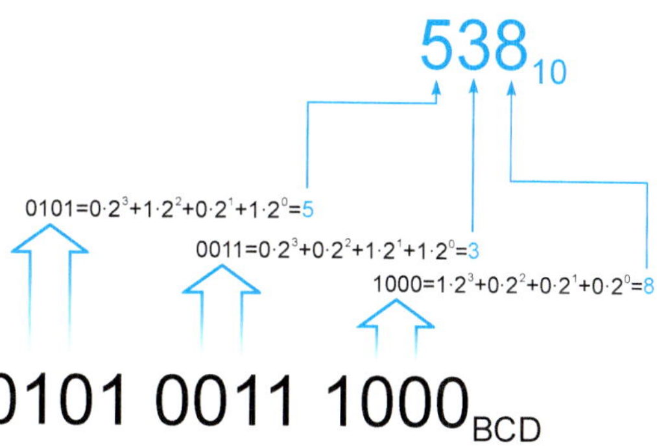

Figura 2.2. Conversión de un número binario BCD a uno decimal.

2.2.4. SIGNO DE UN NÚMERO BINARIO

En su funcionamiento, las computadoras manejan y operan con números binarios, ya sea para calcular la trayectoria de vuelo de un avión o conectarnos a internet para escuchar música. En estas operaciones intervienen tanto números positivos como números negativos, que la computadora deberá ser capaz de manipular. Existen tres formas de representar el signo de un número binario y que sea comprensible para una computadora:

- En magnitud y signo.
- Complemento a uno.
- Complemento a dos.

En los tres casos, el signo lo define el bit más significativo: si el MSB es un 0, el número será positivo, mientras que si el MSB es un 1, el número será negativo. A continuación vamos a estudiar más detenidamente la forma de representación del signo en un número binario.

Magnitud y signo

Con esta representación, el dígito más significativo queda reservado al signo (0 positivo, 1 negativo), mientras que el resto de bits indicarán la magnitud del número en valor absoluto. Así pues, según esta representación:

$$0101_2 = \overset{\textit{signo}}{0}\ \overset{\textit{magnitud}}{101} = +5_{10}$$

Mientras que el negativo será:

$$1101_2 = \overset{\textit{signo}}{1}\ \overset{\textit{magnitud}}{101} = -5_{10}$$

Complemento a uno

El complemento a uno de un número binario se obtiene permutando los ceros por los unos y viceversa. Por ejemplo, el complemento a uno del número 0101_2 será el 1010_2.

De esta forma, un número positivo tendrá un 0 como MSB y el valor que indiquen los bits a continuación de este, mientras que el número negativo será su complemento a uno. De esta forma, el número $+5_{10}$ será:

$$0101_2 = \overset{\textit{signo}}{0}\ \overset{\textit{magnitud}}{101} = +5_{10}$$

Mientras que el -5_{10} será el complemento a uno:

$$1010_2 = -5_{10}$$

Complemento a dos

El complemento a dos de un número binario se obtiene sumándole la unidad a su complemento a uno. Por ejemplo, el número binario 0101_2 tiene como complemento a uno el 1010_2, por lo que el complemento a dos será:

$$\begin{array}{r} 1\,0\,1\,0 \\ +\quad\ \ 1 \\ \hline 1\,0\,1\,1 \end{array}$$

Así pues, el complemento a dos del número binario 0101_2 es el 1011_2.

El interés del complemento a dos es que en algunos circuitos digitales, los números negativos se representan mediante el complemento a dos. De esta forma, el número $+5_{10}$ sería:

$$0101_2 = \overset{\textit{signo}}{0}\ \overset{\textit{magnitud}}{101} = +5_{10}$$

Mientras que el -5_2:

$$1010_2 + 1_2 = 1011_2 = -5_{10}$$

Tabla 2.1. Equivalencia entre números decimales negativos y números binarios, según las tres formas de representación

Decimal	Magnitud y signo	Complemento a uno	Complemento a dos
7	0111	0111	0111
6	0110	0110	0110
5	0101	0101	0101
4	0100	0100	0100
3	0011	0011	0011
2	0010	0010	0010
1	0001	0001	0001
0	0000	0000	0000
-0	1000	1111	—
-1	1001	1110	1111
-2	1010	1101	1110
-3	1011	1100	1101
-4	1100	1011	1100
-5	1101	1010	1011
-6	1110	1001	1010
-7	1111	1000	1001
-8	—	—	1000

2.3. SISTEMA OCTAL

El sistema de numeración octal utiliza ocho dígitos para componer un número: 0, 1, 2, 3, 4, 5, 6 y 7. En un número octal, la importancia o peso de cada dígito está definida por la potencia de ocho que multiplica ese dígito. Por ello, a este sistema también se le denomina sistema en **base ocho.** De esta manera, el número octal 325_8 será:

$$325_8 = 3 \cdot 8^2 + 2 \cdot 8^1 + 5 \cdot 8^0$$

El sistema de numeración octal se utiliza para representar números binarios de forma compacta gracias a que, como vamos a estudiar en las siguientes líneas, la conversión entre estos sistemas es directa y sencilla.

2.3.1. CONVERSIÓN BINARIO-OCTAL

Para convertir un número binario en su correspondiente octal, bastará con agrupar de tres en tres los bits del número binario y transformar cada grupo en su dígito octal equivalente.

Por ejemplo, se desea convertir el número binario 1011101010_2 en su equivalente octal. Empezaremos agrupando los bit de tres en tres empezando por la derecha:

$$1\ 011\ 101\ 010$$

Si el grupo más a la izquierda no está completo, como es el caso, completaremos con ceros:

$$001\ 011\ 101\ 010$$

En este punto, convertiremos cada grupo en su equivalente octal. Esta conversión es idéntica a la conversión binario-decimal:

- $001_2 = 0 \cdot 2^2 + 0 \cdot 2^1 + 1 \cdot 2^0 = 0 \cdot 4 + 0 \cdot 2 + 1 \cdot 1 = 1_8$
- $011_2 = 0 \cdot 2^2 + 1 \cdot 2^1 + 1 \cdot 2^0 = 0 \cdot 4 + 1 \cdot 2 + 1 \cdot 1 = 3_8$
- $101_2 = 1 \cdot 2^2 + 0 \cdot 2^1 + 1 \cdot 2^0 = 1 \cdot 4 + 0 \cdot 2 + 1 \cdot 1 = 5_8$
- $010_2 = 0 \cdot 2^2 + 1 \cdot 2^1 + 0 \cdot 2^0 = 0 \cdot 4 + 1 \cdot 2 + 0 \cdot 1 = 2_8$

Quedando definitivamente que:

$$1011101010_2 = 1352_8$$

Vemos que un número binario de diez dígitos lo podemos reducir a un octal de cuatro. Esta es precisamente la utilidad que tiene el sistema de numeración octal: representar los números binarios de manera compacta.

2.3.2. CONVERSIÓN OCTAL-BINARIO

Para transformar un número octal en el binario equivalente simplemente tendremos que convertir cada dígito octal en un grupo de tres bit. Por ejemplo, para convertir el número octal 746_8 en binario:

- $7_8 = 111_2$
- $4_8 = 100_2$
- $6_8 = 110_2$

Por lo que finalmente tenemos que:

$$746_8 = 111100110_2$$

Es conveniente que seamos capaces de convertir cada grupo de tres en su dígito octal equivalente mediante un cálculo mental rápido.

En las cuestiones de autoevaluación que se encuentran al final de esta unidad se proponen varias conversiones para entrenar esta capacidad.

2.3.3. CONVERSIÓN OCTAL-DECIMAL

Para pasar de octal a decimal bastará con multiplicar cada dígito octal por la potencia de 8 que le corresponde y sumar a continuación. Por ejemplo, el número 325_8 será:

$$325_8 = 3 \cdot 8^2 + 2 \cdot 8^1 + 5 \cdot 8^0 = 3 \cdot 64 + 2 \cdot 8 + 5 \cdot 1 = 213_{10}$$

Por tanto: $325_8 = 213_{10}$

2.3.4. CONVERSIÓN DECIMAL-OCTAL

Para convertir un número decimal en su equivalente octal recurriremos al método de divisiones sucesivas (Figura 2.3), de forma similar a la conversión decimal-binario. En este caso, dividiremos el número decimal entre 8, siendo los restos de esta división los dígitos octales; el primer resto obtenido será el dígito menos significativo y el último el más significativo.

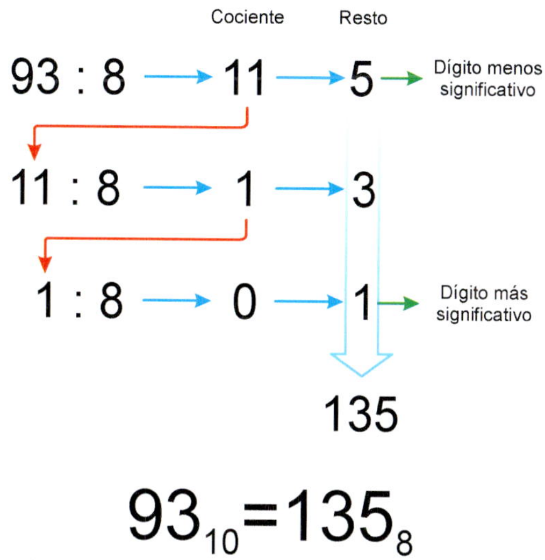

Figura 2.3. Conversión de un número decimal a octal mediante el método de divisiones sucesivas.

2.4. SISTEMA HEXADECIMAL

El sistema de numeración hexadecimal utiliza dieciséis dígitos para formar un número. Estos dígitos son: 0, 1, 2, 3, 4, 5, 6, 7, 8, 9, A, B, C, D, E y F. En un número hexadecimal, la importancia o peso de cada dígito está definida por la potencia de 16 que multiplica ese dígito. Por esto, a este sistema también se le denomina sistema de **base dieciséis.** Así pues, el número hexadecimal $2C7_{16}$ será:

$$2C7_{16} = 2 \cdot 16^2 + 12 \cdot 16^1 + 7 \cdot 16^0$$

nota

En el sistema hexadecimal, las letras A, B, C, D, E y F son las equivalentes al 10, 11, 12, 13, 14, y 15. Estos valores se indican con letras para evitar confusiones, ya que de otra forma podríamos confundir, por ejemplo, el 13 (trece) con el 13 (uno y tres).

Al igual que el octal, el sistema hexadecimal se emplea para representar números binarios de forma compacta. Como vamos a estudiar en las siguientes líneas, la conversión entre los sistemas binario y hexadecimal es sencilla y directa.

Técnicas digitales.
SISTEMAS DE INSTRUMENTOS ELECTRÓNICOS

2.4.1. CONVERSIÓN BINARIO-HEXADECIMAL

Para convertir un número binario en su correspondiente hexadecimal, bastará con agrupar de cuatro en cuatro los bits del número binario y transformar cada grupo en su dígito hexadecimal equivalente. Por ejemplo, se desea convertir el número binario 1011101010_2 en su equivalente hexadecimal. Empezaremos agrupando los bits de cuatro en cuatro empezando por la derecha:

10 1110 1010

Si el grupo más a la izquierda no está completo, como es el caso, completaremos con ceros:

0010 1110 1010

A continuación, convertiremos cada grupo en su equivalente hexadecimal. Esta conversión es idéntica a la conversión binario-decimal:

- $0010_2 = 0 \cdot 2^3 + 0 \cdot 2^2 + 1 \cdot 2^1 + 0 \cdot 2^0 = 2_{16}$
- $1110_2 = 1 \cdot 2^3 + 1 \cdot 2^2 + 1 \cdot 2^1 + 0 \cdot 2^0 = 14 = E_{16}$
- $1010_2 = 1 \cdot 2^3 + 0 \cdot 2^2 + 1 \cdot 2^1 + 0 \cdot 2^0 = 10 = A_{16}$

Quedando definitivamente que:

$$1011101010_2 = 2EA_{16}$$

De esta forma reducimos un número binario de diez dígitos en uno hexadecimal de tan solo tres.

2.4.2. CONVERSIÓN HEXADECIMAL-BINARIO

Para transformar un número hexadecimal en el binario equivalente simplemente tendremos que convertir cada dígito hexadecimal en un grupo de cuatro bits. Por ejemplo, para convertir el número hexadecimal $5C6B_{16}$ en binario:

- $5_{16} = 0101_2$
- $C_{16} = 1100_2$
- $6_{16} = 0110_2$
- $B_{16} = 1011_2$

Por lo que finalmente tenemos que:

$$5C6B_{16} = 0101\ 1100\ 0110\ 1011_2$$

Es conveniente que seamos capaces de convertir cada grupo de cuatro en su dígito hexadecimal equivalente mediante un cálculo mental rápido.

En las cuestiones de autoevaluación que se encuentran al final de esta unidad se proponen varias conversiones para entrenar esta capacidad.

2.4.3. CONVERSIÓN HEXADECIMAL-DECIMAL

Para pasar de hexadecimal a decimal bastará con multiplicar cada dígito hexadecimal por la potencia de 16 que le corresponde y sumar a continuación.

Por ejemplo, el número $2C7_{16}$ será:

$$2C7_{16} = 2 \cdot 16^2 + 12 \cdot 16^1 + 7 \cdot 16^0 = 2 \cdot 256 + 12 \cdot 16 + 7 \cdot 1 = 711_{10}$$

Por tanto: $2C7_{16} = 711_{10}$

2.4.4. CONVERSIÓN DECIMAL-HEXADECIMAL

Para convertir un número decimal en su equivalente hexadecimal recurriremos al método de divisiones sucesivas (Figura 2.4). En este caso, dividiremos el número decimal entre 16, siendo los restos de esta división los dígitos hexadecimales; el primer resto obtenido será el dígito menos significativo y el último el más significativo.

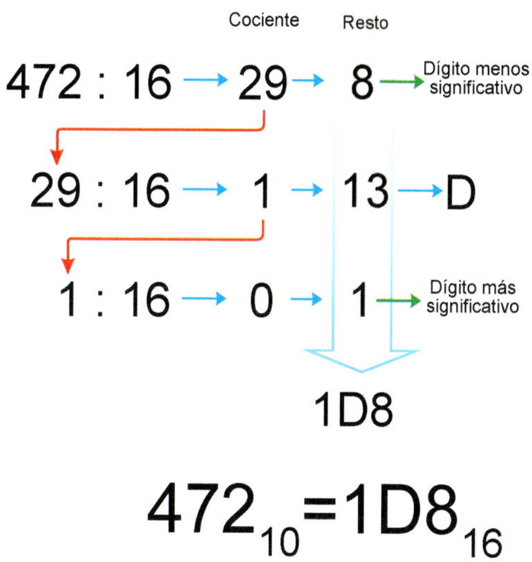

Figura 2.4. Conversión de un número decimal a hexadecimal mediante el método de divisiones sucesivas.

Tabla 2.2. Equivalencia entre sistemas de numeración decimal, binario, octal y hexadecimal

Decimal	Binario	Octal	Hexadecimal
0	0000	0	0
1	0001	1	1
2	0010	2	2
3	0011	3	3
4	0100	4	4
5	0101	5	5
6	0110	6	6

Decimal	Binario	Octal	Hexadecimal
7	0111	7	7
8	1000	10	8
9	1001	11	9
10	1010	12	A
11	1011	13	B
12	1100	14	C
13	1101	15	D
14	1110	16	E
15	1111	17	F

2.5. CONVERSIÓN DECIMAL GENÉRICA

En esta unidad hemos estudiado cómo convertir un número decimal en su equivalente binario, octal y hexadecimal, y viceversa. En este apartado vamos a ver cómo convertir un número decimal en su equivalente, sea cual sea su base, y viceversa.

Si queremos convertir el número 572_{10} en su equivalente en base 5, recurriremos al método de las divisiones sucesivas. En este método, tal y como hemos estudiado en apartados anteriores, tendremos que dividir el número decimal entre la base (5 en este caso). Los restos obtenidos de las sucesivas divisiones formarán el número en la nueva base (Figura 2.5).

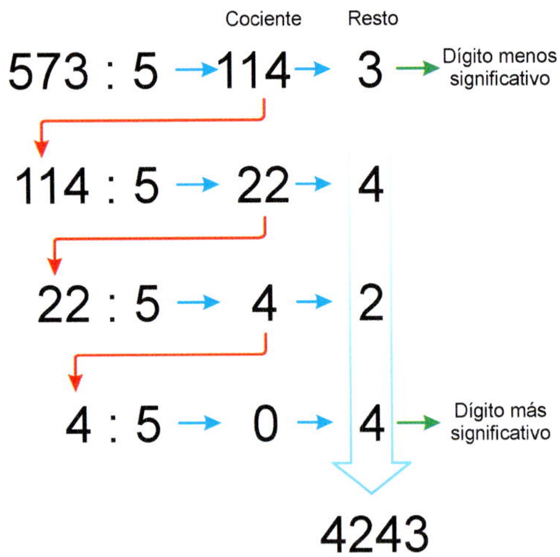

$$573_{10}=4243_5$$

Figura 2.5. Conversión de un número decimal a una base cualquiera (base 5) mediante el método de divisiones sucesivas.

Para pasar de cualquier sistema de numeración al decimal bastará con multiplicar cada dígito por la potencia de su base que le corresponde y sumar a continuación. Por ejemplo, el número 4243_5 será:

$$4243_5 = 4 \cdot 5^3 + 2 \cdot 5^2 + 4 \cdot 5^1 + 3 \cdot 5^0 = 4 \cdot 125 + 2 \cdot 25 + 4 \cdot 5 + 3 \cdot 1 = 573_{10}$$

Por tanto: $4243_5 = 573_{10}$

Aunque no se utilicen sistemas de numeración en base 5, 7, etc., estas conversiones pueden ser objeto de pregunta en el examen de la licencia, por lo que será imprescindible aprender a realizarlas.

2.6. SUMA BINARIA

Para sumar números binarios deberemos respetar las siguientes reglas básicas:

0 + 0 = 0	Suma 0 con acarreo 0
0 + 1 = 0	Suma 1 con acarreo 0
1 + 0 = 1	Suma 1 con acarreo 0
1 + 1 = 10	Suma 0 con acarreo 1

Conviene fijarnos en que cuando sumamos 1 + 1, el resultado es 2, pero en binario: 10_2. Esto implica que tendremos un acarreo de 1 para la siguiente columna de la suma.

Problema resuelto

Suma los números binarios 1011_2 y 110_2.

Solución

Colocamos los números uno sobre otro y sumamos teniendo en cuenta las reglas de acarreo:

$$\begin{array}{r} 1\,1 \\ 1\,0\,1\,1 \\ +\quad 1\,1\,0 \\ \hline 1\,0\,0\,0\,1 \end{array}$$

El resultado de la suma será 10001_2.

autoevaluación

2.1. El sistema decimal es un sistema de numeración de base ____.

2.2. Los dígitos que emplea el sistema binario son _____ y _____.

2.3. Convierte los siguientes números binarios al sistema decimal:

A. 101 B. 0111

C. 101101 D. 10111

2.4. Convierte los siguientes números decimales en su binario equivalente:

A. 6 B. 37

C. 52 D. 145

2.5. Convierte los siguientes números binarios BCD a su número decimal equivalente:

A. 1001 B. 00110101

C. 01100011 D. 100001110100

2.6. Convierte los siguientes números decimales en su equivalente binario BCD:

A.13 B. 47

C. 581 D. 9067

2.7. Determina el complemento a uno de los siguientes números binarios:

A. 101 B. 1101

C. 001001 D. 1010110

2.8. Determina el complemento a dos de los siguientes números binarios:

A. 101 B. 0110

C. 101000 D. 10011

2.9. Representa los siguientes números decimales con signo en el sistema de complemento a uno, empleando un total de ocho bits, incluido el bit de signo:

A. +48 B. –51

C. –96 D. –123

2.10. Representa los siguientes números decimales con signo empleando el sistema de magnitud y signo, utilizando un total de 8 bits, incluido el bit de signo:

A. +48 B. –51

C. –96 D. –123

2.11. Representa los siguientes números decimales con signo empleando el sistema de complemento a dos, utilizando un total de 8 bits, incluido el bit de signo.

A. +48 B. –51

C. –96 D. –123

2.12. Convierte los siguientes números octales al sistema decimal:

A. 6 B. 24

C. 76 D. 351

2.13. Convierte los siguientes números decimales al sistema octal:

A. 9 B. 37

C. 206 D. 97

2.14. Convierte los siguientes números binarios al sistema octal:

A. 11 B. 10101

C. 01110110 D. 111101100101

2.15. Convierte los siguientes números octales al sistema binario:

A. 5 B. 14

C. 67 D. 351

2.16. Convierte los siguientes números hexadecimales al sistema decimal:

A. E B. 6A

C. 26F D. 57

2.17. Convierte los siguientes números decimales al sistema hexadecimal:

A. 7 B. 12

C. 169 D. 174

2.18. Convierte los siguientes números binarios al sistema hexadecimal:

A. 11 B. 11101

C. 01110110 D. 111101100101

2.19. Convierte los siguientes números hexadecimales al sistema binario:

A. 7 B. 2A

C. F5 D. ACB

2.20. Determina el número equivalente al 21_5 en base 5, para las siguientes bases:

A. Binario: B. Octal:

C. Decimal: D. Hexadecimal:

2.21. Convierte el número decimal 32 a las siguientes bases:

A. Base 5: B. Base 6:

C. Base 9: D. Base: 11:

2.22. Resuelve las siguientes sumas binarias:

A. 1011 + 101

B. 101101 + 10100

UNIDAD 3

CONVERSIÓN DE DATOS

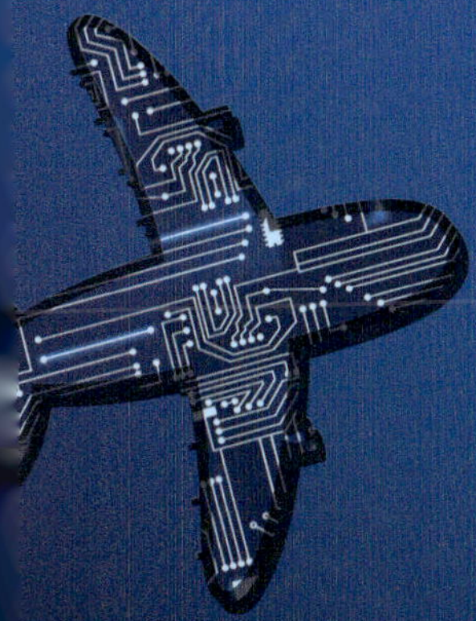

Decimos que una magnitud es **analógica** cuando varía de forma continua, tomando infinitos valores. Si representamos gráficamente una magnitud analógica, obtendremos una línea continua, formada por infinitos puntos, que sube y baja progresivamente. Si esta gráfica representa la variación de una magnitud eléctrica, como es la tensión, podremos hablar de onda o señal analógica (Figura 3.1). En cambio, una magnitud **digital** es aquella que solo puede tomar un conjunto de valores discretos, esto es, un número de valores determinado, no infinito. Esta magnitud digital se representa mediante una o varias señales que varían entre dos niveles lógicos: 0 y 1, en donde 0 es el nivel bajo y 1 el nivel alto. Si las representamos gráficamente, vemos que estas señales varían entre los dos niveles de forma brusca, no existiendo valores intermedios entre 0 y 1. En la práctica, estos niveles lógicos se corresponden con dos valores de tensión: 0 V y 5 V, por ejemplo.

La mayoría de las magnitudes de la física son analógicas: temperatura, presión, velocidad, etc. También lo es la altitud de vuelo. En la Figura 3.2 se observa la variación de la altitud de vuelo de un avión desde el despegue hasta el aterrizaje. Como es lógico, para ir de los 1000 m hasta los 10000 m, el avión tendrá que pasar por los infinitos valores de altitud entre esas dos cotas, por tanto, la altitud es una magnitud analógica. En la cabina de la aeronave, el altímetro indicará la altitud de vuelo midiendo la presión exterior, bien directamente o bien a través de un transductor. La tensión proporcionada por el transductor también será continua, esto es, dará una señal analógica.

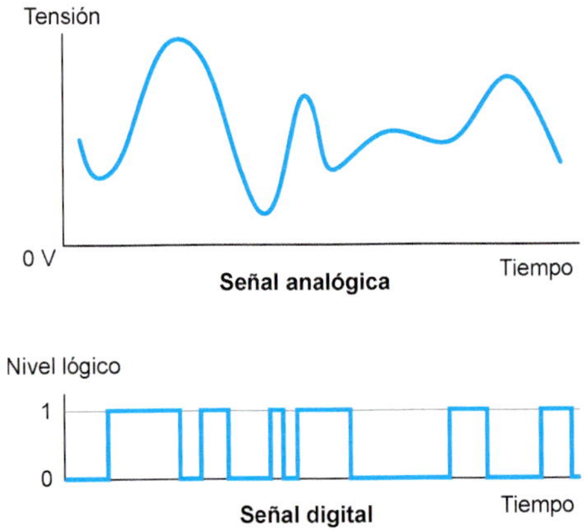

Figura 3.1. Señal analógica y señal digital.

Ahora bien, nosotros podemos convertir la señal analógica de infinitos valores en otra en donde la variable (tensión de salida del transductor) adquiera un número discreto de valores. A esta transformación se la denomina **cuantificación.** La señal obtenida no es aún una señal digital, pero la cuantificación es el paso previo indispensable para transformar una señal analógica en una digital equivalente. Si convertimos los valores decimales de la señal cuantificada en los binarios correspondientes, tendremos la **señal digital** de 4 bits que representa la variación de la altitud de vuelo del avión. Dicho de otra manera, tendremos la representación digital de una magnitud analógica. A este proceso de transformar una señal analógica en una digital equivalente se le denomina conversión analógico-digital, y al dispositivo que realiza esta función, **convertidor analógico-digital** (ADC). En el avión, la unidad encargada de convertir la presión del aire en una señal digital es el ADM (*Air Data Module*). Esta señal digital se envía al ADIRU y de ahí al EFIS, para ser representada en la pantalla PFD.

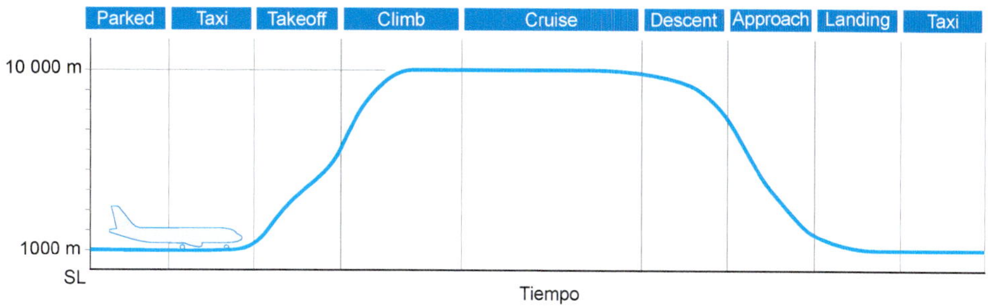

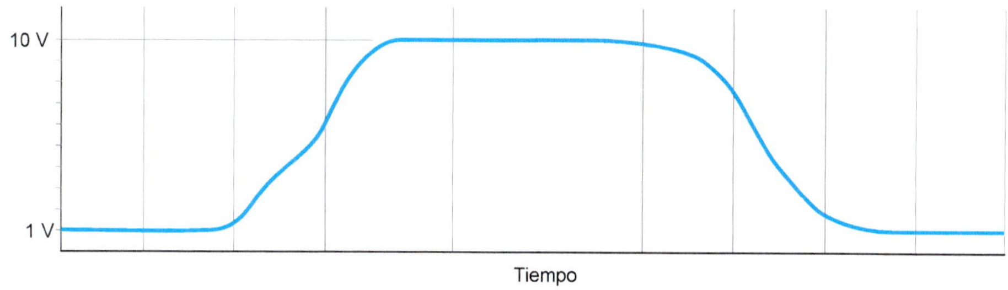

Mediante un transductor de presión convertimos la presión de altitud en una tensión proporcional. Esta señal continua con infinitos valores será una magnitud analógica (**señal analógica**).

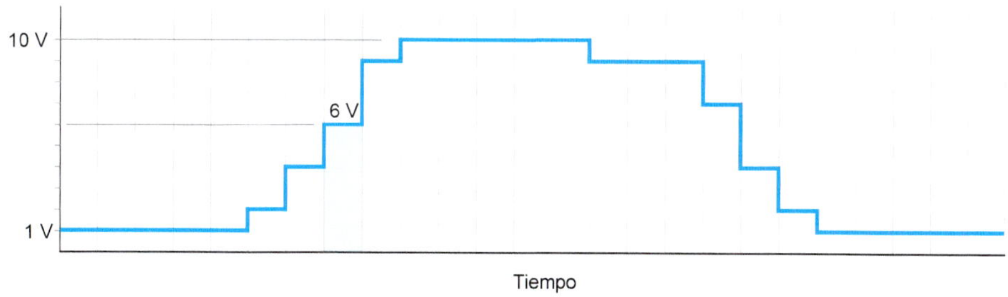

Si en vez de medir y registrar la altitud de forma continua lo hacemos cada 5 minutos, tendremos un número discreto de valores en vez de infinitos como en la señal analógica. En este ejemplo, la tensión adquiere un total de 10 valores (de 1 a 10 V). Este proceso se denomina **cuantificación.** Esta onda no es una señal digital, pero es el paso previo necesario para obtener dicha señal.

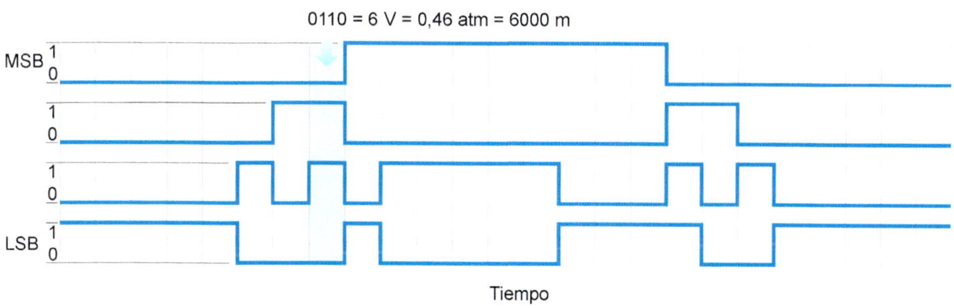

Si los valores de la señal cuantificada los expresamos mediante números binarios, tendremos la **señal digital.** Con este tipo de señales es con lo que trabajan las computadoras.

Figura 3.2. Una señal analógica se puede representar mediante un conjunto de señales digitales binarias, que son con las que trabajarán las computadoras.

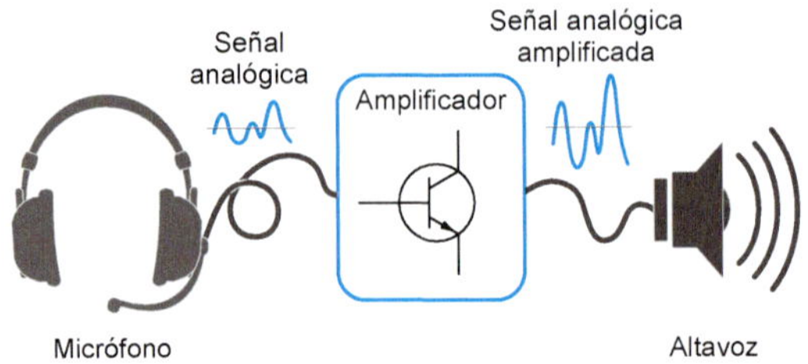

Circuito analógico

Hay circuitos completamente analógicos. Por ejemplo, cuando el piloto da información al pasaje (hora de llegada, climatología, etc.), lo puede hacer directamente a través de un amplificador, que sube el nivel de la señal analógica proveniente del micrófono y la envía al altavoz.

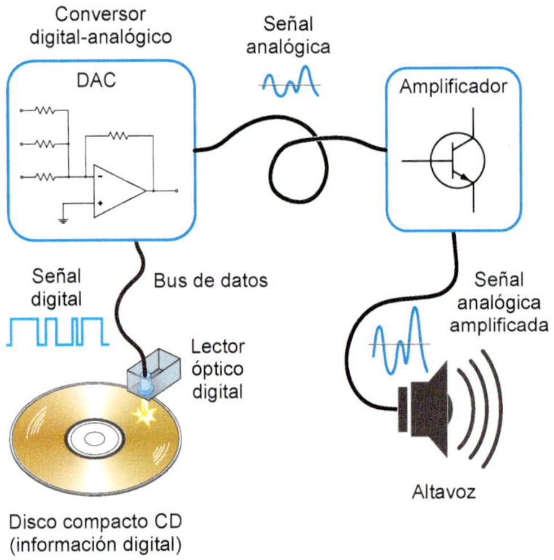

Circuito digital-analógico

Muchos circuitos tienen una parte digital y otra analógica. Un ejemplo de este tipo de circuito es el reproductor de discos compactos (CD). La información digital binaria es leída por un transductor digital óptico, que generará la señal digital. Esta señal se convierte en analógica gracias a un DAC y es amplificada antes de emitirla por el altavoz.

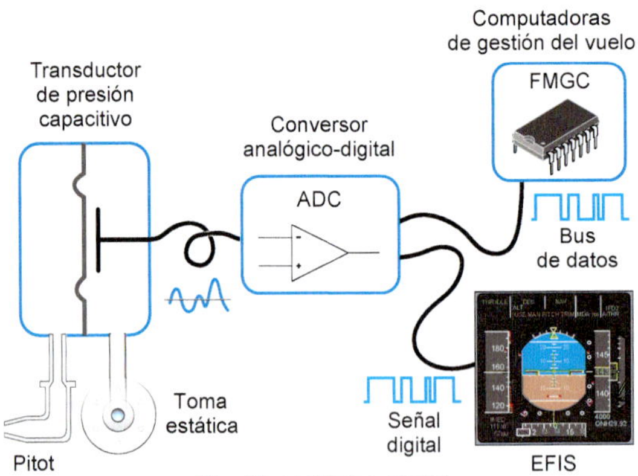

Circuito analógico-digital

La mayoría de los sensores de la aeronave son analógicos, por lo que su señal de salida deberá convertirse a señal digital antes de enviarla a las distintas computadoras de a bordo.

Figura 3.3. Los convertidores ADC y DAC se emplean en aquellos circuitos con parte analógica y parte digital.

Llegado a este punto, podemos decir que la **electrónica analógica** es aquella que trabaja con **señales,** mientras que la **electrónica digital** lo hace con **números,** o lo que es lo mismo, con dígitos.

Los sistemas analógicos presentan ciertos inconvenientes. Puesto que la información de una señal analógica está íntimamente ligada a su forma, si esta se degrada o distorsiona, se perderá información. En cambio, en una señal digital, la información está ligada al nivel lógico que tenga la señal y este, a su vez, dependerá de si tenemos tensión (5 V) o no la tenemos (0 V), pero no al valor concreto de dicha tensión. Por tanto, el ruido eléctrico que pueda aparecer en un circuito afecta en menor medida a los circuitos digitales que a los analógicos. Así pues, empleando circuitos digitales podemos procesar, almacenar y transmitir información de forma más eficiente y fiable, que empleando un circuito analógico.

Otra desventaja que presenta la electrónica analógica es que necesita de un circuito específico para cada aplicación. Por ejemplo, un circuito analógico capaz de reproducir audio no será capaz de reproducir vídeo y viceversa. Si yo quiero reproducir audio y vídeo tendré que tener ambos circuitos. En cambio, un circuito digital trabaja con números, independientemente de que esos números representen audio, vídeo, la ruta de vuelo de un avión o la temperatura de los gases de escape de la turbina de un helicóptero. Esta capacidad multiusos de los circuitos digitales nos permite fabricar dispositivos electrónicos más compactos, baratos y funcionales.

Los circuitos digitales son además más fáciles de diseñar, más veloces y nos permiten almacenar gran cantidad de información en un espacio reducido, sin que esta se distorsione.

Aun así, y con todas las ventajas que presentan los circuitos digitales, seguimos necesitando de los analógicos, ya que el mundo es esencialmente analógico. Si, por ejemplo, queremos grabar un mensaje de audio en una computadora, necesitaremos de un micrófono (dispositivo analógico), mientras que para reproducirlo con posterioridad, será imprescindible un altavoz (dispositivo analógico). Para traducir las señales analógicas a las digitales y viceversa, emplearemos un convertidor analógico-digital (ADC) o un digital-analógico (DAC).

3.1. ONDAS DIGITALES

Para representar los dígitos binarios 0 y 1, los circuitos digitales asignan a cada bit un nivel de tensión. Al 1 le podemos atribuir un nivel de tensión de +5 V, que denominaremos **nivel alto** (*high*), mientras que al bit 0 le atribuimos un nivel de tensión de 0 V, que será el **nivel bajo** (*low*). Esta configuración, en la que al 1 se le atribuye una tensión mayor que al 0, se denomina **lógica positiva.** Por el contrario, la **lógica negativa** será aquella en la que al nivel alto se le asigne al 0 y al bajo 1. La lógica positiva es mucho más habitual que la negativa.

Entonces, si el nivel alto es de +5 V, ¿es necesario que la tensión sea exactamente +5 V para que el bit sea 1? La respuesta es no. En un circuito digital integrado TTL, se considera que la señal está en nivel alto cuando su tensión se encuentra entre 2 V y 5 V, y en nivel bajo cuando esté entre 0 V y 0,8 V. Por tanto, si la tensión de la onda es de 3,2 V, el circuito interpretará que está recibiendo un nivel alto, esto es, un 1. Por su parte, las tensiones comprendidas entre 0,8 V y 2 V, no se emplean, ya que no darían ningún **nivel lógico.**

Otra parte importante de la señal digital es la transición de nivel bajo a nivel alto y viceversa. Este cambio de nivel está originado por el **impulso,** que provoca dicho cambio (Figura 3.4). Cada impulso posee dos flancos, el **flanco de subida** y el **flanco de bajada.** Esta transición entre niveles lógicos, aunque es muy rápida, no es instantánea, afectando a la velocidad de procesamiento del circuito.

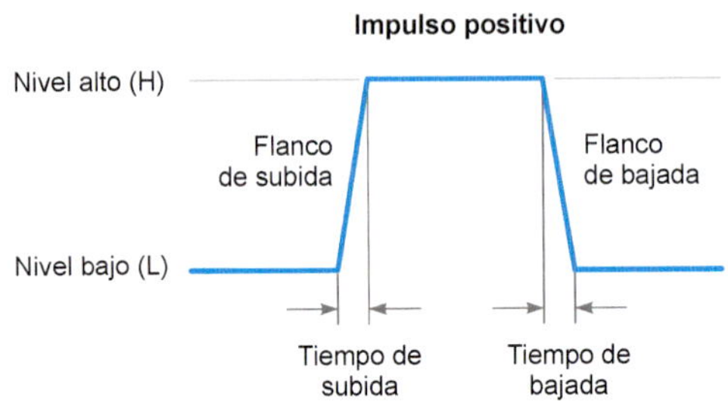

Figura 3.4. Niveles lógicos y flancos de una señal digital.

Las señales digitales suelen estar compuestas por una serie de impulsos, formando lo que se conoce como **tren de pulsos** o tren de impulsos. Estas señales pueden ser periódicas o no (Figura 3.5). Las periódicas se emplean como referencia de tiempo para el resto de señales, marcando el instante en el que tiene que cambiar el bit. A esta señal de temporización básica se la conoce como **reloj** (*clock*). La señal del reloj no porta información.

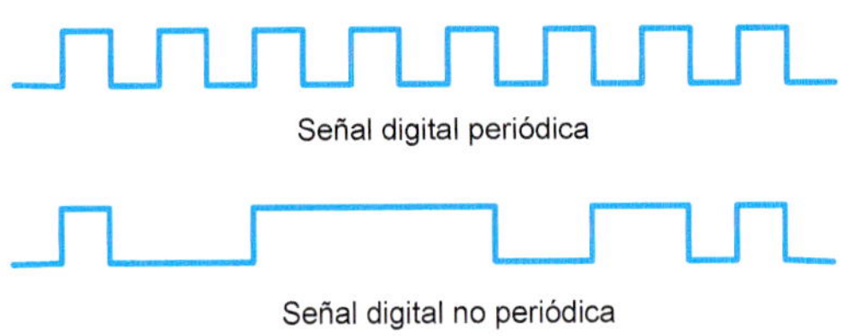

Figura 3.5. Señal digital periódica y no periódica.

3.2. CONVERSIÓN DIGITAL-ANALÓGICA

Un conversor digital-analógico DAC (*Digital-to-Analog Converter*) es capaz de transformar una señal digital en una analógica equivalente. La entrada del DAC serán varias señales digitales binarias mientras que su salida será una única señal analógica (Figura 3.6).

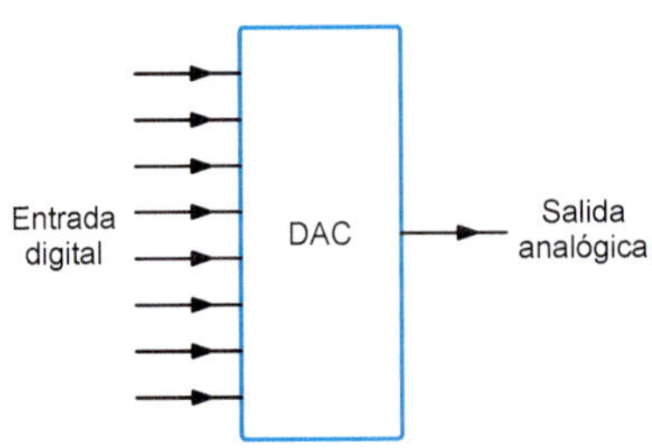

Figura 3.6. Entradas y salida de un convertidor digital-analógico (*Digital-to-Analog* – DAC).

El DAC básico se basa en un **sumador ponderado** y un latch (Figura 3.7). El **circuito latch** (cerrojo) «retendrá» la señal de entrada hasta que esta cambie, mientras el sumador efectúa la conversión. El sumador ponderado consta de una serie de resistencias de entrada, cada una doble de la anterior, y un amplificador operacional.

Cada una de las entradas del sumador puede estar en nivel alto o en nivel bajo, esto es, en 1 o en 0. A estos niveles les vamos a asignar, por ejemplo, 5 V para el nivel alto y 0 V para el nivel bajo. De esta forma, si todas las entradas están en nivel alto, todas las resistencias recibirán una tensión de 5 V. En estas circunstancias, la intensidad que circula por cada entrada será inversamente proporcional al valor de la resistencia. De esta forma damos mayor o menor importancia a los bits: el MSB será la entrada con una menor resistencia mientras que el LSB será la entrada con mayor resistencia.

Al confluir, las intensidades de cada entrada se sumarán. La tensión de salida del operacional, y del DAC, será directamente proporcional a la suma de las intensidades y a la resistencia de realimentación (Tabla 3.1). Nótese que en la Figura 3.7 y en la Tabla 3.1 se emplea como unidad de tensión el «–V» para hacer notar que el sumador es inversor, por lo que los valores de tensión de salida del DAC serían negativos. En este ejemplo que hemos estudiado empleamos valores positivos para facilitar la comprensión del funcionamiento del conversor.

Tabla 3.1. Conversión DAC, según el conversor de la Figura 3.7

t(s)	Input digital binaria	*I* (A)	Output analógica (–V)
0	0000	0	0
1	0101	0,16	3,125
2	0011	0,09	1,875
3	0111	0,22	4,375
4	1001	0,28	5,625
5	1101	0,41	8,125
6	1010	0,31	6,25
7	1000	0,25	5
8	1001	0,28	5,625
9	0110	0,19	3,75
10	0010	0,06	1,25
11	0100	0,13	2,5
12	0111	0,22	4,375

nota

Un ***latch*** (cerrojo) es un circuito biestable asíncrono, cuya salida cambiará cada vez que cambie su entrada, es decir, el valor de su salida se actualiza cuando cambia la entrada. Un ***flip-flop*** es un circuito biestable síncrono, cuya salida cambia según el ritmo que le marca una señal de reloj.

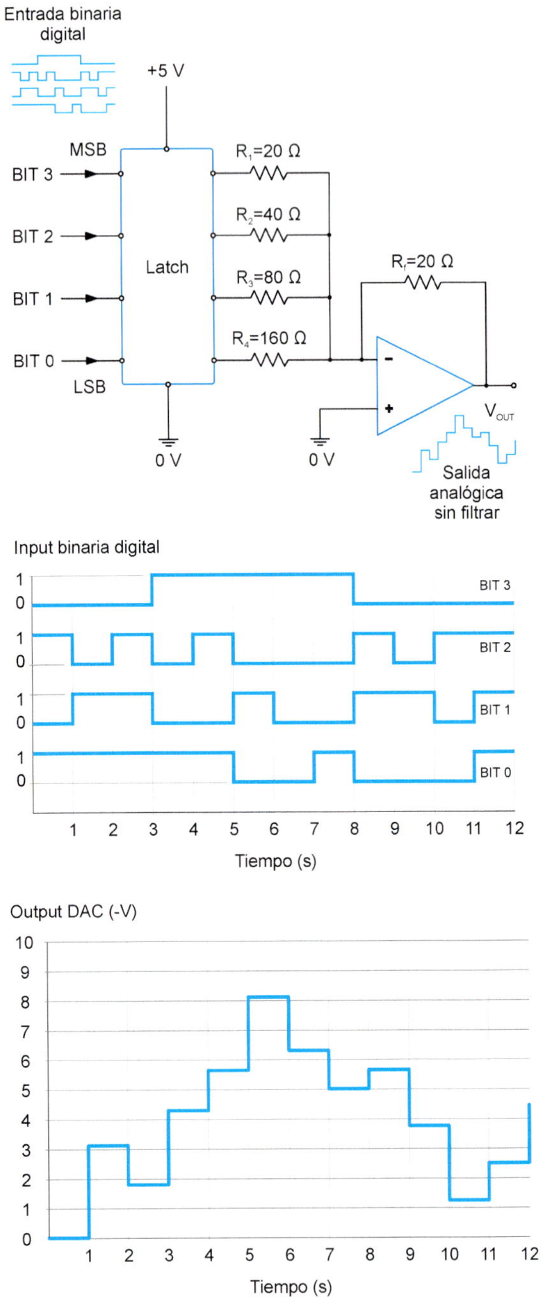

Figura 3.7. Conversor DAC básico con sumador ponderado.

La onda de salida del DAC es una onda escalonada. Si bien esta señal es perfectamente válida para muchas aplicaciones, otras necesitan una onda más suave y continua, en donde los cambios de tensión se produzcan de forma progresiva. En estos casos conectaremos un filtro de paso bajo a la salida del conversor (Figura 3.8).

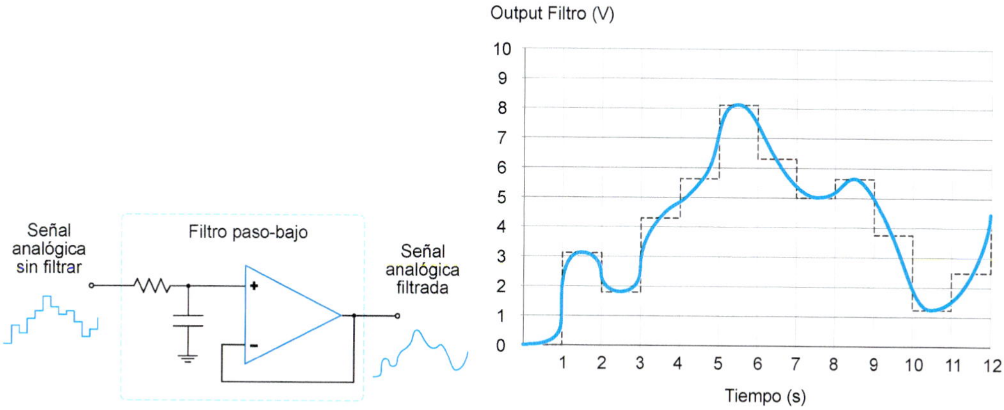

Figura 3.8. Para suavizar la onda de salida del DAC conectaremos un filtro de paso bajo.

Una versión mejorada del DAC consiste en sustituir el latch por una serie de **conmutadores analógicos** controlados por las señales digitales de entrada (Figura 3.9). Un conmutador analógico es un circuito electrónico que actúa como un relé, de tal forma que cambia la conexión del circuito en función de si recibe tensión o no. Estos conmutadores no tienen partes móviles y habitualmente nos los encontraremos en forma de circuito integrado. De esta manera, cuando el bit que recibe el conmutador analógico es 1 (+5 V), se conectará la resistencia correspondiente a la tensión de referencia (V_{ref}), mientras que si recibe un 0 (0 V) la resistencia se conectará a masa, por lo que no circulará corriente por ella. En función de qué conmutadores reciban un 1 y cuáles reciban un 0, variará la tensión de salida del sumador ponderado. Este método tiene la importante ventaja de que la tensión de alimentación del sumador ponderado (V_{ref}) tendrá un valor muy estable y preciso, evitando el error de conversión derivado de la atenuación de la señal digital binaria de entrada. Los valores de referencia típicos son: +5 V, –5 V, +10 V y –10 V.

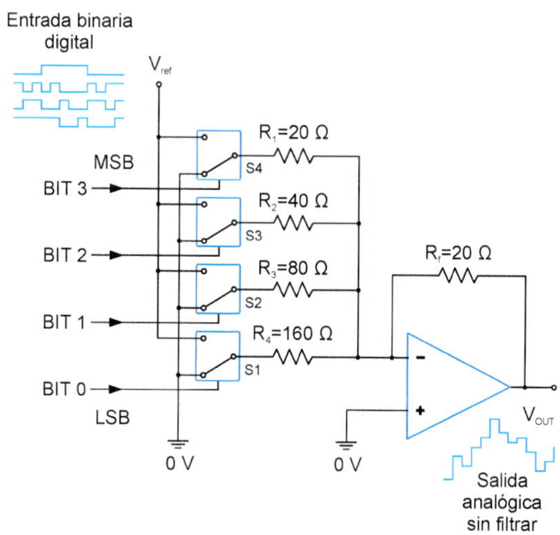

Figura 3.9. DAC mejorado en el que se sustituye el latch por un conjunto de conmutadores analógicos.

Los DAC que hemos estudiado hasta ahora presentan problemas en conversiones de alta resolución (8 o más bits de entrada) derivados de la precisión de los resistores empleados en la entrada del sumador. Si tenemos un DAC de 8 bits el valor de las resistencias podría ser el siguiente:

bit 0	512 kΩ
bit 1	128 kΩ
bit 2	64 kΩ
bit 3	32 kΩ
bit 4	16 kΩ
bit 5	8 kΩ
bit 6	4 kΩ
bit 7	2 kΩ

Para tener suficiente precisión en la conversión, la tolerancia máxima de los resistores utilizados debe ser menor al 1 %. Ahora bien, los resistores de 4 kΩ, 8 kΩ, 64 kΩ, 128 kΩ y 512 kΩ (serie E192) no son resistores estándar, por lo que tendríamos que recurrir a resistores con resistencia nominal mayor o menor, lo que acarrea un error inaceptable para estas aplicaciones de alta resolución. Para estas aplicaciones emplearemos un **DAC de escalera R-2R** (Figura 3.10). En este caso solo se emplean dos resistores, uno el doble del otro, para cualquier número de bits de entrada que tenga el conversor. Por ejemplo, 1 kΩ y 2 kΩ, que sí que son valores estándar en la serie E192 (tolerancia menor de 1 %).

nota

Los convertidores DAC que reciben solo números binarios positivos se denominan DAC unipolares, mientras que los que reciben números binarios positivos y negativos se conocen como DAC bipolares.

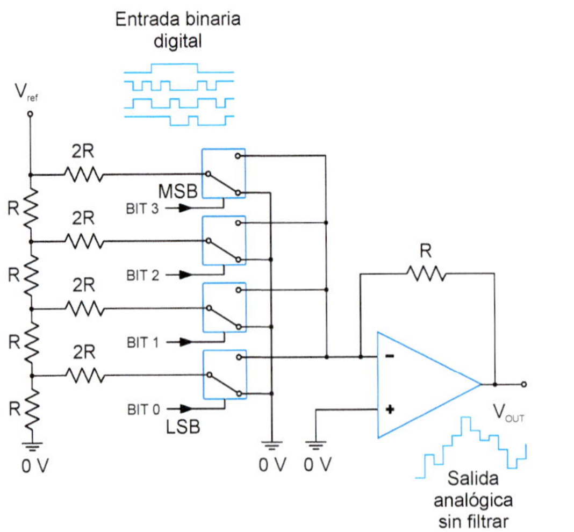

Figura 3.10. DAC escalera R-2R con divisor de tensión (aplicaciones de alta resolución).

Problema resuelto

Se pretende convertir una señal digital binaria de 8 bits en su equivalente analógica empleando un DAC escalera R-2R. Sabiendo que la tensión máxima que alcance la salida analógica cuando todos los bits de entrada son 1 es de 10 V, determinar:

- El máximo valor decimal representado en el sistema de 8 bits.
- El número de valores analógicos que se pueden obtener a la salida del DAC.
- La resolución del DAC según sus dos definiciones.

Solución

El máximo valor decimal que se puede representar en un sistema de 8 bits es:

$$2^n - 1 = 2^8 - 1 = 255$$

El número de valores analógicos obtenidos a la salida es de:

$$2^n = 2^8 = 256$$

Por su parte, la resolución será:

$$R = \frac{V_{máx}}{2^n - 1} = \frac{10}{2^8 - 1} = 0{,}039\ \text{V}$$

O bien:

$$R = 2^n = 2^8 = 256$$

Dos parámetros fundamentales de un DAC son la precisión de la conversión y la resolución. La **precisión** del convertidor resulta de la comparación entre la salida real y la salida esperada. Depende de la tolerancia de los resistores utilizados y de lo constante y exacta que sea la tensión aplicada. Para conseguir una tensión constante y libre de ruido, independiente de la temperatura y la carga conectada, recurriremos a un tipo especial de circuito integrado denominado **referencia de tensión.** El más habitual será la referencia de tensión de salto de banda o ***band-gap***, dando una precisión del 1 % o 2 %.

Por su parte, a la **resolución** de un DAC la podemos definir de dos formas. La primera definición especifica que la resolución es la variación de tensión que se necesita en la señal analógica para que cambie el LSB de la señal digital. Para calcular la resolución recurriremos a la siguiente fórmula:

$$R = \frac{V_{máx}}{2^n - 1}$$

En donde:

- R: resolución (V).
- $V_{máx}$: tensión máxima que se consigue cuando todos los bits de la señal digital son 1 (V).
- n: número de bit de la señal digital.
- $2^n - 1$: número decimal máximo que podemos representar con n bits.

En el ejemplo de la Figura 3.7 tendremos:

$$R = \frac{V_{máx}}{2^n - 1} = \frac{9,375}{2^4 - 1} = 0,625\ \text{V}$$

Por tanto, la resolución del conversor del ejemplo es de 0,625 V. Como podemos deducir fácilmente, cuanto mayor sea el número de bits de la señal digital, menor será el valor obtenido de resolución.

La segunda definición especifica que la resolución del conversor es el número de valores de salida analógicos que se puede obtener con el DAC:

$$R = 2^n$$

En donde R es la resolución y n el número de bits del DAC. Esta definición es la que se emplea habitualmente a nivel coloquial. En el ejemplo representado en la Figura 3.7, la resolución según esta definición será:

$$R = 2^n = 2^4 = 16$$

Definida de una u otra manera, la resolución nos indica cómo de fiel será una señal digital a su analógica equivalente, de tal manera que, a mayor número de bits, mayor fidelidad. Los DAC suelen tener 8, 10 o 12 bit.

3.3. CONVERSIÓN ANALÓGICA-DIGITAL

Un conversor analógico-digital (*Analog-to-Digital Converter* – ADC) será capaz de convertir una señal analógica en un conjunto de señales digitales binarias (habitualmente 8, 10, 12 o 16 salidas).

Tabla 3.2. Tabla de la verdad del convertidor tipo flash de la Figura 3.12

Input	Output		
	bit 1	bit 2	bit 3
$V_{in} < 0,5$ V	0	0	0
0,5 V $< V_{in} <$ 1,5 V	0	0	1
1,5 V $< V_{in} <$ 2,5 V	0	1	0
2,5 V $< V_{in} <$ 3,5 V	0	1	1
3,5 V $< V_{in} <$ 4,5 V	1	0	0
4,5 V $< V_{in} <$ 5,5 V	1	0	1
5,5 V $< V_{in} <$ 6,5 V	1	1	0
$V_{in} < 6,5$ V	1	1	1

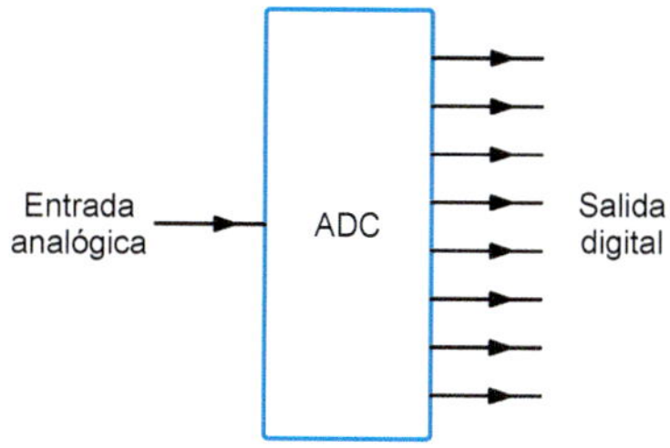

Figura 3.11. Entrada y salidas de un convertidor analógico-digital (*Analog-to-Digital Converter* - ADC).

El ADC más sencillo es el **convertidor flash** (Figura 3.12). En este convertidor, la señal analógica llega al terminal no inversor de una serie de amplificadores operacionales. Los operacionales comparan la tensión de la señal analógica con la de referencia recibida desde un divisor de tensión a través de su entrada inversora. En función de qué tensión es mayor, si la de la señal o la de referencia, la tensión del operacional será positiva o negativa respectivamente. El ***encoder*** (codificador de prioridad) «traducirá» estas tensiones de salida de los operacionales a una señal binaria (Figura 3.13).

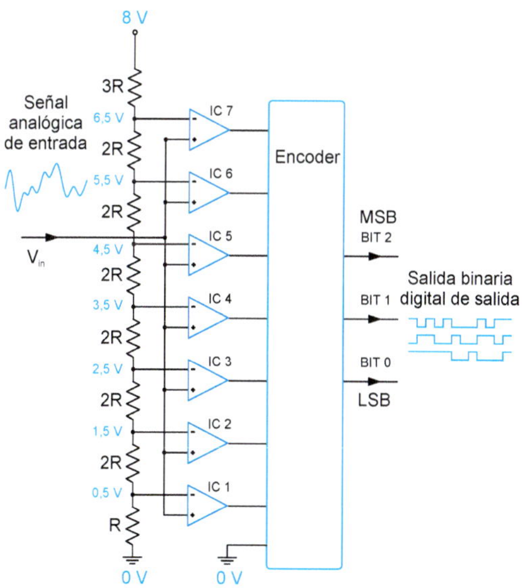

Figura 3.12. Convertidor ADC tipo flash.

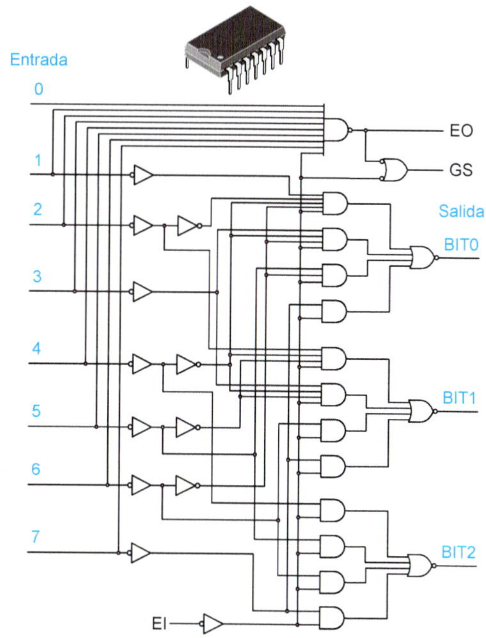

Figura 3.13. Diagrama lógico de un codificador de prioridad (*encoder*) SN54HC148, que «traduce» sus 8 entradas discretas en una señal digital binaria de 3 bit.

El convertidor flash es extremadamente rápido (de ahí su nombre) pero presenta ciertos problemas prácticos cuando se necesitan señales de alta resolución. Por ejemplo, para una salida de 8 bits son necesarios 255 amplificadores operacionales, 256 resistencias y un *encoder* con 256 entradas, resultando un circuito grande, aparatoso, caro y de gran consumo. Por esto, normalmente los convertidores flash se fabrican con un máximo de 6 bits de salida.

Otra opción para convertir una señal analógica en su correspondiente binaria digital es utilizar un convertidor **ADC de aproximaciones sucesivas** (Figura 3.14). Estos convertidores son más lentos que los flash pero también más baratos, sobre todo cuando tenemos salidas con más de 6 bits.

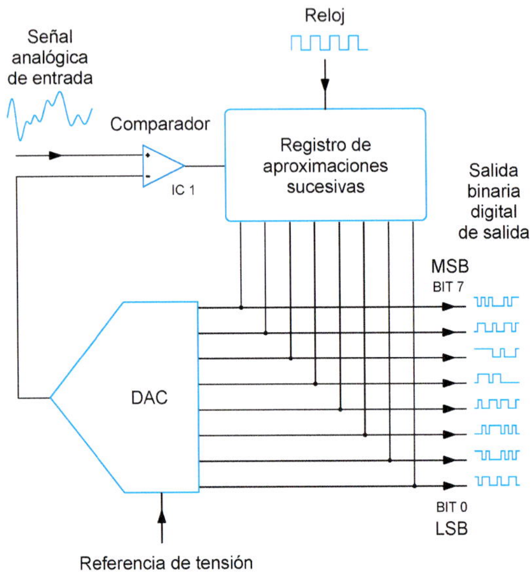

Figura 3.14. ADC de aproximaciones sucesivas.

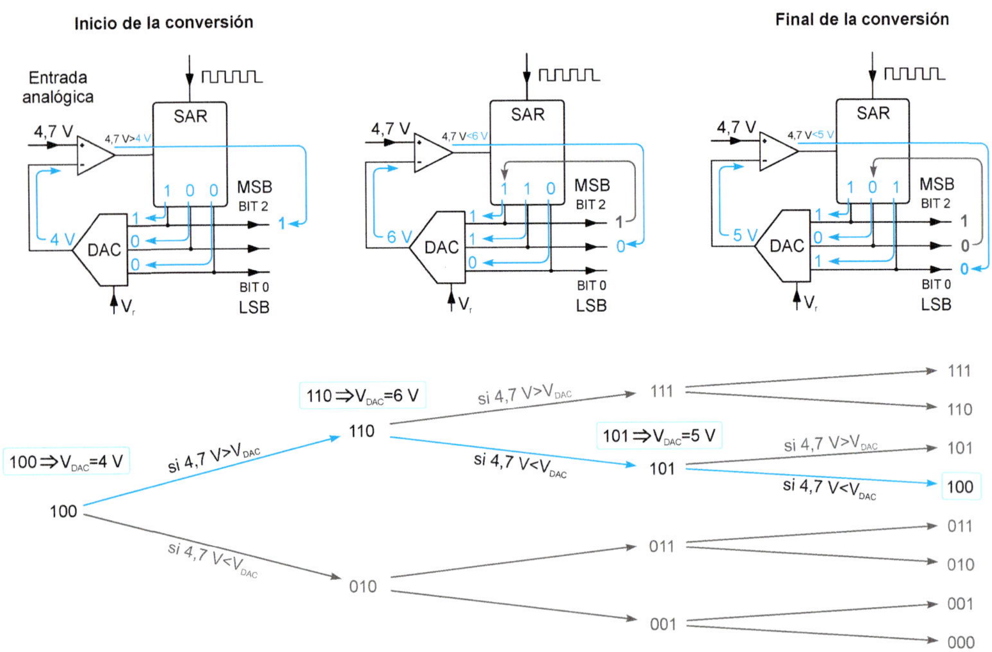

Figura 3.15. Convertidor ADC de aproximaciones sucesivas de 3 bits. Ejemplo de conversión cuando la señal de entrada es de 4,7 V.

Para realizar la conversión, el **registro de aproximaciones sucesivas** (*Successive Approximation Register* – SAR) enviará al DAC una señal digital en donde el MSB sea 1 y el resto de bits sean 0. La tensión obtenida tras el DAC se compara con la de la onda analógica de entrada. Si la tensión de entrada es mayor a la proporcionada por el DAC, el MSB será 1, mientras que si es menor será 0. Este dígito se almacena en el SAR, que generará otra señal digital en donde el MSB sea el obtenido en la operación anterior, el siguiente bit sea un 1 y el resto 0. Esta señal se hace pasar de nuevo por el DAC y el comparador para ver si es mayor o menor a la señal analógica de entrada. Si es mayor conservaremos el 1 mientras que si es menor cambiará a 0. Este proceso se repetirá hasta que se completen todos los bits. En la Figura 3.15 podemos ver un ejemplo de conversión con un ADC de aproximaciones sucesivas de 3 bits. Cuando la tensión de la señal analógica es de 4,7 V, la salida digital binaria será de 100.

autoevaluación

3.1. Una magnitud __________ (analógica/digital) es aquella que varía de forma continua tomando infinitos valores.

3.2. ¿Qué es la cuantificación de una señal analógica?

3.3. La electrónica digital es aquella que trabaja con ________ (señales/números).

3.4. ¿A qué tipo de circuito afecta más el ruido eléctrico?

3.5. Los circuitos digitales son _______ (más/menos) eficientes y fiables que los circuitos analógicos.

3.6. Los circuitos digitales son más _______ (sencillos/complejos) que su equivalente analógico.

3.7. En una señal digital, el nivel alto estará representado mediante el dígito ____ (0/1).

3.8. En un sistema digital con lógica positiva, el nivel alto estará representado por el valor _______ (bajo/alto) de tensión.

3.9. En un circuito digital, el 1 se corresponde con 0 V, mientras que el 0 lo hace con 5 V. El circuito tendrá lógica _________ (negativa/positiva).

3.10. En un circuito digital integrado TTL, la tensión de nivel alto debe estar entre 5 V y _____ V, mientras que el nivel bajo estará entre 0 V y _____ V.

3.11. En una señal digital, ¿cómo se denominan a los tramos de transición entre los niveles alto y bajo?

3.12. ¿En qué consiste una señal de reloj?

3.13. La señal de reloj ______ (no/sí) porta información.

3.14. ¿Qué componentes forman el DAC básico?

3.15. ¿Qué es un latch o cerrojo?

3.16. En un DAC básico, ¿qué valores toman las resistencias de entrada del sumador ponderado?

3.17. ¿Qué es un conmutador analógico?

3.18. ¿De qué valor serán las resistencias de un DAC escalera R-2R?

3.19. ¿Qué es un DAC unipolar?

3.20. El valor decimal máximo que se puede representar en un sistema de 10 bits es _______.

3.21. El número de valores analógicos obtenidos a la salida de un DAC de 10 bits es _______.

3.22. La resolución de DAC de 10 bits en donde la tensión de salida cuando todas las entradas son 1 es 20 V, es de _________ o bien _________.

3.23. ¿Qué es un circuito *band-gap*?

3.24. El ADC tipo flash es un conversor ________ (lento/rápido).

3.25. ¿Qué componentes forman un ADC tipo flash?

3.26. ¿Qué problema presenta un ADC tipo flash de 8 bits?

3.27. ¿Qué componentes forman un ADC de aproximaciones sucesivas?

3.28. La velocidad de conversión de un ADC de aproximaciones sucesivas es _________ (menor/mayor) que la del ADC flash.

3.29. Para convertir una señal analógica a una digital de 16 bits, emplearemos normalmente un conversor ________ (flash/aproximaciones sucesivas).

UNIDAD 4

BUSES DE DATOS

Los equipos electrónicos digitales que tenemos a bordo se comunican entre sí, compartiendo información, mediante **buses de datos.** El estudio de estas «autopistas» de información no solo se limita a su soporte físico (cableado), sino que también engloba a las reglas o protocolos utilizados para la transmisión de los datos. En esta unidad vamos a estudiar los conceptos básicos de los buses de datos así como las características de los buses más comunes que nos encontraremos a bordo de las aeronaves.

4.1. CARACTERÍSTICAS GENERALES

Desde el primer vuelo de los hermanos Wright en 1903, la cantidad de componentes eléctricos-electrónicos no ha hecho más que aumentar: sistemas de comunicaciones, navegación, control del motor, piloto automático, etc. Estos equipos electrónicos analógicos necesitan de una gran cantidad de cables para transmitir información entre sí o al piloto, lo que aumenta considerablemente el peso de la aeronave. Los equipos y computadoras digitales tan solo necesitan unos pocos buses de datos para transmitir mucha más información de la que los circuitos analógicos son capaces de generar. Los buses de datos (Figura 4.1) se pueden clasificar como:

- **Unidireccionales:** estos buses conectan equipos que solo son capaces de transmitir con otros que solo son capaces de recibir.
- **Bidireccionales:** Conectan equipos que pueden tanto transmitir como recibir información.

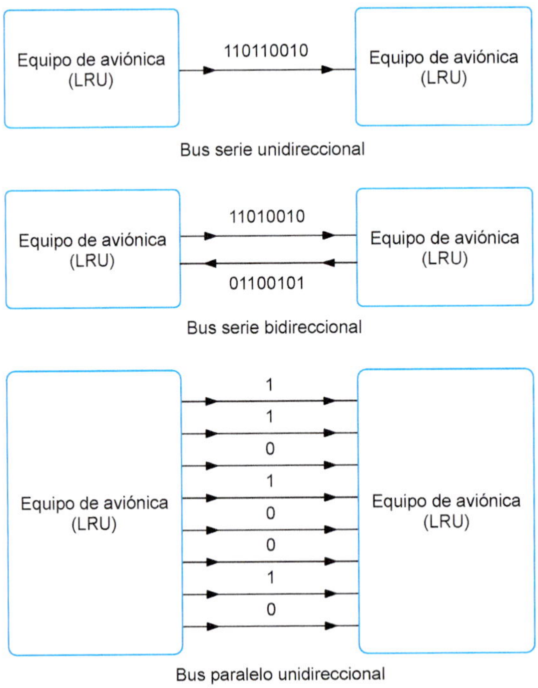

Figura 4.1. Clasificación de buses de datos.

Por otra parte, también los podemos clasificar como:

- **Bus serie:** la información se transmite de forma secuencial bit a bit. El transmisor enviará un bit tras otro hasta que complete la «palabra», que será captada por el receptor.
- **Bus paralelo:** utilizando varias líneas podemos transmitir los bits simultáneamente. El transmisor envía la «palabra» de una vez, de tal manera que en cada línea tendremos un bit.

El bus paralelo es más rápido que el bus serie, pero necesita de más líneas para transmitir los datos. Esto se traduce en un aumento considerable del peso, sobre todo cuando transmisor y receptor se encuentran alejados entre sí. Así pues, normalmente el bus serie se emplea para conectar una computadora con otra, por su bajo peso, reservando el bus paralelo para conectar los componentes internos de esas computadoras, en lo que se llama **bus local.**

4.1.1. PROTOCOLOS

Por definición, protocolo es un conjunto de reglas que se establecen en el proceso de comunicación entre dos o más partes. Por ejemplo, para resolver dudas después de una explicación en clase, levantaremos la mano y esperaremos a que el profesor nos dé la palabra para preguntar. Así pues, en este caso el protocolo será: atender la explicación, levantar la mano para preguntar, esperar a que el profesor nos de la palabra, realizar la pregunta, escuchar la respuesta, repreguntar si fuera necesario. Estas son las reglas de comportamiento que debemos seguir en clase.

Por su parte, para comunicarse y entenderse las unas a las otras, las computadoras deben respetar un **protocolo de comunicaciones** común, por estar conectadas a un mismo bus (Figura 4.2).

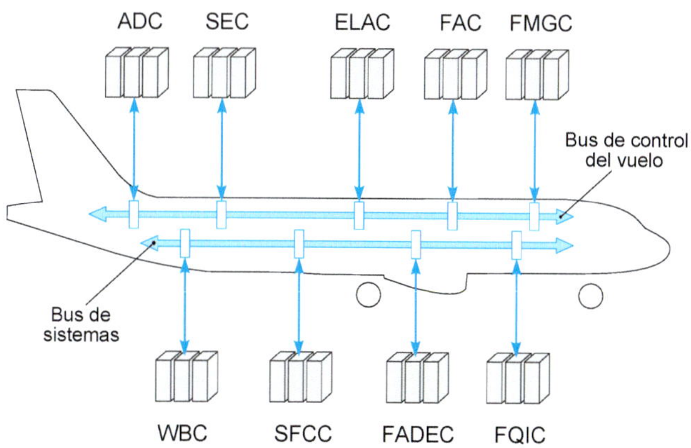

ADC: Air data computer
SEC: Spoiler elevator computer
ELAC: Elevator aileron computer
FAC: Flight augmentation computer
FMGC: Flight Management and guidance computer
WBC: Weight and balance computer
SFCC: Slat flap control computer
FADEC: Full authority digital engine control
FQIC: Fuel quantity indication computer

Figura 4.2. Interconexión de computadoras mediante bus de datos.

4.1.2. MULTIPLEXADO

El multiplexado es la transmisión simultánea de varias señales a través de un único medio (Figura 4.3). Utilizando técnicas de multiplexación, podemos realizar una llamada telefónica con nuestro teléfono fijo a la vez que lo hacen todos nuestros vecinos y no habrá interferencias, a pesar de que todas esas conversaciones se transmiten por el mismo cable. Para enviar las señales emitidas por los transmisores se empleará un circuito denominado **multiplexador** (MUX), mientras que para que cada receptor capte solo la señal que le interesa utilizaremos un **demultiplexador** (DEMUX). Las dos principales estrategias de multiplexación son:

- **Multiplexación por división de frecuencia** (FDM): con esta técnica, cada señal analógica de entrada se montará sobre una portadora de una determinada frecuencia y se transmitirá. El demultiplexador separará las señales por la frecuencia de su portadora mediante un filtro. Con este método, transmitimos un sin fin de ondas de radio a través de la atmósfera (radio, televisión, navegación, telefonía, etc.), todas a la vez, siendo el receptor el encargado de seleccionar cuál quiere captar, con la ayuda de un filtro.
- **Multiplexación por división de tiempo** (TDM): este método, empleado en circuitos digitales, se basa en transmitir la información secuencialmente, separada en intervalos de tiempo. Es la técnica de multiplexación utilizada para los buses de datos de a bordo.

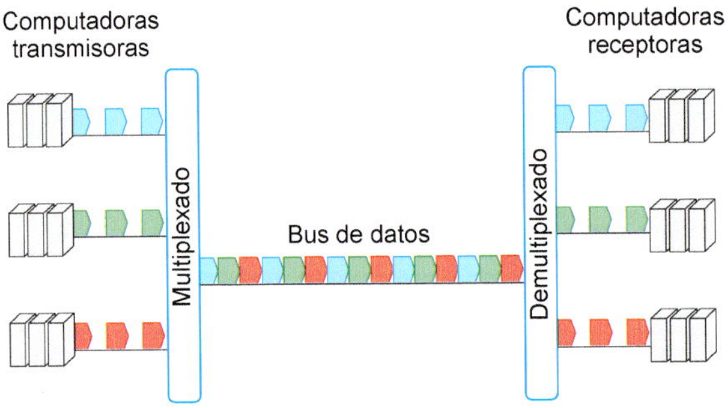

Figura 4.3. Multiplexado.

nota

Los equipos electrónicos de a bordo están alojados dentro de una carcasa de tamaño estándar de fácil conexión y desconexión denominada **LRU** *(Line Replaceable Unit)*.

Empleando técnicas de multiplexado podemos reducir enormemente el número de buses de datos necesarios a bordo, con las ventajas que esto tiene.

4.1.3. MODOS DE TRANSMISIÓN

La transmisión de la señal digital se puede realizar de dos formas:

- **Transmisión síncrona:** es aquella en la que el transmisor y el receptor reciben la misma señal del reloj, por lo que el ritmo de transmisión es idéntico al ritmo de recepción. El transmisor enviará en primer lugar un conjunto de bits de sincronismo (SYN) que prepararán al receptor para percibir la señal. Seguidamente enviará la información y finalmente otro conjunto de bits de final de bloque (ETB, *End Transmission Block*) que indicarán al receptor que el mensaje ha terminado. Estos dos conjuntos de bits entre los que se transmite la información se denominan **delimitadores.**

- **Transmisión asíncrona:** es aquella en la que transmisor y receptor reciben señales de reloj distintas (cada uno la suya). El mensaje enviado debe contener un bit de cabecera o arranque y uno o dos más de terminación o parada para informar al receptor del inicio y el final de la transmisión.

4.1.4. FUNDAMENTOS DEL BUS SERIE

El bus serie se emplea en la comunicación entre computadoras, quedando el bus paralelo para las comunicaciones internas de esas mismas computadoras (Figura 4.4). Para realizar la conversión serie-paralelo y paralelo-serie se utiliza un circuito denominado **interfaz del bus.**

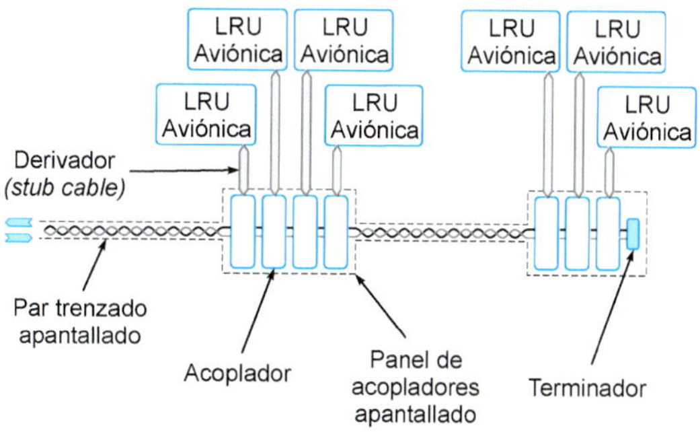

Figura 4.4. Esquema de conexión de computadoras a través de un bus serie.

Empleando un solo bus serie, formado por dos, cuatro o seis cables apantallados, podemos interconectar varias computadoras empleando los correspondientes **acopladores,** que encontraremos agrupados en diferentes zonas de la aeronave, según su localización. La computadora se conectará al acoplador mediante un **bus derivador** (*stub bus*).

Para evitar problemas con posibles reflexiones se conecta al final del bus una resistencia de unos 50 Ω denominada **terminador.**

4.2. ARINC 429

ARINC (*Aeronautical Radio Incorporated*) es una corporación que engloba a compañías aéreas, fabricantes de aeronaves y fabricantes de equipamiento embarcado, con objeto de estandarizar diversos sistemas de a bordo.

El ARINC 429 fue el primer bus de datos adoptado universalmente por la aviación comercial, siendo uno de los estándares más extendidos hoy en día. La especificación ARINC 429 define las características eléctricas del bus, la transmisión de datos y los protocolos empleados.

ARINC 429 utiliza un bus serie unidireccional denominado Mark 33 DITS (*Digital Information Transfer System*) que transmite mensajes de 32 bits con una velocidad de 12,5 o de 100 kbps (kb/s). Aunque hoy en día existen otros buses de datos que son capaces de transmitir mayor caudal de información con menos cableado, el ARINC 429 se sigue utilizando en numerosas aeronaves por la fiabilidad demostrada en los años de servicio.

4.2.1. CARACTERÍSTICAS ELÉCTRICAS

En este sistema un único transmisor puede enviar información a uno o a varios receptores a través de un par de cables trenzados y apantallados, siendo 20 el número máximo de receptores conectados a un único bus. Si queremos que los receptores tengan la posibilidad de transmitir, deberemos añadir un segundo bus, puesto que ARINC 429 es unidireccional.

Las tensiones de los cables, denominados cable A y cable B, tienen las siguientes características:

- La tensión respecto a masa de cada cable puede tomar tres valores: +5 V, 0 V y –5 V.
- Cuando la tensión en el cable A es de +5 V la del B será de –5 V y viceversa, por lo que la diferencia de potencial entre ambos será de +10 V o –10 V, según la polaridad.
- Cuando la tensión en uno de los cables es de 0 V, en el otro cable también será de 0 V.

Por su parte, los niveles lógicos serán:

- **HI:** el nivel alto (bit = 1) se alcanza cuando la diferencia de potencial del cable A respecto al B se encuentra entre +7,25 V y +11 V (Figura 4.5).

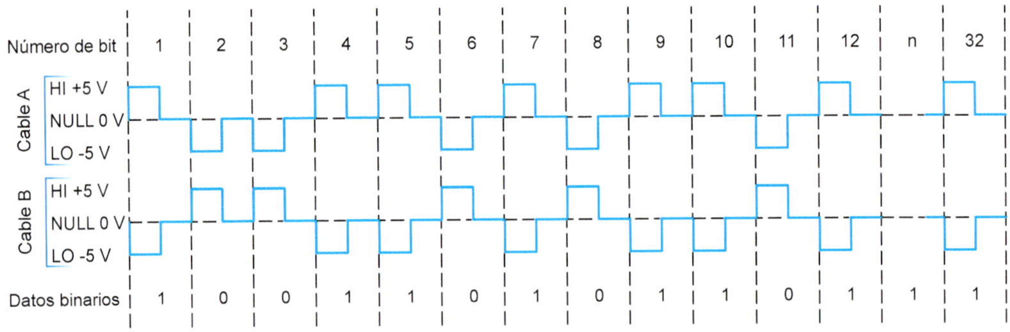

Figura 4.5. Forma de la señal binaria de un bus ARINC 429.

- **NULL:** este nivel es un estado de transición, que marca el cambio del bit. A este modo de funcionar se le conoce como **modulación bipolar con retorno a cero** (BPRZ – *Bipolar Return to Zero*). La diferencia de potencial del cable A respecto al B se encuentra entre +0,5 V y –0,5 V.
- **LO:** el nivel bajo (bit = 0) se alcanza cuando la diferencia de potencial del cable A respecto del B se encuentra entre –7,25 V y –11 V.

4.2.2. PROTOCOLOS

El ARINC 429 es un bus asíncrono **simplex,** esto es, unidireccional, en donde el transmisor no puede recibir y el receptor no puede transmitir. Las formas más comunes de configurar una red de comunicaciones basada en ARINC 429 son: en estrella y *bus-drop* (Figura 4.6).

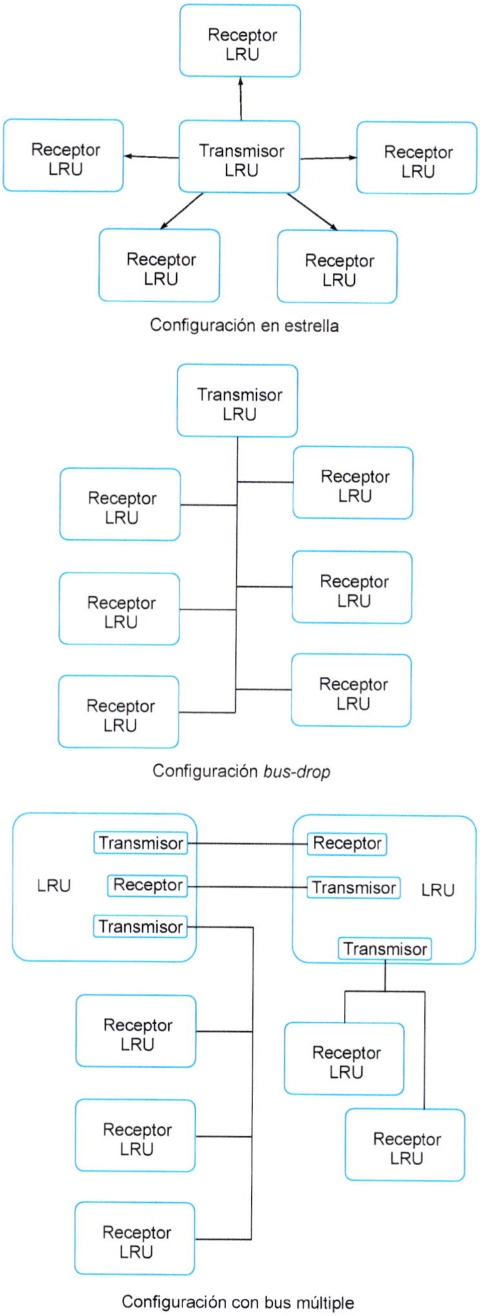

Figura 4.6. Configuración de la red ARINC 429.

- **Terminal remoto** (*remote terminal - **RT***): es el receptor del mensaje enviado por el BC. Pueden conectarse un máximo de 31 RT en un mismo bus. Cuando el BC envía un mensaje solo activará el RT al que esté destinado, que responderá al BC confirmando la correcta recepción de la información.
- **Monitor de bus** (*bus monitor – **BM***): el BM vigila la transferencia de información, comprobando que se ha producido sin ningún fallo.

Figura 4.8. Avión de combate Lockheed Martin F-16 Fighting Falcon, primer avión militar en equipar un bus de datos, junto al F-15. El bus utilizado es un MIL-STD-1553B.

El bus MIL-STD-1553B emplea un par de cables trenzados y apantallados para transmitir la información. El apantallado se deriva a masa en ambos extremos del bus para evitar problemas de interferencias. Además, para mejorar la fiabilidad del sistema se suelen equipar con varios buses adicionales a modo de redundancia para que, en caso de que uno falle, se pueda transmitir la información por otro.

nota

Un bus tipo ***simplex*** es unidireccional. Un bus ***half-duplex*** es bidireccional pero solo se puede emplear un sentido en cada momento, como en un *walkie talkie*. Un bus ***full-duplex*** es bidireccional, pudiéndose emplear ambos sentidos a la vez, como en una llamada telefónica.

La trama transmitida mediante el bus MIL-STD-1553B tiene 20 bits empleando multiplexación por división de tiempo, paridad impar y transmisión asíncrona.

El bus MIL-STD-1553B tiene una versión que emplea fibra óptica para la transmisión de información: el bus **MIL-STD-1773B,** el cual presenta una mayor inmunidad a los campos electromagnéticos de alta intensidad (*High-Intensity Radiated Electromagnetic Fields* – **HIRF**).

4.4. ARINC 629

A mediados de la década de los noventa, Boeing presenta el avión B-777, el cual equipa el bus ARINC 629. Este bus bidireccional tipo *full-duplex* es capaz de interconectar hasta 120 dispositivos a una velocidad de 2 Mbps (20 veces más rápido que el ARINC 429) sin necesidad de un controlador de bus. La trama transmitida es de 20 bits con paridad impar.

Al ser bidireccional reduce considerablemente el tamaño y el peso del sistema de buses de datos de a bordo (Figura 4.9). Por ello, además de en el B-777 se emplea en los Airbus A-330 y A-340.

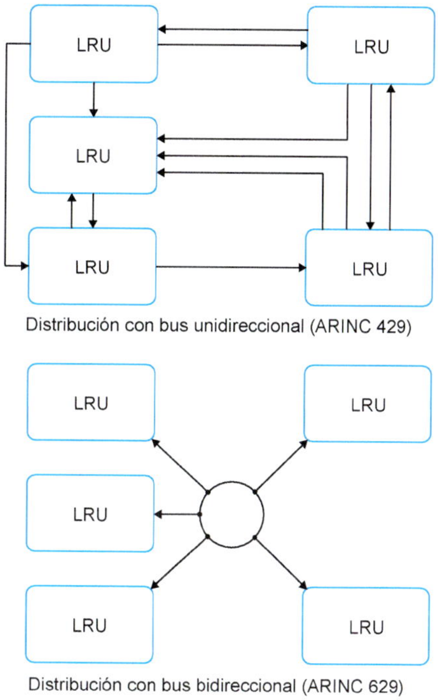

Figura 4.9. Distribución en un bus unidireccional (ARINC 429) y un bus bidireccional (ARINC 629).

4.5. REDES EN AERONAVES/ETHERNET

El estándar comercial Ethernet es el protocolo más utilizado en las redes de área local (*Local Area Network* – LAN), denominándose **ELAN** (*Ethernet LAN*), así como en redes más amplias. Una red LAN es aquella que une, permitiendo que se comuniquen, un número reducido de computadoras, como puede ser un edificio, una empresa o un avión. Originalmente concebida para emplear cables coaxiales, en las aeronaves la ELAN suele emplear el tradicional par trenzado apantallado de cobre o bien un cable de fibra óptica para elevada velocidad de transmisión. El protocolo Ethernet fue estandarizado por el *Institute of Electrical and Electronic Engineers* como IEEE 802.3.

El **protocolo** de comunicaciones Ethernet se basa en los principios «CSMA/CD» (*Carrier Sense, Multiple Access and Collision Detection*):

- ***Carrier Sense:*** esta cualidad especifica que las computadoras conectadas al bus son capaces de determinar si el cable al que están conectadas está libre u ocupado, para realizar o no la transmisión. A cada una de estas computadoras se la denomina anfitrión o, más comúnmente, ***host*** (Figura 4.10).
- ***Multiple Access:*** esta característica establece que se pueden conectar múltiples *host* a un mismo cable de transmisión.
- ***Collision Detection*:** se puede dar la circunstancia de que dos o más *host* transmitan a la vez, interfiriendo sus señales (colisión). Cuando esto sucede, el propio *host* lo detecta, reenviando el mensaje.

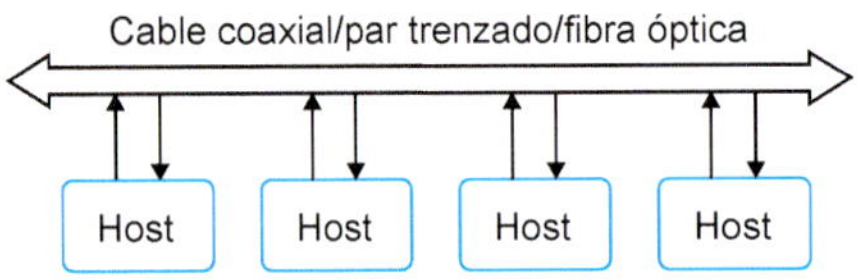

Figura 4.10. Esquema básico de la arquitectura de un bus Ethernet.

Resumiendo, el protocolo Ethernet se basa en dos principios:

- Si el *host* tiene un mensaje que transmitir, lo transmitirá siempre que el cable esté libre.
- Si el mensaje enviado colisiona con otra transmisión, el *host* lo reenviará.

El tamaño de la trama transmitida por un bus Ethernet varía entre los 64 bytes y los 1518 bytes, siendo 1 byte el equivalente a 8 bits, esto es, un octeto de bits (Figura 4.11).

	Preámbulo	SFD	MAC de destino	MAC de origen	Longitud	*Payload* (datos)	FCS	IFG
Bytes	7	1	6	6	2	46-1500	4	12

SFD: Start of frame delimiter
MAC: Media access control

FCS: Frame check sequence
IFG: Interframe gap

Figura 4.11. Formato de la trama en el estándar Ethernet.

4.5.1. ARINC 664 (AFDX)

Los aviones comerciales más modernos, como son los Airbus A-380 y A-350, el Boeing B-787, el COMAC C919 y el Sukhoi Superjet 100 disponen de un bus bidireccional ARINC 664 de fibra óptica, también denominado **AFDX**® (*Avionics Full Duplex Switched Ethernet*) basado en los protocolos del estándar Ethernet IEEE 802.3. Este bus tiene una velocidad de transmisión de 100 Mbps (1000 veces más rápido que el bus ARINC 429). Además requiere un cableado menor, disminuyendo el peso de la aeronave.

El bus AFDX está formado por dos elementos básicos: el *switch* y el *end-system*:

- ***Switch*:** filtra, controla y organiza el tráfico de datos desde el transmisor hasta el receptor correspondiente. Es el encargado de establecer los «caminos virtuales» (*virtual links* – VL) entre el emisor y el receptor o receptores del mensaje.
- ***End-system*:** dispositivo que transmite o recibe datos.

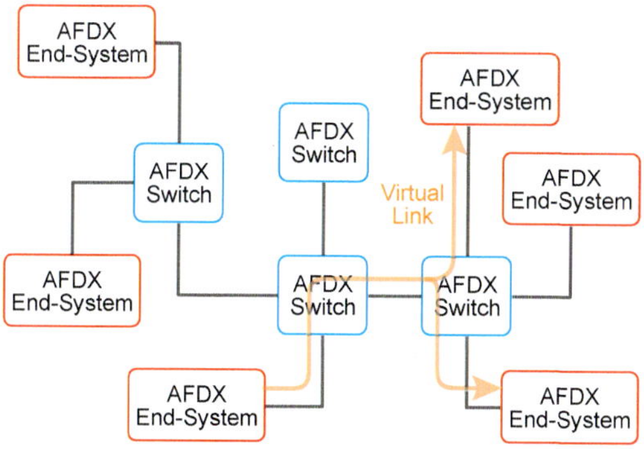

Figura 4.12. Arquitectura básica de un bus AFDX. Los *switch* establecen los *virtual links* entre el emisor y sus receptores.

4.5.2. IEEE 1394 FIREWIRE

Otra red empleada a bordo de las aeronaves es la IEEE 1394, conocida como **Firewire.** Se trata de una red de punto a punto empleada en el sistema de entretenimiento de a bordo para la transmisión de señales de vídeo de alta definición. Es capaz de transmitir información a una velocidad de 800 Mbps. En algunos aviones, como el Lockheed Martin F-35 Lightning II, el bus serie Firewire se emplea en el sistema de control de vuelo y del motor, aprovechando su gran ancho de banda y su fiabilidad.

autoevaluación

4.1. Un bus ____________ (unidireccional/bidireccional) conecta equipos que solo son capaces de transmitir con otros que solo son capaces de recibir.

4.2. Un bus ____________ (serie/paralelo) transmite la información de forma secuencial bit a bit.

4.3. El bus local de un equipo de aviónica emplea bus __________ (serie/paralelo).

4.4. Para comunicarse unas con otras, las computadoras emplean buses _______ (serie/paralelo).

4.5. El bus paralelo es más__________ (rápido/lento) y más __________ (ligero/pesado) que un bus serie equivalente.

4.6. ¿Qué es el multiplexado?

4.7. Típicamente, las señales analógicas emplean un multiplexado por división de __________ (tiempo/frecuencia).

4.8. Típicamente, en un bus de datos se emplea multiplexado por división de __________ (tiempo/frecuencia).

4.9. Una transmisión _____________ (síncrona/asíncrona) es aquella en la que el transmisor y el receptor reciben la misma señal de reloj.

4.10. ¿Qué elemento se emplea para convertir una señal al pasar de un bus serie a otro paralelo?

4.11. En un bus ARINC 429, ¿qué función tiene el terminador?

4.12. ¿Cuántos bits tiene la trama transmitida por un bus ARINC 429?

4.13. ¿Qué velocidad máxima de transmisión tiene un bus ARINC 429?

4.14. ¿Cuántos receptores puede tener un bus ARINC 429 como máximo?

4.15. El bus ARINC 429 es ___________ (unidireccional/bidireccional).

4.16. ¿Qué tipo de cable se emplea para transmitir la información en un bus ARINC 429?

4.17. La tensión respecto a masa de cada cable del bus ARINC 429 es ____ V, ____ V o ____ V.

4.18. Cuando en el cable A de un bus ARINC 429 es de +5 V, la del cable B será de _____ V.

4.19. Cuando la tensión en el cable A de un bus ARINC 429 es 0 V, la del cable B será de _____ V.

4.20. Cuando la diferencia de potencial del cable A respecto al B de un bus ARINC 429 se encuentra entre +7,25 V y 11 V, tendremos un nivel lógico ________ (HI/NULL/LO).

4.21. En un bus ARINC 429, cuando el bit transmitido es 0, la diferencia de potencial del cable A respecto al B es de _________ (+10/0/–10) V.

4.22. El bus ARINC 429 es un bus __________ (síncrono/asíncrono).

4.23. El bus ARINC 429 es un bus __________ _________ (*simplex/half-duplex/full-duplex*).

4.24. En la trama de un bus ARINC 429, los bits del 1 al 8 forman lo que llamamos __________.

4.25. En la trama de un bus ARINC 429, el origen y el destino de la información está recogido en los bits del _____ al _____. A estos bits se les denomina _______.

4.26. En la trama de un bus ARINC 429, los datos se encuentran entre los bits _____ y _____.

4.27. ¿Qué representa el SSM en la trama de un bus ARINC 429?

4.28. La trama de un bus ARINC 429 tiene una paridad _______ (par/impar).

4.29. ¿Para qué se añade el bit de paridad a la trama del bus?

4.30. ¿Cómo se realiza la transmisión de la trama en un bus ARINC 429?

4.31. ¿Qué dos códigos se suelen emplear en la transmisión en el bus ARINC 429?

4.32. La etiqueta de la trama de un bus ARINC 429 se suele representar empleando el sistema de numeración ___________ (binario/octal/decimal/hexadecimal).

4.33. El bus MIL-STD-1553B es un bus ____ (serie/paralelo), ___________ (unidireccional/bidireccional) que utiliza conductores de __________ (cobre/fibra óptica).

4.34. El bus MIL-STD-1553B es ___________ (*simplex/half-duplex/full-duplex*).

4.35. La velocidad de transmisión de un bus MIL-STD-1553B es de _______ Mbps.

4.36. En un bus MIL-STD-1553B, ¿qué elemento es el encargado de iniciar la transmisión?

4.37. En un bus MIL-STD-1553B, ¿qué función tiene el monitor del bus?

4.38. ¿Qué tipo de conductor emplea un bus MIL-STD-1553B?

4.39. La trama transmitida por un bus MIL-STD-1553B tiene un total de _____ bits.

4.40. El bus MIL-STD-1553B transmite una trama con paridad ________ (par/impar).

4.41. ¿Qué bus de fibra óptica tiene características análogas al MIL-STD-1553B?

4.42. El bus ARINC 629 es ____________ (unidireccional/bidireccional).

4.43. El bus ARINC 629 es ___________ (*simplex/half-duplex/full-duplex*).

4.44. El bus ARINC 629 es capaz de interconectar un máximo de ______ dispositivos.

4.45. La velocidad de transmisión de un bus ARINC 629 es de hasta _______ Mbps.

4.46. La trama de un bus ARINC 629 tiene un total de _______ bits y una paridad _______ (par/impar).

4.47. El bus AFDX también se denomina ARINC ______.

4.48. El bus AFDX emplea conductores de _____________ (cobre/fibra óptica).

4.49. La velocidad de transmisión de un bus AFDX es de hasta _______ Mbps.

4.50. ¿Cuál es el protocolo más utilizado en las redes de área local LAN?

4.51. El estándar del protocolo denominado Ethernet es el IEEE _______.

4.52. ¿Qué quiere decir que el sistema Ethernet se basa en los principios CSMA/CD?

4.53. En un protocolo Ethernet, a la computadora anfitrión se la denomina _______.

4.54. En un sistema de Ethernet, si el mensaje colisiona con otra transmisión, ¿qué acción realizará el *host*?

4.55. El __________ es el elemento que filtra, controla y organiza el tráfico en un bus AFDX, estableciendo los *virtual links*.

4.56. La red Firewire se basa en el estándar IEEE _______.

4.57. La velocidad de transmisión en una red Firewire es de hasta _______ Mbps.

4.58. La red Firewire emplea un bus______ ______________ (unidireccional/bidireccional).

UNIDAD 5

CIRCUITOS LÓGICOS

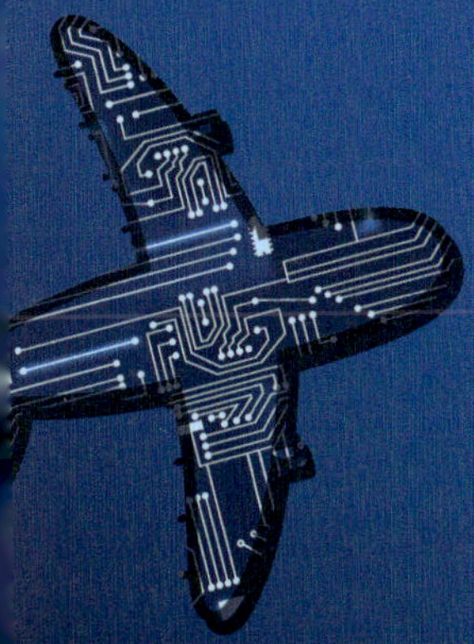

A lo largo del día tomamos varias decisiones lógicas: si tengo sed bebo un vaso de agua, si tengo frío me pongo un jersey, si quiero bajar a la calle llamo al ascensor, etc. No obstante, otra persona distinta, cuando tiene sed se toma una cerveza, cuando tiene frío pone la calefacción y cuando quiere bajar a la calle toma las escaleras. Por tanto, cada uno aplicamos lógicas distintas.

Cuando se requiere que un circuito electrónico tome decisiones lógicas, este se implementará mediante **puertas lógicas** (Figura 5.1). Una puerta lógica es un dispositivo electrónico constituido a base de transistores, diodos, resistencias, etc., cuya salida depende de cómo sean sus entradas. Cada puerta aplica una operación del **álgebra de Boole,** la cual podremos simplificar mediante las **tablas de la verdad.** Dicho de otro modo, cada puerta tiene su propia lógica, al igual que cada persona tiene «su propia lógica».

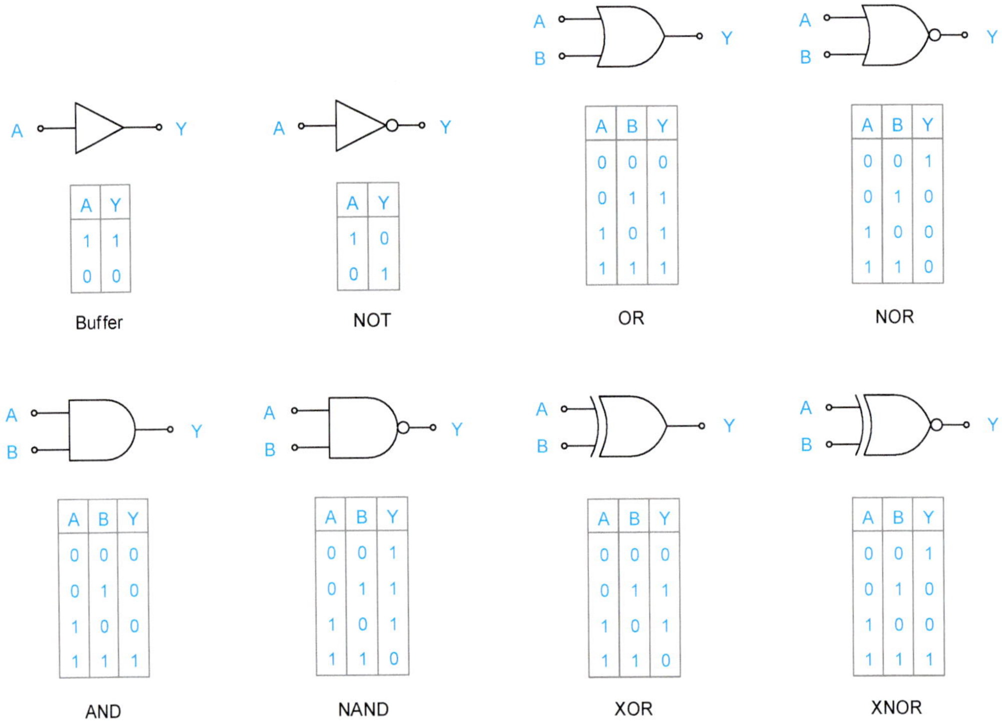

Buffer

A	Y
1	1
0	0

NOT

A	Y
1	0
0	1

OR

A	B	Y
0	0	0
0	1	1
1	0	1
1	1	1

NOR

A	B	Y
0	0	1
0	1	0
1	0	0
1	1	0

AND

A	B	Y
0	0	0
0	1	0
1	0	0
1	1	1

NAND

A	B	Y
0	0	1
0	1	1
1	0	1
1	1	0

XOR

A	B	Y
0	0	0
0	1	1
1	0	1
1	1	0

XNOR

A	B	Y
0	0	1
0	1	0
1	0	0
1	1	1

Figura 5.1. Puertas lógicas con su correspondiente símbolo y tabla de la verdad.

nota

El álgebra de Boole es un conjunto de reglas matemáticas en la que se basan los circuitos lógicos. Las operaciones del álgebra de Boole son la suma lógica, el producto lógico y la complementación, todo ello en un sistema de numeración binario.

5.1. PUERTAS LÓGICAS

Existen ocho puertas lógicas, en función de la operación del álgebra de Boole que implementan, cada una con su propia lógica y su tabla de la verdad correspondiente.

5.1.1. BUFFER

La salida de un buffer será igual a su entrada, esto es, si la entrada es un 1, la salida también será un 1, mientras que si la entrada es un 0, la salida también será 0.

El buffer se emplea para amplificar la señal en un circuito lógico. Por ejemplo, en un bus Arinc 429, tendremos el nivel alto HI (bit = 1) cuando la diferencia de potencial entre sus cables se encuentre entre +7,25 V y +11 V. Ahora bien, las caídas de tensión que se producen en un determinado circuito, pueden provocar que la tensión del nivel alto HI baje por debajo de +7,25 V, fallando la transmisión de la información. Para evitar esta situación, en determinados puntos del circuito, el buffer elevará la tensión de su señal de salida hasta +10 V (bit = 1). Además, el buffer será capaz de aportar una intensidad suficientemente alta a las puertas que estén conectadas a su salida, para que estas funcionen de forma adecuada.

El buffer está constituido internamente por un circuito electrónico a base de transistores, diodos y resistencias (Figura 5.2). Además del terminal de entrada y del de salida, el buffer requiere un terminal de alimentación V_{cc} y su correspondiente masa. La función del álgebra de Boole que implementa el buffer es la igualdad.

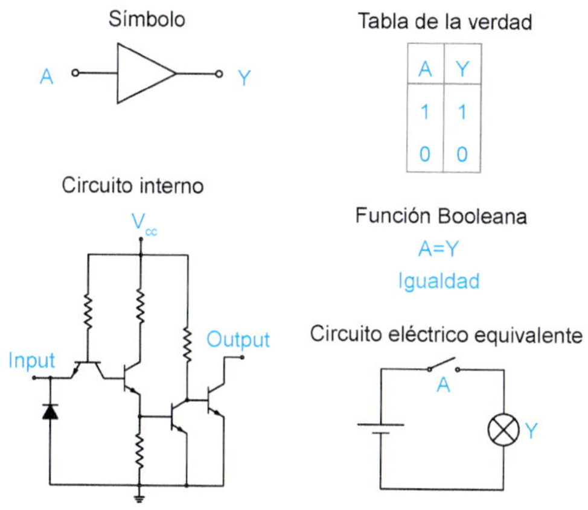

Figura 5.2. Puerta Buffer.

Para entender mejor el funcionamiento de las puertas lógicas, se suele representar un **circuito eléctrico equivalente** a base de uno o dos interruptores, que representan las señales de entrada, y una lámpara que representa la señal de salida de la puerta lógica. Un interruptor cerrado representa que esa entrada es un 1, mientras que si está abierto representará un 0. Por su parte, cuando la lámpara se ilumina, consideramos que la señal de salida es un 1, mientras que si no se ilumina tenemos un 0. En la Figura 5.2 podemos observar el circuito equivalente de un buffer, que consiste en un interruptor en serie con la lámpara: si el interruptor está cerrado (input = 1) la lámpara se enciende (output = 1), mientras que si el interruptor está abierto (input = 0), la lámpara no se enciende (output = 0).

5.1.2. PUERTA AND

La puerta AND proporcionará un 1 en su salida cuando en todas sus entradas tenga un 1. Si en alguna de sus entradas tiene un 0, la salida también será 0 (Figura 5.3).

Lo más habitual será tener tan solo dos entradas, pero pueden ser más. La puerta AND implementa el producto lógico del álgebra de Boole.

Símbolo

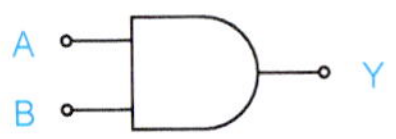

Función Booleana

Y=A·B

Producto lógico

Tabla de la verdad

A	B	Y
0	0	0
0	1	0
1	0	0
1	1	1

Circuito interno

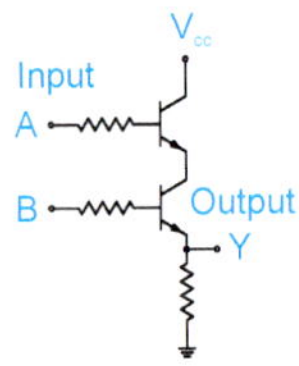

Circuito eléctrico equivalente

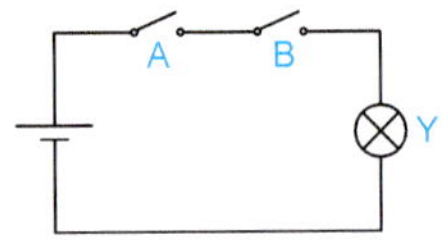

Figura 5.3. Puerta AND.

5.1.3. PUERTA OR

La puerta OR proporcionará un 1 en su salida cuando en alguna de sus entradas (una, varias o todas) tenga un 1 (Figura 5.4).

Si todas sus entradas son 0, la salida también será 0. La puerta OR implementa la suma lógica del álgebra de Boole. Puede tener dos o más entradas.

Símbolo

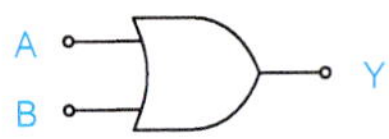

Función Booleana

Y=A+B

Suma lógica

Tabla de la verdad

A	B	Y
0	0	0
0	1	1
1	0	1
1	1	1

Circuito interno

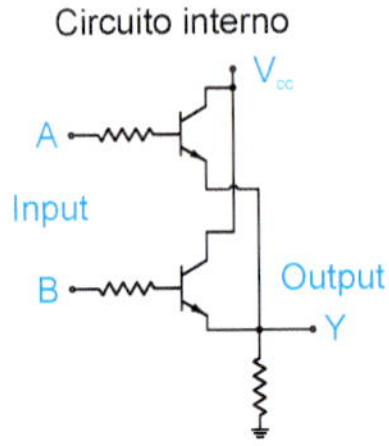

Circuito eléctrico equivalente

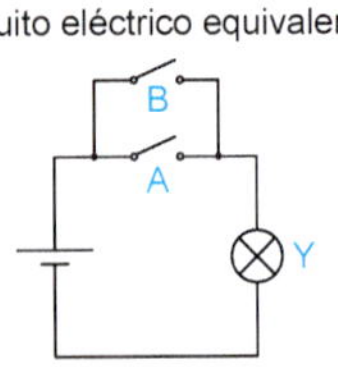

Figura 5.4. Puerta OR.

5.1.4. PUERTA XOR

La salida de la puerta XOR será un 1 cuando en alguna de sus entradas se tenga un 1, a menos que todas las entradas sean 1. En el resto de casos su salida será 0 (Figura 5.5).

Esta puerta siempre tendrá dos entradas, ni más ni menos. Implementa una función compleja del álgebra de Boole.

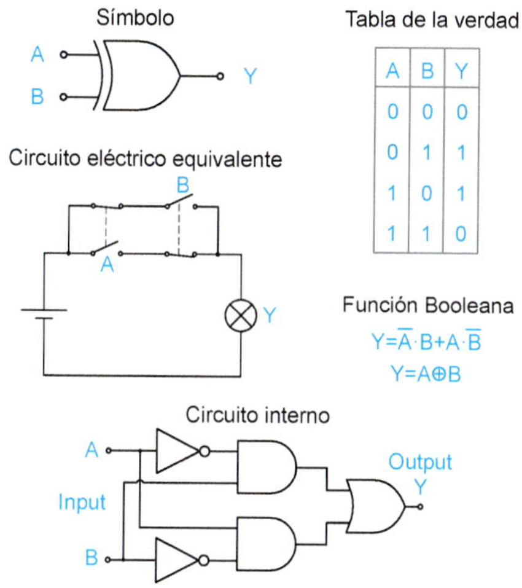

A	B	Y
0	0	0
0	1	1
1	0	1
1	1	0

Figura 5.5. Puerta XOR (Exclusive OR).

5.1.5. PUERTA NOT

La salida de una puerta NOT será 1 cuando su entrada sea 0 y viceversa. Se corresponde con la inversión o negación en el álgebra de Boole, por lo que en ocasiones se la denomina puerta inversora o de negación (Figura 5.6).

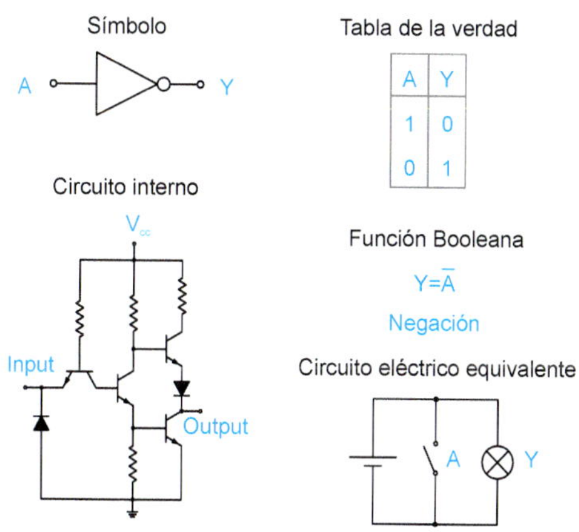

A	Y
1	0
0	1

Figura 5.6. Puerta NOT (inversora, negación).

Es conveniente realizar un breve análisis del símbolo de la puerta NOT (Figura 5.6). Dicho símbolo está formado por un triángulo idéntico al del buffer seguido de un pequeño círculo. Pues bien, en los diagramas lógicos, este círculo es precisamente el que representa la negación o inversión. Este círculo invierte el bit que le llega: si recibe un 1, transmite un 0, si recibe un 0, transmite un 1.

5.1.6. PUERTA NAND

La puerta NAND es una AND negada, esto es, es una puerta AND seguida de una NOT, pero implementadas en un único circuito. Se representa mediante una puerta AND que a su salida tiene el circulito de negación. Por tanto, en una puerta NAND proporcionará un 0 a su salida cuando en todas sus entradas tenga un 1 (Figura 5.7). Si en alguna entrada tiene un 0, la salida será 1. La puerta NAND implementa el producto lógico negado en el álgebra de Boole.

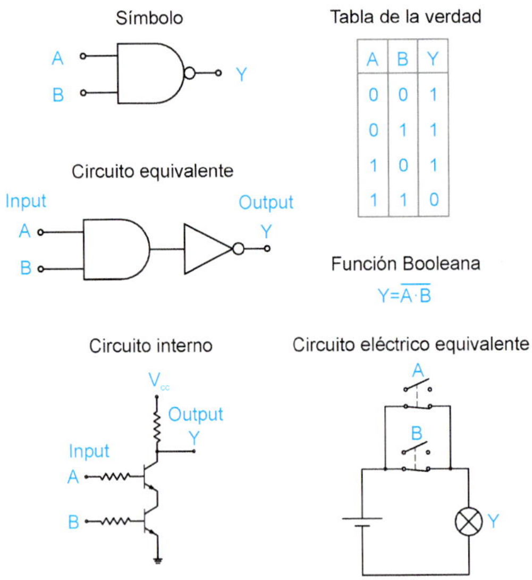

A	B	Y
0	0	1
0	1	1
1	0	1
1	1	0

Figura 5.7. Puerta NAND.

5.1.7. PUERTA NOR

La puerta NOR es una OR negada, esto es, una puerta OR seguida de una NOT. En este caso, cuando en todas las entradas de la NOR tengamos un 0, en su salida tendremos un 1, en el resto de casos la salida será un 0 (Figura 5.8). Puede tener dos o más entradas.

5.1.8. PUERTA XNOR

La puerta XNOR es una XOR negada, esto es, una puerta XOR seguida de una NOT. En este caso, cuando el nivel lógico de ambas entradas es igual, en la salida tendremos un 1. Por tanto, cuando en las dos entradas de la puerta tenemos dos unos o dos ceros, en la salida tendremos un 1 (Figura 5.9).

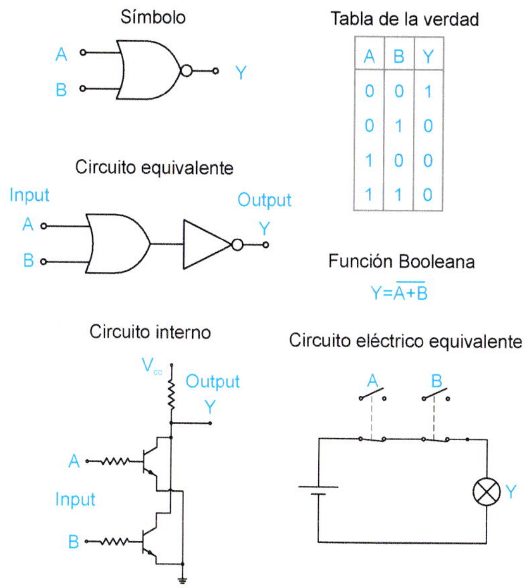

Figura 5.8. Puerta NOR.

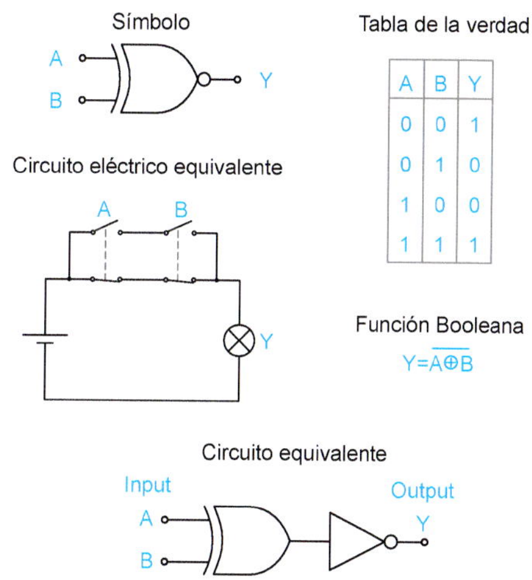

Figura 5.9. Puerta XNOR.

5.1.9. PUERTAS CON ENTRADAS NEGADAS

En ocasiones, en el símbolo de una puerta lógica nos podemos encontrar con un pequeño círculo en alguna de sus entradas. Decimos entonces que dichas entradas están negadas, cambiando el bit recibido. Para determinar el bit de salida de estas puertas, sustituiremos cada circulito por una puerta NOT (Figura 5.10) y aplicaremos las tablas de la verdad correspondientes.

Conviene que analicemos brevemente la segunda puerta de la Figura 5.10, la puerta OR con sus dos entradas negadas. Dando valores a sus entradas podemos construir la siguiente tabla de la verdad:

A	B	Y
0	0	1
1	0	1
0	1	1
1	1	0

Vemos que esta tabla de la verdad es idéntica a la de la puerta NAND (Figura 5.7), por lo que ambas puertas serán equivalentes o, dicho de otra forma, aplicarán la misma lógica. Esta equivalencia deriva de las propiedades distributiva y conmutativa del álgebra de Boole, en concreto del teorema de Morgan:

$$\overline{A \cdot B} = \overline{A} + \overline{B}$$

5.8. (Referido a la Figura 5.30.) El circuito representado es el de una puerta lógica:

A. ____________ B. ____________

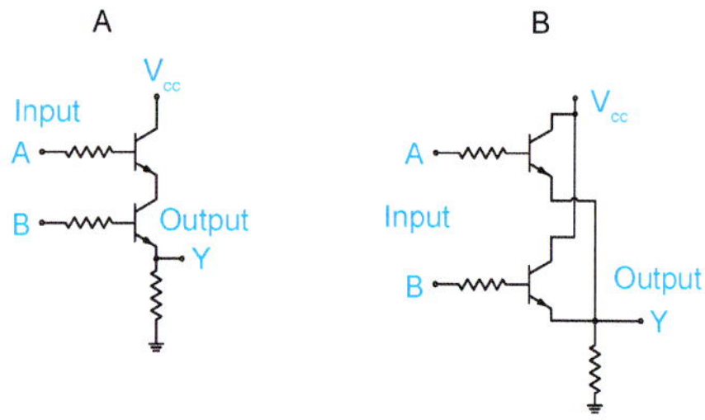

Figura 5.30. Pregunta 5.8 de autoevaluación.

5.9. La puerta _______ implementa el producto lógico del álgebra de Boole.

5.10. La puerta _______ implementa la suma lógica del álgebra de Boole.

5.11. Los circuitos integrados digitales TTL son más _________ (lentos/rápidos) que los CMOS.

5.12. Los circuitos integrales digitales TTL tienen un consumo _________ (menor/mayor) que los CMOS.

5.13. La inmunidad al ruido de los circuitos digitales integrados TTL es _________ (menor/mayor) que los CMOS.

5.14. Un multivibrador ___________ es un circuito que conmuta periódicamente entre sus dos estados inestables, generando en su salida un flujo continuo de pulsos a una frecuencia determinada.

5.15. Un flip-flop es un multivibrador ________ (astable/biestable/monoestable).

5.16. Los latches son multivibradores ________________.

5.17. Un multivibrador ________ es un circuito que proporciona un valor de tensión bajo hasta que se dispara (acción detonadora), momento en el que empezará a proporcionar un nivel alto de tensión durante un tiempo determinado.

5.18. (Referido a la Figura 5.31.) En la situación representada, la luz roja estará _________ (apagada/encendida) y la luz verde __________ (apagada/encendida).

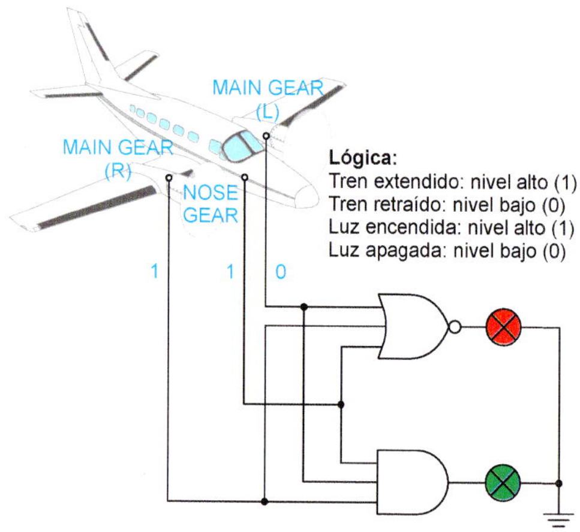

Figura 5.31. Pregunta 5.18 de autoevaluación.

5.19. El flip-flop es un circuito ___________ (asíncrono/síncrono) y el latch es ___________ (asíncrono/síncrono).

5.20. Para que la salida de un latch SR no varíe, por su entrada S deberá recibir un ____ (0/1).

5.21. Un latch D con entrada de habilitación es un circuito digital ___________ (combinacional/secuencial).

5.22. Los circuitos digitales cuyas salidas dependen exclusivamente de sus entradas se denominan ______________.

5.23. Los circuitos digitales cuyas salidas dependen de sus entradas y de salidas anteriores se denominan ______________________.

5.24. Los circuitos contadores y los registros de desplazamiento son circuitos _____________ (combinacionales/secuenciales).

UNIDAD 6

ESTRUCTURA BÁSICA DE UN ORDENADOR

La máxima expresión de un circuito lógico es el ordenador o **computadora.** Las aeronaves actuales se ayudan de las computadoras para gestionar los sistemas de control del vuelo, navegación, comunicaciones, mantenimiento, etc. Hoy en día, la práctica totalidad de los sistemas de a bordo están gestionados en mayor o menor medida por las computadoras de a bordo. En esta unidad estudiaremos las partes principales y la configuración básica de los ordenadores.

6.1. HARDWARE

El hardware es el conjunto de elementos físicos de una computadora, esto es, las partes tangibles, que podemos tocar. Los componentes básicos de hardware de un ordenador son los siguientes (Figura 6.1):

- **Unidad central de proceso** (**CPU** – *Central Processing Unit*): es el cerebro del sistema.
- **Memoria:** almacena datos de forma permanente o temporal.
- **Entradas/salidas:** mediante las cuales la computadora recibe y envía información, interactuando con otras computadoras, dispositivos periféricos o con las personas.
- **Bus de datos:** interconecta todos los elementos de la computadora.

Todas las computadoras cimientan su funcionamiento en estos cuatro elementos.

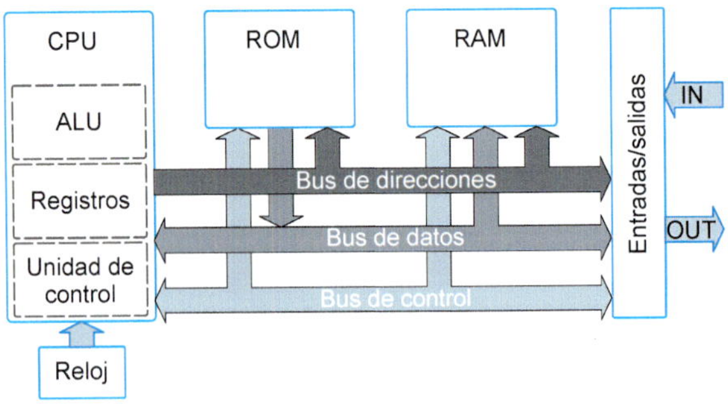

Figura 6.1. Elementos de una computadora.

6.1.1. CPU

La CPU es un circuito integrado, compuesto por cientos, miles o incluso millones de puertas lógicas, encargado de gobernar el funcionamiento de la computadora.

El microprocesador CPU está formado a su vez por tres partes:

- **Unidad aritmético-lógica** (**ALU** – *Arithmetic and Logic Unit*): es la encargada de realizar las operaciones lógicas que define el álgebra de Boole, mediante un sin fin de puertas lógicas. En otras palabras, la ALU es la parte de la CPU encargada de realizar los cálculos.
- **Matriz de registros:** almacena datos y proporciona instrucciones a la CPU sobre qué datos se procesan y cómo. Funcionan como una memoria electrónica temporal de frecuente, fácil y rápido acceso para la CPU.
- **Unidad de control:** es el núcleo de la CPU que controla y coordina el funcionamiento de la computadora. Es el cerebro del sistema, encargado de la toma de decisiones: qué

Figura 6.2. Detalle del microprocesador CPU de una computadora.

operaciones tiene que realizar la ALU, cuándo las realiza, qué datos se almacenan en los registros, etcétera.

Esta arquitectura es la que tiene la CPU de la computadora de navegación de una aeronave, un ordenador personal y nuestro *smartphone*, pero también es la que tiene el microprocesador de una impresora o de una televisión.

La CPU trabaja siguiendo una secuencia bien definida, denominada ciclo de instrucción, el cual cuenta con las siguientes fases típicas:

- **Búsqueda** *(fetch):* en primer lugar, la CPU busca en la memoria la instrucción que se quiere ejecutar.
- **Decodificación** *(decode):* a continuación, la CPU decodifica la instrucción, para determinar qué tarea hay que realizar (qué operación, con qué elementos, donde guardar el resultado de la operación).
- **Ejecución** *(execute):* Una vez que se tiene la información y se sabe qué hacer con ella, la ALU ejecuta o realiza la tarea en cuestión.
- **Finalización** *(write, store):* cuando se termina la tarea, se guardará el resultado para poder utilizarlo posteriormente.

El ciclo de instrucción se realiza una y otra vez, en forma de bucle. Cuantas más instrucciones se tengan que procesar y más complejas sean, mayor será el tiempo que necesita la CPU para completarlas.

6.1.2. MEMORIA

Los datos e instrucciones necesarios para el funcionamiento de la computadora se almacenan en la memoria. Existen dos tipos de memoria:

- **ROM** (*Read Only Memory*): almacena datos de forma permanente, de tal manera que seguirán grabados a pesar de que apaguemos la computadora.
- **RAM** (*Random-Access Memory*): almacena datos transitorios y temporales que son utilizados por los programas en ejecución o por la CPU. Al apagar el ordenador, toda la información almacenada en la RAM se pierde.

La unidad básica de almacenamiento es el bit. No obstante, esta unidad resulta extremadamente pequeña, por lo que se utilizará el **byte** (1 byte = 8 bits). Para las memorias empleadas en las computadoras actuales, el byte sigue siendo una unidad pequeña, por lo que se emplearán sus múltiplos, como el Kilobyte (con «K» mayúscula).

Es importante tener en cuenta que 1 Kilobyte equivale a 1024 bytes (2^{10} bytes). En cambio, el kilobyte (con «k» minúscula) equivale a 1000 bytes. En la Tabla 6.1 están recogidos el resto de múltiplos del byte.

Tabla 6.1. Múltiplos empleados para medir la capacidad de almacenamiento de la memoria

Múltiplo binario	Byte	Múltiplo decimal	Byte
byte	2^{0}	byte	10^{0}
Kilobyte	2^{10}	kilobyte	10^{3}
Megabyte	2^{20}	megabyte	10^{6}
Gigabyte	2^{30}	gigabyte	10^{9}
Terabyte	2^{40}	terabyte	10^{12}
Petabyte	2^{50}	petabyte	10^{15}
Exabyte	2^{60}	exabyte	10^{18}

Las memorias se organizan mediante **matrices de memoria,** que a su vez están divididas en **celdas.** Cada celda puede almacenar 1 bit (1 o 0). Cada fila de la matriz se denomina **palabra,** la cual representa la información que puede leerse o escribirse en cada acceso a la misma (Figura 6.3). La posición de una palabra se conoce como **dirección.** La **capacidad** de la memoria se obtiene de multiplicar el número de palabras que puede almacenar por la longitud de la palabra.

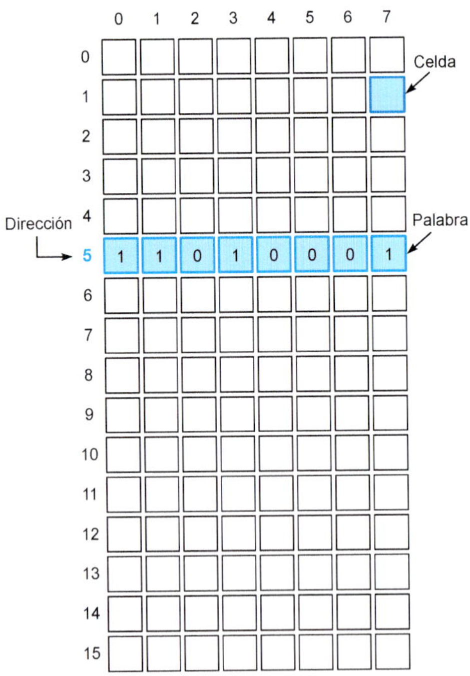

Figura 6.3. Matriz de memoria semiconductora de 8 bits (1 byte) y 16 direcciones, con una capacidad de 16x8 (128 bits).

Problemas resueltos

Determina cuantas matrices de memoria de 16K × 4 bits se necesitan para conseguir una capacidad de almacenamiento total de 32 kbytes.

Solución

Una matriz de 16K × 4 bits, puede almacenar 16 000 palabras de 4 bits cada una. Por tanto, la capacidad de almacenaje total será:

$$16\,000 \cdot 4 = 64\,000 \text{ bits}$$

Puesto que 1 byte equivale a 8 bits, la capacidad de almacenamiento en bytes será:

$$\frac{64\,000}{8} = 8000 \text{ bytes} = 8 \text{ kbytes}$$

El número de memorias de 8 kbytes necesarias para obtener 32 kbytes será:

$$\frac{32}{8} = 4 \text{ matrices}$$

En definitiva, se necesitarán 4 matrices de 16K × 4 bits para conseguir una capacidad de almacenamiento de 32 kbytes.

¿Qué capacidad total de almacenamiento tiene una memoria de 128 palabras y 64 bits por palabra?

Solución

La memoria del problema se compone de 128 filas o palabras y 64 columnas o bits por palabra. La memoria total será por tanto:

$$128 \cdot 64 = 8192 \text{ bits} = 1024 \text{ bytes} = 1 \text{ Kbyte}$$

La memoria total será de 1 Kbyte.

nota

El Megabyte equivale a 1024 Kilobytes, el Gigabyte a 1024 Megabytes, el Terabyte a 1024 Gigabytes, etcétera.

nota

En ocasiones, en vez de utilizar el byte, se emplea el **Nibble.** Un Nibble equivale a 4 bits (cuarteto). Se emplea en la numeración BCD y en la representación de números hexadecimales.

ROM

La memoria de solo lectura **ROM** (*Read Only Memory*) es un tipo de **memoria no volátil,** ya que los datos almacenados en ella no se perderán cuando se desconecte la computadora, como sí sucede en la RAM. Los datos que introduce en la ROM su fabricante no podrán ser modificados posteriormente por el usuario, por eso se le denomina **memoria de solo lectura.** La ROM almacena los datos básicos para que la computadora pueda arrancar y empezar a funcionar. Los usos de la memoria ROM serán:

- **BIOS** (*Basic Input/Output System*): inicia y comprueba los componentes de hardware durante el arranque de la computadora: teclado, pantalla, disco duro, memoria RAM, etcétera.
- **CMOS setup:** permite modificar parámetros básicos del sistema.
- **POST** (*Power On Self Test*): comprobación de funcionamiento que se realiza durante el encendido de la computadora.
- **Bootstrap:** arranca el sistema operativo.

Existen varios tipos de memoria ROM (Figura 6.4):

- **ROM de máscara:** esta memoria se programa en fábrica y no podrá cambiarse posteriormente (Figura 6.5). Se fabrican mediante un proceso de fotolitografía de tal manera que en función de cómo se conecte la celda de memoria, esta almacenará un 1 o un 0.
- **PROM:** la memoria es programable por el usuario, pero una vez programada, no se podrá modificar. Para conectar o desconectar las celdas de la matriz de memoria, se emplea un fusible que, al quemarlo, conecta o desconecta la celda para que esta almacene un 1 o un 0.
- **EPROM:** es una memoria PROM borrable. Se basa en la capacidad de los MOS de puerta flotante y de los NMOS (*Metal Nitride-Oxide Silicon*) para almacenar carga electroestática de forma indefinida. Al introducir los datos, se cargarán eléctricamente unas celdas y otras no, para almacenar 1 o 0.

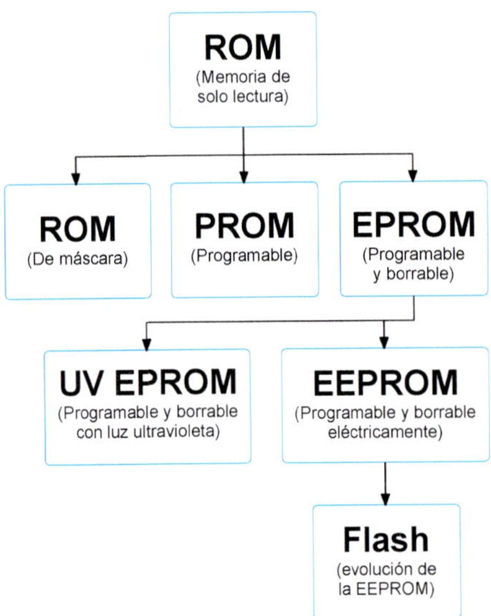

Figura 6.4. Memorias ROM.

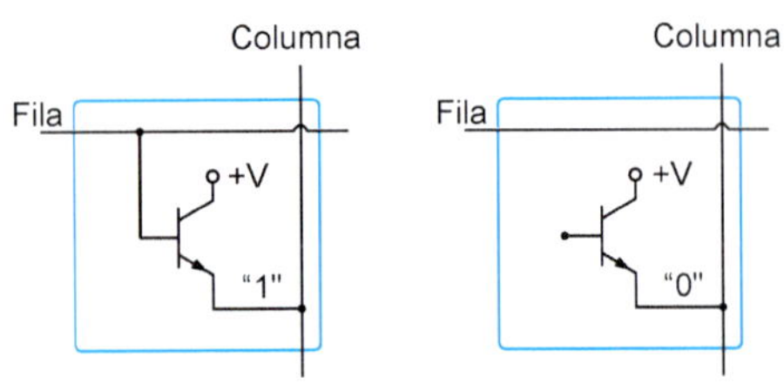

Figura 6.5. Celda de una matriz de una memoria ROM con tecnología TTL. Las conexiones son realizadas físicamente en fábrica, por lo que son fijas.

Dentro de las EPROM podemos distinguir entre dos tipos:

- **UV EPROM:** para borrar estas memorias se emplea luz ultravioleta, que eliminará la carga de los MOS flotantes. Se caracterizan por tener una pequeña ventanilla en el centro del circuito integrado (Figura 6.6).

Figura 6.6. Memoria UV EPROM.

- **EEPROM:** estas memorias son borrables y reprogramables eléctricamente mediante una serie de pulsos eléctricos. De esta manera se pueden reprogramar una vez están montadas sobre el circuito final. La **memoria flash** es una evolución de la EEPROM. Estas memorias se emplean en aplicaciones que necesitan actualizaciones periódicas, como los OFP (*Operational Flight Programs*), que controlan el funcionamiento general de los sistemas de aviónica. También nos las podemos encontrar en un *pen-drive* o en tarjetas de **memoria SSD** (*Solid-State Drive*), como las que empleamos en cámaras y teléfonos (Figura 6.7).

Figura 6.7. Tarjeta micro SD (*Secure Digital*) basada en una memoria tipo flash de estado sólido (SSD).

RAM

La **memoria de acceso aleatorio** (RAM – *Random Access Memory*) tiene capacidad de **lectura** y de **escritura.** En ella se almacenan los datos que están utilizando los programas en ejecución, facilitando a la CPU el acceso a los mismos. Como norma, es una **memoria volátil,** ya que al desconectar la computadora toda la información de la RAM se perderá. Las memorias RAM se dividen en dos tipos (Figura 6.8):

- **SRAM** (*Static* RAM): las celdas de la RAM estática están compuestas por flip-flops, por lo que podrán almacenar los datos durante tiempo indefinido mientras no se desconecte la alimentación eléctrica. La SRAM tiene poca capacidad de almacenamiento, por lo que no es capaz de almacenar muchos datos, pero permite una elevada velocidad de lectura de los mismos. Los dos tipos principales de memorias SRAM son las SRAM asíncronas y las SRAM síncronas de ráfaga.
- **DRAM** (*Dynamic* RAM): las celdas de las RAM dinámicas están compuestas por condensadores que no son capaces de retener los datos durante mucho tiempo, por lo que se deberán recargar con cierta frecuencia mediante un proceso de **refresco.** Las DRAM tienen una gran capacidad de almacenamiento, pero una baja velocidad de lectura. Las DRAM a su vez se dividen en: FPM DRAM, EDO DRAM, BEDO DRAM, SDRAM y DDR SDRAM (Figura 6.8). Las memorias **DDR SDRAM** (*Double Data Rate SDRAM*) son las más utilizadas actualmente. Esta memoria envía dos datos por cada ciclo de reloj, de este modo trabaja al doble de velocidad, sin necesidad de aumentar la frecuencia del reloj.

autoevaluación

6.1. La CPU forma parte del __________ (software/hardware) de la computadora.

6.2. ¿Qué elemento de una computadora se puede considerar como su cerebro?

6.3. La transmisión de datos entre los distintos elementos que forman la computadora se realiza a través de un ________.

6.4. ¿En qué tres partes se divide la CPU?

6.5. La parte de la CPU encargada de realizar las operaciones lógicas y demás cálculos se denomina unidad ________________.

6.6. ¿Qué parte de la CPU se emplea como memoria?

6.7. La __________________ es el núcleo de la CPU, controlando y coordinando el funcionamiento de la computadora.

6.8. La memoria ROM es ____________ (volátil/no volátil).

6.9. Al apagar la computadora, la memoria _______ (ROM/RAM) desaparecerá.

6.10. La memoria que almacena datos transitorios y temporales que son utilizados por los programas en ejecución o por la CPU se denomina ________ (ROM/RAM).

6.11. ¿Cuántas matrices de memoria de 8K × 4 bits se necesitan para conseguir 64 kbytes de almacenamiento?

6.12. ¿Cuántos bytes de almacenamiento tiene una memoria de 64 palabras y 4 bits por palabra?

6.13. Un byte equivale a ____ bits.

6.14. Un Nibble equivale a ____ bits.

6.15. ¿Cuántos bytes tiene 1 Kbyte?

6.16. ¿Cuántos bytes tiene 1 kbyte?

6.17. ¿Cuántos Mbytes tiene 1 Gbyte?

6.18. ¿A qué equivalen 2^{30} bytes?

6.19. Las memorias se organizan mediante _________ de memoria.

6.20. Las matrices de memoria se dividen en __________.

6.21. Cada fila de una matriz de memoria se denomina ___________.

6.22. La posición de una palabra dentro de una matriz de memoria se denomina ___________.

6.23. ¿En qué memoria se almacena la BIOS de la computadora?

6.24. La CMOS setup se encuentra almacenada en una memoria ________ (ROM/RAM).

6.25. ¿Qué tipo de memoria ROM se programa en fábrica, no pudiéndose cambiar con posterioridad?

6.26. Una vez programada, ¿la PROM se puede rescribir?

6.27. ¿Qué diferencia una memoria EPROM de una PROM?

6.28. ¿Cómo se borra una memoria UV EPROM?

6.29. Las memorias flash son un tipo de memoria _______ (ROM, PROM, UV EPROM, EEPROM).

6.30. La memoria SRAM tiene una _______ ___________ (menor/mayor) capacidad de almacenamiento que la DRAM.

6.31. La memoria SRAM tiene una ________ ____________ (menor/mayor) velocidad de lectura que la DRAM.

6.32. La memoria caché es una memoria ________ (SRAM/DRAM).

6.33. La DARM más empleada actualmente es la _______ DRAM.

6.34. La memoria ________ (SRAM/DRAM) necesita refrescar los datos almacenados cada cierto tiempo.

6.35. El bus de direcciones de una computadora es ____________ (unidireccional/ bidireccional).

6.36. El bus por el que se transmite una determinada posición de memoria sobre la que se quiere leer o escribir un dato es el bus de ____________.

6.37. ¿A cuántas palabras puede acceder un bus de direcciones de 8 bits?

6.38. El bus de datos de la computadora es ____________ (unidireccional/bidireccional).

6.39. El bus de control de la computadora es ____________ (unidireccional/bidireccional).

6.40. El bus *backplane* más empleado en las aeronaves es el __________. Este bus es _________ (serie/paralelo).

6.41. ¿Qué dispositivos forman la memoria secundaria de una computadora?

6.42. El CD-ROM es un dispositivo de almacenamiento ___________ (magnético/ óptico).

6.43. ¿Qué tipo de luz se emplea para leer los CD-ROM?

6.44. En un CD _______ (ROM/R/RW) se podrán borrar y rescribir datos tantas veces como se desee.

6.45. Pon un ejemplo de memoria de estado sólido.

6.46. ¿Qué tipo de software es el responsable de las funciones esenciales de la computadora?

6.47. ¿Qué tipo de software son la BIOS, los *drivers* o el *firmware*?

6.48. ¿Qué tipo de software es el sistema operativo Windows de Microsoft?

6.49. ¿Qué tipo de software es Adobe Photoshop?

6.50. ¿Qué programa traduce las instrucciones proporcionadas por el sistema operativo de una computadora al *firmware* de un dispositivo?

6.51. El software que necesitan los microprocesadores para su funcionamiento se elabora utilizando un lenguaje ____________.

6.52. El lenguaje ensamblador es un lenguaje de programación de nivel _______ (bajo/alto).

6.53. El lenguaje binario que emplean las computadoras para transmitir información se denomina lenguaje ____ ________.

6.54. El software de aplicación se elabora con lenguaje de programación de ______ (bajo/alto) nivel.

6.55. El lenguaje de programación de _______ (bajo/alto) nivel es exclusivo de cada modelo de microprocesador.

6.56. Para traducir el lenguaje de alto nivel al lenguaje máquina se emplea un ___________.

6.57. El código objeto de un programa está en lenguaje ___________.

UNIDAD 7

FIBRA ÓPTICA

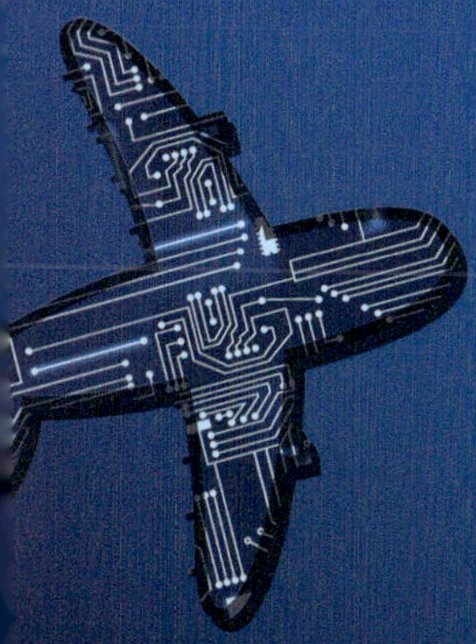

Las aeronaves de última generación emplean buses de fibra óptica para transmitir datos entre las computadoras de a bordo. Su reducido peso, tamaño compacto y el excepcionalmente alto ancho de banda las hacen ideales para las aplicaciones aeronáuticas, sustituyendo el tradicional cableado de cobre, empleado por buses como el ARINC 429. Ahora bien, mientras que en las instalaciones terrestres se lleva empleando la transmisión con fibra óptica desde hace décadas, su uso en la aviación civil es relativamente reciente, lo que deriva en la aparición de nuevos retos y problemas derivados del entorno tan particular de funcionamiento que supone una aeronave.

El principio de la transmisión mediante fibra óptica es sencillo: en un extremo de la fibra se sitúa una fuente de luz (diodo LED o láser), la cual se encenderá o apagará en función del dato que se quiera transmitir a través de la fibra (1 o 0); en el otro extremo se dispone de un dispositivo fotosensible (fototransistor) que captará la luz emitida. En definitiva, por la fibra óptica lo que se transmite es simplemente luz, en vez de una corriente eléctrica como en el bus ARINC 429.

7.1. VENTAJAS Y DESVENTAJAS

La transmisión con fibra óptica presenta las siguientes ventajas respecto a la transmisión tradicional con cables de cobre:

- La fibra óptica es más compacta y ligera, lo que reduce el peso y volumen del bus. El bus de cobre resulta 5 veces más pesado que una fibra óptica polimérica y 15 veces más pesado que las de silicio. En un avión como el Airbus A-350 supone aligerar la aeronave unos 1400 kg aproximadamente.
- Ancho de banda excepcionalmente alto, lo que permite transmitir gran cantidad de datos en poco tiempo.
- La fibra óptica es prácticamente inmune a las interferencias electromagnéticas (EMI), no necesitando apantallar el bus.
- La transmisión se realiza con niveles de ruido reducidos.
- Transmisión a grandes distancias con bajos niveles de atenuación.
- Puesto que no transmite corriente eléctrica, la fibra óptica no generará problemas por derivaciones o cortocircuitos.
- No tendrá problemas de corrosión, como pueden tener los buses de cobre.

Por su parte, las desventajas son las siguientes:

- La dificultad que tiene la industria aeronáutica para introducir nuevas tecnologías que sustituyan a las que han estado funcionando exitosamente durante muchos años.
- La técnica empleada para conectar los buses de fibra óptica es más compleja que la utilizada con los cables de cobre, debido básicamente a la precisión que se debe tener en el interconexionado.
- La resistencia mecánica de la fibra óptica es menor que la de los cables de cobre. Se deberá tener especial cuidado durante el enrutado de la fibra de no doblar excesivamente esta, ya que dificulta la transmisión de la señal óptica.

7.2. TRANSMISIÓN DE LA SEÑAL

Mientras que por un cable de cobre se mueven electrones, por una fibra óptica lo que se transmite es luz. Por tanto, será necesario conocer a fondo los fenómenos de reflexión y refracción de la luz.

7.2.1. REFLEXIÓN Y REFRACCIÓN

El fenómeno de **reflexión** de la luz lo podemos comprobar cada mañana cuando nos miramos al espejo. Cuando la luz incide sobre una superficie lisa, el ángulo de reflexión será igual al ángulo de incidencia (Figura 7.1).

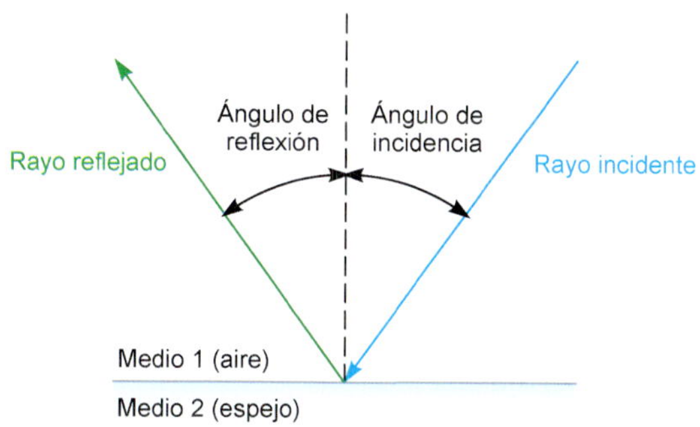

Figura 7.1. Reflexión especular (sobre una superficie lisa) de un rayo de luz.

Por otra parte, cuando un rayo de luz pasa de un medio a otro, este cambia de dirección (Figura 7.2). A esta circunstancia la conocemos como **refracción** y es debida a que la velocidad de propagación de la luz cambia en función del medio por el que se transmite. Para estudiar este comportamiento de la luz se define el **índice de refracción** del medio como:

$$n = \frac{c}{v}$$

En donde:

- n: índice de refracción del medio en cuestión.
- c: velocidad de la luz en el vacío (300 000 km/s).
- v: velocidad de la luz en el medio.

De esta forma, cada sustancia tendrá un índice de refracción determinado (Tabla 7.1), en función de la velocidad que tenga la luz al atravesarla.

Figura 7.2. Refracción de la luz al pasar del aire al agua.

La **ley de Snell** define la relación que existe entre el ángulo de incidencia y el de refracción (Figura 7.3):

$$n_1 \cdot \text{sen}\ \theta_1 = n_2 \cdot \text{sen}\ \theta_2$$

En donde:

- n_1: índice de refracción del medio 1.
- θ_1: ángulo de la onda incidente.
- n_1: índice de refracción del medio 2.
- θ_1: ángulo de la onda refractada.

Tabla 7.1. Índices de refracción de distintos medios

Medio	Índice de refracción
Aire	1,00
Diamante	2,42
Alcohol etílico	1,36
Cuarzo	1,46
Cristal	1,55-1,9
Fibra óptica	**1,5 aprox.**
Agua	1,33

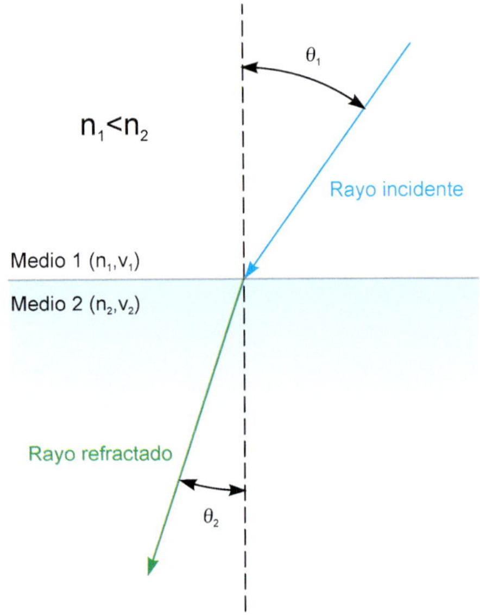

Figura 7.3. Refracción de un rayo de luz.

Esta ley también se puede expresar de la siguiente forma:

$$\frac{\text{sen}\ \theta_1}{v_1} = \frac{\text{sen}\ \theta_2}{v_2}$$

Si, por ejemplo, la luz pasa del aire ($n_1 = 1$) al agua ($n_2 = 1{,}33$), el rayo se acercará a la vertical al entrar en el agua, puesto que el agua tiene un índice de refracción mayor que el aire. Esto implica que la luz se mueve más despacio por el agua que por el aire.

Cuando el rayo de luz pasa de un medio con un índice de refracción mayor n_1 a otro menor n_2 (un rayo que pasa del agua al aire), tendremos que $\theta_1 < \theta_2$. Según aumenta el ángulo de incidencia, el rayo refractado se va acercando a la superficie (Figura 7.4). El ángulo de incidencia necesario para que el de refracción sea de 90° se denomina **ángulo crítico.** De la ley de Snell se deduce que el ángulo crítico es:

$$\theta_c = \text{arcsen}\left(\frac{n_2}{n_1}\right)$$

Con ángulos menores al crítico, parte de la onda se refleja y parte se refracta, pero para ángulos mayores toda la onda se refleja. Se dice entonces que la reflexión es total. La transmisión en fibra óptica se basa en este fenómeno.

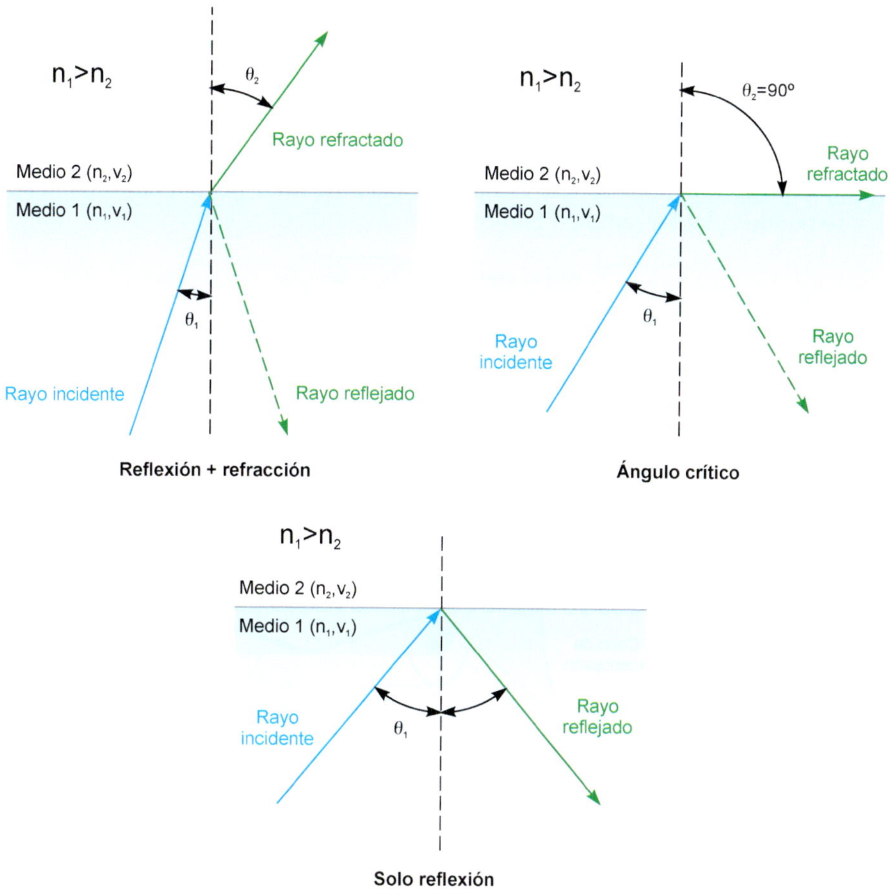

Figura 7.4. Ángulo crítico en la refracción de ondas que pasan de un medio con un índice de refracción mayor a otro menor. Con ángulos menores al crítico parte de la onda se refleja y parte se refracta. Con ángulos mayores, toda se refleja.

7.2.2. EMISIÓN

La fibra óptica se compone de filamentos flexibles de vidrio (sílice) más finos que un cabello, por donde se transmitirá una onda de luz. Cada uno de estos filamentos está formado por un núcleo (***core***) y un revestimiento (***cladding***). Puesto que el índice de refracción del núcleo es mayor que el del revestimiento, si el ángulo de incidencia es mayor que el crítico, toda la luz se reflejará. De esta manera se consigue que la luz viaje de un extremo a otro de la fibra óptica.

Para que los rayos de luz que transmite el emisor se propaguen correctamente por la fibra, estos deberán quedar dentro del denominado **cono de aceptación** (Figura 7.5). Todas las direcciones que incidan sobre el extremo del núcleo de la fibra con ángulos menores al del cono de aceptación se reflejarán totalmente en el revestimiento de la fibra. Para cuantificar esta circunstancia se emplea la **apertura numérica** de la fibra:

$$AN = \text{sen}\ \theta_a$$

- **Pérdidas por curvatura:** los cambios de dirección de las fibras pueden provocar que algunos modos de propagación se refracten a través del revestimiento. Se deberá tener especial cuidado en no aplastar las fibras ni enrutarlas con radios excesivamente bajos.

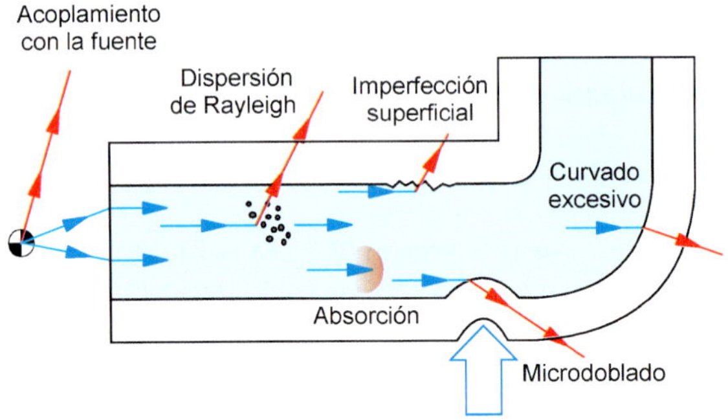

Figura 7.7. Pérdidas en un cable de fibra óptica.

Los cables de fibra óptica empleados actualmente tienen una atenuación menor a 2 dB/km cuando transmiten luz infrarroja (longitud de onda alrededor de 1,3 μm).

Problema resuelto

Un avión comercial emplea un bus de fibra óptica de 80 m. Sabiendo que el bus tiene una atenuación de 1,5 dB/km, determina la atenuación total del bus.

Solución

Planteando una regla de tres se tiene:

$$1000 \text{ m} \rightarrow 1{,}5 \text{ dB}$$
$$80 \text{ m} \rightarrow x$$

Resolviendo:

$$x = \frac{1{,}5 \cdot 80}{1000} = 0{,}12 \text{ dB}$$

El bus en cuestión tendrá una atenuación de 0,12 dB.

7.2.4. DISPERSIÓN TEMPORAL

En función de la trayectoria que sigan los rayos de luz al propagarse, unos recorrerán mayor distancia que otros y, a pesar de haberse emitido en el mismo instante, llegarán al receptor paulatinamente. A esta circunstancia se la conoce como dispersión temporal o **dispersión modal.** Esta circunstancia provoca que tengamos que ralentizar la velocidad de emisión de datos, si no queremos que en el receptor se solape una señal con la siguiente (Figura 7.8). Por tanto, cuanta mayor dispersión modal, menor velocidad de transmisión y menor **ancho de banda.**

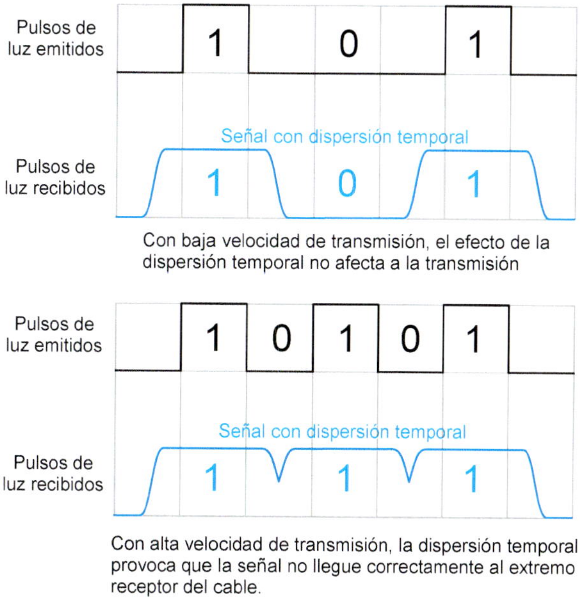

Figura 7.8. Efecto de la dispersión temporal o modal en la transmisión de información en buses de fibra óptica.

7.3. CONDUCTOR DE FIBRA ÓPTICA

La fibra óptica se compone de filamentos flexibles de vidrio (sílice) o de plástico (polimetilmetacrilato - PMMA) más finos que un cabello, por donde se transmitirá una onda de luz. Cada uno de estos filamentos está formado por un núcleo (***core***) y un revestimiento (***cladding***). Los filamentos de vidrio o plástico están protegidos del medioambiente por un recubrimiento (***buffer***) que protege a la fibra y por una cubierta reforzada protectora (***jacket***) que protege al conjunto (Figura 7.9).

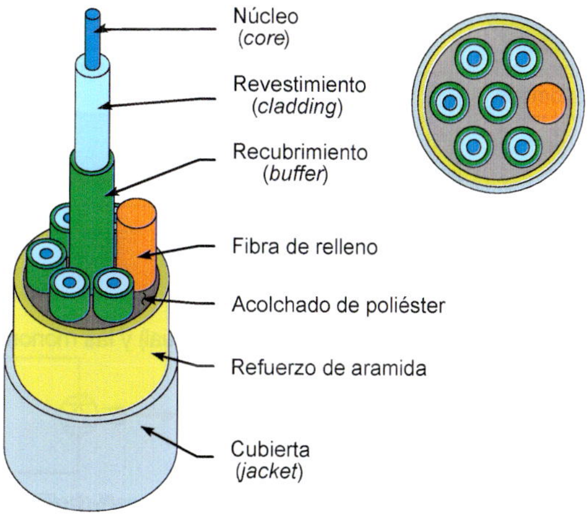

Figura 7.9. Cable típico de fibra óptica.

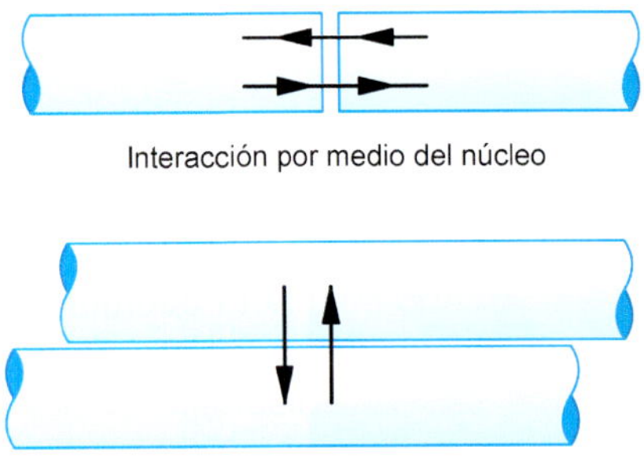

Figura 7.15. Los acopladores transmiten la señal por interacción por medio del núcleo o por interacción superficial.

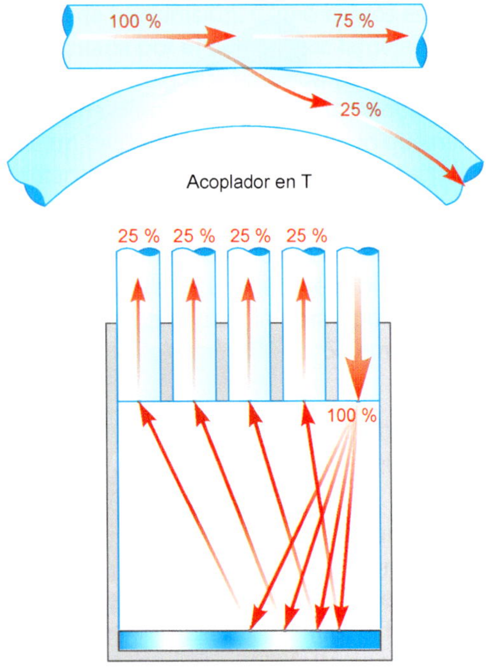

Figura 7.16. Configuraciones habituales de los acopladores.

7.6.3. *ROUTER* Y *SWITCH*

Para organizar la distribución de datos mediante buses de fibra óptica se emplean *routers* y *switches*:

- ***Router:*** circuito electrónico complejo encargado de dirigir o enrutar apropiadamente los paquetes de datos transmitidos entre dos o más redes LAN. El *router* que tenemos en casa permite conectar nuestra red doméstica local, formada por el ordenador, el *smartphone*, la *tablet*, la impresora, la *smart* TV y ciertos electrodomésticos, con la red de redes: internet. En este sentido, la red local de la aeronave necesitará un *router* para conectarse a otras redes.
- ***Switch:*** es un circuito electrónico encargado de distribuir los datos dentro de una red LAN. Es el dispositivo que se encarga de repartir los datos entre los elementos conectados a la red: envía a la impresora el archivo que queremos imprimir desde el ordenador, conecta la *tablet* con la *smart* TV para la reproducción de una película, etcétera.

7.7. FIBRA ÓPTICA EN AERONAVES

Los aviones comerciales de última generación como los Airbus A-380 y A-350 y los Boeing B777 y B787, emplean buses de fibra óptica que ofrecen una mayor velocidad de transmisión a un reducido peso, entre otras ventajas.

Las primeras aeronaves que equiparon un bus de fibra óptica fueron aviones militares como el McDonnell Douglas AV-8B Harrier, el General Dynamics F16 o el Boeing F-18. El primer avión comercial en montar un bus de fibra óptica fue el Boeing B777 (Figura 7.17). Esta red LAN interconecta diversos sistemas de aviónica, situados en el centro de equipos de la aeronave, con las pantallas y otros dispositivos de cabina. También se extiende a lo largo del avión dando servicio a los sistemas IFE (*Inflight Entertainment*) de **entretenimiento de a bordo** (películas y televisión a la carta, acceso a internet de alta velocidad, juegos, compras online, etc.). La red utiliza un bus ARINC 636, basado en el estándar FDDI (*Fiber Distributed Data Interface*), pudiendo soportar velocidades de hasta 100 Mbps.

Por su parte, el Airbus A-350, el Boeing B787 o el COMAC C919 equipan un bus de fibra óptica ARINC 664 conocido popularmente como AFDX, basado en los protocolos del estándar Ethernet IEEE 802.2. Este tipo de red de fibra óptica da servicio a las EFB (*Electronic Flight Bag*). La **EFB** no es más que un dispositivo portátil computarizado (*tablet*, *laptop*, etc.) en donde el piloto tiene toda la documentación que necesita relativa a la aeronave, aeropuertos de salida y destino, climatología, cartografía en tres dimensiones, etc. La EFB facilita el acceso a la información además de reducir considerablemente el peso a bordo al sustituir cerca de 10 kg de documentación por apenas 2 o 3 kg del dispositivo electrónico (Figura 7.18). Para un funcionamiento coordinado de la EFB con la aeronave se conectará a esta mediante un bus de fibra óptica.

Figura 7.17. Boeing 777, el primer avión comercial en emplear un bus de fibra óptica.

Figura 7.18. Los pilotos requieren una gran cantidad de documentación para su trabajo. Actualmente, la tendencia es dotarles de una EFB, que consiste en una *tablet* o similar, en donde se recoge toda esta documentación, además de otras múltiples aplicaciones.

Otra aplicación de la fibra óptica es en la fabricación de **giróscopos ópticos,** como los utilizados en los sistemas de navegación inercial de algunos helicópteros Sikorsky y multitud de aviones comerciales.

En el futuro se espera que cada vez más sistemas utilicen buses de fibra óptica. El sistema ***fly-by-light*** es uno de los sistemas que están en desarrollo actualmente, siendo probable su utilización en la siguiente generación de aeronaves. El *fly-by-light* es una evolución del actual *fly-by-wire,* que conecta eléctricamente los mandos de vuelo con los actuadores de las superficies de mando y control. Sustituyendo los buses de cobre por otros de fibra óptica tenemos el *fly-by-light*. Este tipo de bus se ha montado de forma experimental en aviones militares (McDonnell Douglas F18-NASA), civiles (Gulfstream 550) y helicópteros (Eurocopter EC 135, Figura 7.19).

Figura 7.19. Eurocopter EC 135.

Los centros de mantenimiento de aeronaves también se benefician de las virtudes de la fibra óptica. Los **boroscopios** de mejores prestaciones disponen de una sonda de fibra óptica con punta móvil, todo ello en un cable de apenas 4 mm de diámetro. Con estos equipos se podrá inspeccionar sin problemas las zonas menos accesibles de la aeronave.

autoevaluación

7.1. ¿Qué viaja por dentro de una fibra óptica?

7.2. Un bus de cobre es ________ (menos/más) pesado que otro de fibra con el mismo ancho de banda.

7.3. Como norma, un bus de fibra óptica tiene un ancho de banda ________ (menor/mayor) que otro de cobre.

7.4. ¿Cómo se comporta la fibra óptica frente a la EMI?

7.5. ¿Es necesario apantallar un bus de fibra óptica?

7.6. Un bus de fibra óptica presenta una ________ (menor/mayor) atenuación que uno de cobre.

7.7. Las conexiones en un bus de fibra óptica resultan más________ (fáciles/difíciles) que en uno de cobre.

7.8. Cuando la luz incide sobre una superficie lisa, ¿cómo será el ángulo de reflexión?

7.9. ¿Qué es la refracción de una onda de luz?

7.10. ¿A qué se debe la refracción?

7.11. ¿A qué velocidad avanza la luz por el núcleo de una fibra óptica con índice de refracción 1,458?

7.12. La velocidad de propagación de la luz en un tipo de cristal es de 150 000 km/s. Su índice de refracción será______.

7.13. ¿Qué es el ángulo crítico de incidencia en un fenómeno de refracción?

7.14. Un rayo de luz que viaja por el aire incide sobre el agua de un lago con un ángulo de 30°. Sabiendo que el índice de refracción del agua es de 1,3 y el del aire es de 1, determina el ángulo de refracción.

7.15. Durante la noche, un submarinista avanza bajo el agua con la ayuda de una linterna. ¿Con qué ángulo máximo podrá iluminar la superficie del agua para que la luz no sea vista desde el exterior? (NOTA: $n_{aire} = 1$, $n_{agua} = 1,3$.)

7.16. (si $n_1 > n_2$) Con ángulos de incidencia mayores que el crítico, ¿la onda se refleja o se refracta?

7.17. El núcleo de una fibra óptica tiene un índice de refracción ________ (menor/mayor) que el del revestimiento.

7.18. Los anglosajones denominan ________ al núcleo de la fibra óptica y ________ al revestimiento.

7.19. ¿Qué es el cono de aceptación?

7.20. El cono de aceptación de una fibra óptica tiene un ángulo de 30°. ¿Cuánto valdrá la apertura numérica de la fibra?

7.21. Determina la apertura numérica de una fibra óptica con $n_{core} = 1,5$ y $n_{clad} = 1,4$.

7.22. Cuanto menor sea el ángulo con el que la luz incide sobre la fibra ________ (menor/mayor) será el tiempo que emplee para recorrerla.

7.23. La atenuación de una fibra óptica se mide en ________.

7.24. ¿A qué se deben las pérdidas por absorción de una fibra óptica?

7.25. ¿Qué es la dispersión de Rayleigh?

7.26. Un bus de fibra óptica de 150 m de longitud tiene unas pérdidas de 4 dB/km. Determina las pérdidas totales del bus.

7.27. ¿En qué consiste la dispersión modal de una fibra óptica?

7.28. Cuanta mayor dispersión modal ________ (menor/mayor) ancho de banda de la fibra óptica.

7.29. ¿Qué materiales se emplean en la fabricación de fibra óptica?

7.30. Las fibras multimodo tienen un ancho de banda __________ (menor/mayor) que las monomodo.

7.31. En función de cómo sea el índice de refracción del núcleo, las fibras multimodo se clasifican como de índice __________ e índice __________.

7.32. Las fibras monomodo pueden transmitir información a __________ (menor/mayor) velocidad que las multimodo.

7.33. El diámetro del revestimiento de una fibra óptica es de _______ μm.

7.34. El diámetro del núcleo de una fibra óptica monomodo es de _______ μm.

7.35. ¿Qué diámetros puede tener el núcleo de una fibra óptica multimodo?

7.36. Las fibras ópticas ______________ (monomodo/multimodo) son las que se emplean en las aeronaves actualmente.

7.37. Las fibras multimodo resultan más __________ (sencillas/complejas) de interconectar que las monomodo.

7.38. ¿Qué dispositivo se utiliza habitualmente como elemento emisor de luz en fibra óptica?

7.39. En fibra óptica, ¿qué ventana de transmisión estamos utilizando si transmitimos con una longitud de onda de 1,3 μm?

7.40. ¿Qué tipo de fibras se emplean en la primera ventana de transmisión?

7.41. ¿En qué rango de longitudes de onda solo se emplean las fibras monomodo?

7.42. Las fibras monomodo emplean como emisor un diodo _______ (LED/láser).

7.43. ¿Qué componentes electrónicos se emplean como fotodetectores en el extremo receptor de la fibra óptica?

7.44. Para tener una baja atenuación en un conector de fibra óptica, ¿qué es lo fundamental?

7.45. ¿Cómo se transmite la luz de una fibra a otra en un acoplamiento en T? ¿Y en estrella?

7.46. ¿Qué dispositivo se encarga de coordinar el intercambio de datos entre dos o más redes locales LAN?

7.47. ¿Qué dispositivo se encarga de coordinar el intercambio de datos dentro de una red LAN?

7.48. ¿Cuál fue el primer avión comercial en equipar un bus de fibra óptica?

7.49. ¿Qué es un sistema de mandos de vuelo *fly-by-light*?

UNIDAD 8

INDICADORES VISUALES ELECTRÓNICOS

Las cabinas de las aeronaves modernas emplean numerosas pantallas e indicadores electrónicos con el objetivo de presentar diversa información a los pilotos así como al personal de mantenimiento. Hoy en día, los métodos de indicación electrónica más utilizados, tanto en la cabina como en el sistema de entretenimiento de a bordo son:

- **Indicadores LED:** luces de estado e indicadores de siete segmentos.
- **Pantallas CRT:** las tradicionales pantallas de tubo de rayos catódicos. Por su volumen solo se utilizan en la cabina.
- **Pantallas LCD:** pantallas planas con tecnología de cristal líquido.

Figura 8.1. Pantallas e indicadores luminosos de la cabina de un avión comercial.

Otras tecnologías empleadas actualmente son:

- **Pantallas táctiles:** utilizadas en los sistemas de entretenimiento de a bordo y en los EFB de los pilotos.
- **Pantallas de plasma:** utilizadas en el sistema de entretenimiento de a bordo.
- **Pantallas OLED:** construidas con tecnología de LED orgánico, se presentan como las pantallas del futuro.

En esta unidad estudiaremos el funcionamiento básico de todos estos indicadores.

8.1. PANTALLA CRT

La tradicional y voluminosa pantalla de tubo de rayos catódicos CRT (*Cathode Ray Tube*) ha sido todo un estándar desde las primeras retransmisiones de televisión allá por los años treinta hasta finales del siglo XX. A principios de los años ochenta, aviones comerciales como el Boeing B757 o el McDonnell Douglas MD-80, fueron los primeros en sustituir la instrumentación clásica por pantallas CRT. Junto con los indicadores mecánicos, las lámparas incandescentes de filamento y los indicadores electromagnéticos, las pantallas CRT son el tipo de indicador más primitivo que aún se emplea en las aeronaves. No obstante, siguen presentando las siguientes ventajas:

- **Colores:** permiten la reproducción de una gran variedad cromática.
- **Reparabilidad:** admiten diversas reparaciones.
- **Durabilidad:** tienen una elevada vida útil.
- **Resolución:** soportan distintas resoluciones de pantalla.
- **Ángulos de visión** superiores a 150° (no es necesario colocarse justo enfrente de la pantalla para tener una buena apreciación de la imagen).
- **Antirreflejante:** en la mayoría de los casos, los reflejos producidos no impiden la correcta visibilidad de la imagen.
- **Brillo:** permite niveles de brillo particularmente altos.

Figura 8.2. Tubo de rayos catódicos CRT empleado como pantalla.

Por contra, presentan las siguientes desventajas:

- **Peso y volumen:** son mucho más pesados y voluminosos que el resto de tipos de pantallas (LCD, plasma, OLED).
- **Consumo:** tienen un consumo energético elevado.
- **Fatiga visual:** la forma en la que se «dibuja» la imagen en la pantalla (barrido) provoca fatiga visual.
- **Curvatura:** la curvatura de la pantalla, sobre todo en sus esquinas, causa una distorsión de la imagen que afecta a su calidad.

La misión del tubo de rayos catódicos es la de crear y dirigir un haz de electrones (**rayos catódicos**), que se moverán a gran velocidad hasta impactar con la pantalla, iluminando distintos puntos de esta. Las partes principales son:

- **Cañón de electrones:** encargado de generar el haz de electrones.
- **Placas o bobinas de deflexión:** dirigen el haz de electrones para que impacte en el punto de la pantalla deseado.
- **Pantalla:** contiene unos compuestos de fósforo que se iluminarán cuando impacte el haz de electrones sobre ellos.

Todo el conjunto está montado herméticamente para conseguir el vacío en su interior, como si de una enorme válvula termoiónica se tratase (Figura 8.3).

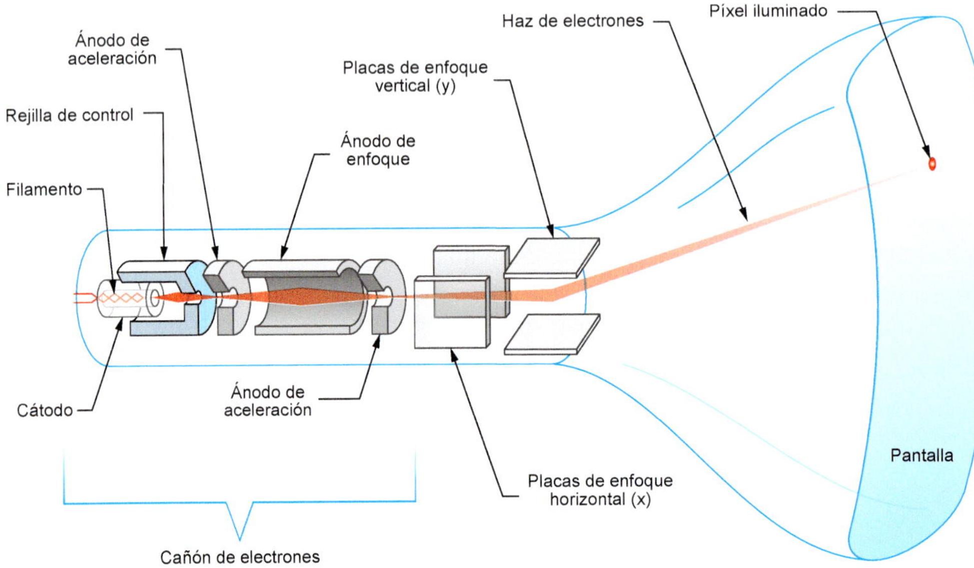

Figura 8.3. Componentes de una pantalla de tubo de rayos catódicos (CRT) con deflexión electroestática.

8.1.1. CAÑÓN DE ELECTRONES

El cañón de electrones se encarga de crear y lanzar a gran velocidad un haz de electrones hacia la superficie interna de la pantalla. El cañón de electrones está formado por los siguientes componentes (Figura 8.3):

- **Cátodo:** cilindro hueco de níquel recubierto en uno de sus extremos por una sustancia con facilidad para emitir electrones al ser calentada (óxido de bario, estroncio, tungsteno toriado, etc.). Se polariza con un potencial negativo.
- **Filamento:** elemento calefactor encargado de elevar la temperatura del cátodo hasta que los electrones se desprendan de este. El filamento se monta en el interior del cátodo.
- **Rejilla de control** (*wehnelt* o *grid*): cilindro metálico que rodea al cátodo y sirve para concentrar y controlar el flujo de electrones dirigido hacia la pantalla. Podemos variar el potencial de la rejilla de control, que tomará valores negativos respecto al cátodo, de tal manera que, cuanto más negativo, menor será el flujo de electrones que se emite hacia la pantalla. De esta forma disminuiríamos el **brillo** de la imagen en la pantalla.
- **Ánodo acelerador:** con un potencial positivo, este ánodo acelera el haz de electrones progresivamente para que impacte con suficiente energía sobre la pantalla. El cañón monta habitualmente dos o tres ánodos aceleradores.
- **Ánodo de enfoque:** los ánodos aceleradores provocan la divergencia del haz de electrones, lo que no nos conviene si queremos que la pantalla tenga una resolución aceptable. El ánodo de enfoque consiste en una bobina que concentra el haz de electrones para que este active solo un punto de la pantalla.

De esta forma el cañón emite electrones a gran velocidad formando un rayo concentrado. Por otra parte, el cañón no emite todo el tiempo con la misma intensidad. Cuanto mayor es la tensión negativa aplicada al cátodo, mayor será el caudal de electrones emitido y mayor el brillo del punto iluminado de la pantalla (píxel). En cambio, si no se aplica tensión al cañón, este no emite electrones y no se iluminará ningún punto. El **adaptador de vídeo** es el encargado de proporcionar la señal de tensión variable al cañón.

8.1.2. DEFLECTORES

Los deflectores se encargan de desviar el haz de electrones proporcionado por el cañón, para que este «dibuje» la imagen en la pantalla. La deflexión puede ser electroestática o electromagnética.

Deflexión electroestática

La deflexión electroestática se emplea habitualmente en pequeñas pantallas, como las que podemos encontrarnos en la cabina de una aeronave. Justo a continuación del cañón de electrones, en el cuello del CRT, se encuentran dos parejas de placas dispuestas perpendicularmente, una según el eje x y otra según el eje y (Figura 8.4). La pareja dispuesta según el eje x se encarga de la deflexión del haz de electrones en el plano horizontal, mientras que la pareja de placas según el eje y hace lo propio en el plano vertical. Puesto que los electrones se ven atraídos por los potenciales positivos y repelidos por los negativos, variando la tensión en las placas conseguiremos desviar el haz a nuestra conveniencia (Figura 8.4).

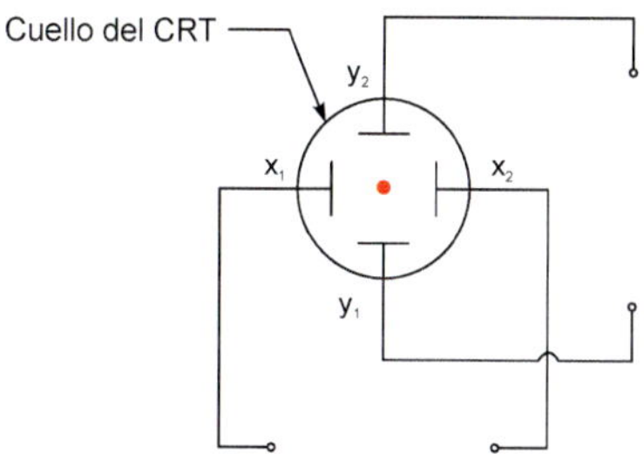

Cuando no se aplica tensión a las placas, el haz incide justo en el centro de la pantalla.

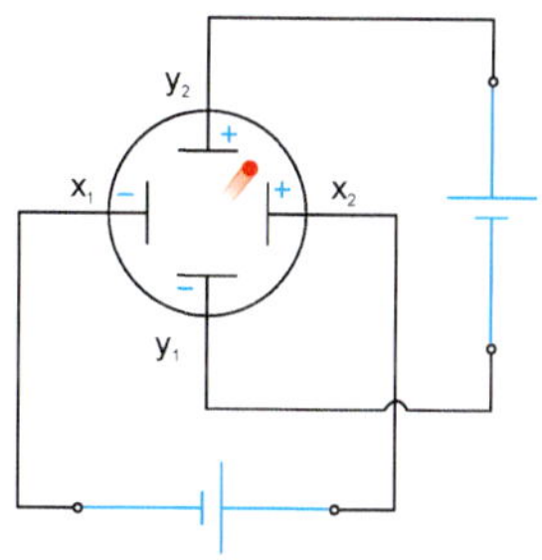

El haz de electrones se ve atraído por el potencial positivo de las placas y repelido por el negativo.

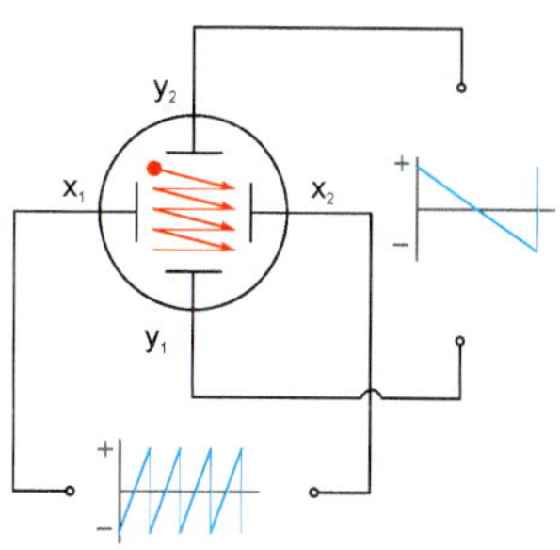

Alimentando las placas con señales alternas triangulares en rampa, el haz de electrones recorrerá la pantalla dibujando la imagen. A este recorrido se le denomina barrido.

Figura 8.4. Deflexión electroestática del haz de electrones.

Para dibujar una imagen en la pantalla, el haz de electrones se moverá de izquierda a derecha y de arriba a abajo de forma repetida, realizando un **barrido** de la pantalla (***raster***). Cuando se ha dibujado la pantalla completa se volverá a empezar. El número de veces que se redibuja la pantalla completa en un segundo se denomina **frecuencia de refresco** de la pantalla. Para alimentar las placas de deflexión se emplea una onda triangular en rampa (diente de sierra), de distintas frecuencias. Estas frecuencias dependen del número de líneas que tenga la pantalla y de la frecuencia de refresco. En el **formato PAL** (*Phase Alternating Line*), utilizado en Europa desde principios de los sesenta, la pantalla tiene 625 líneas y una frecuencia de refresco de 50 Hz, por lo que necesitará una frecuencia de barrido horizontal de 31 250 Hz.

Deflexión electromagnética

Las pantallas CRT de tamaño medio y grande emplean normalmente deflexión electromagnética. Este método consiste en aplicar un campo magnético que desviará a conveniencia el haz de electrones emitido por el cañón. Para ello, se disponen dos pares de bobinas alrededor del cuello del CRT, uno para la deflexión vertical y el otro para la horizontal. Las bobinas se montarán fuera del tubo. Al igual que en la deflexión electroestática, se emplearán ondas triangulares cuyas frecuencias estarán relacionadas entre sí por el número de líneas de la pantalla.

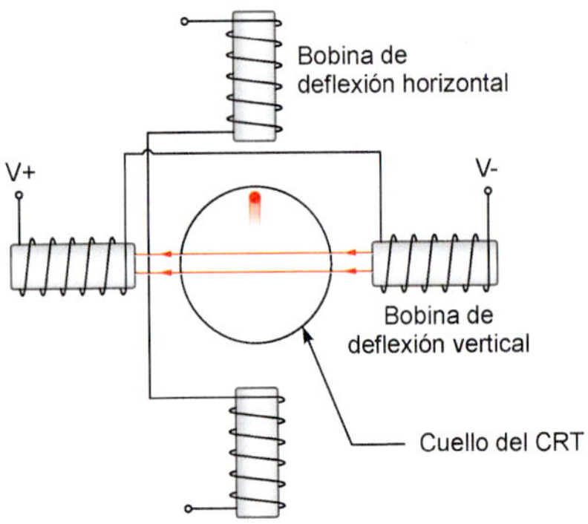

Las bobinas dispuestas horizontalmente se encargan de la deflexión vertical, en virtud de la regla de la mano izquierda de Fleming.

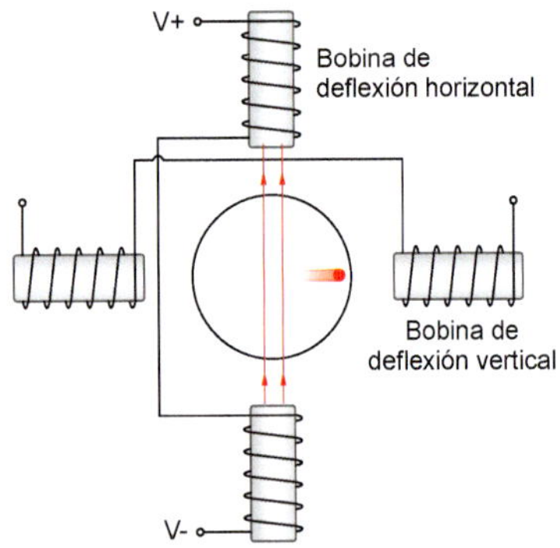

Las bobinas dispuestas verticalmente se encargan de la deflexión horizontal.

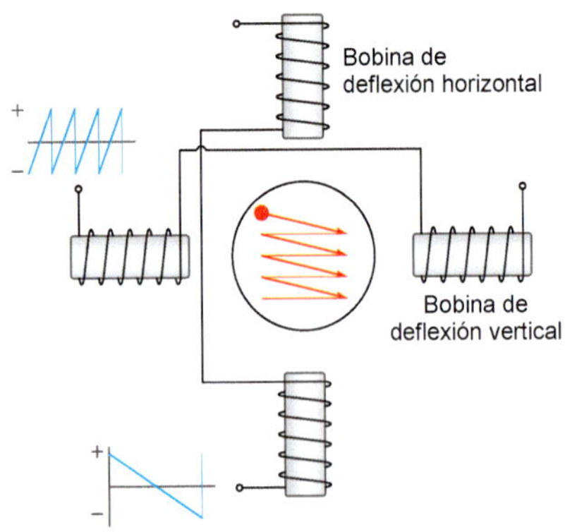

Alimentando las bobinas con señales alternas triangulares en rampa, el haz de electrones recorrerá la pantalla dibujando la imagen (barrido).

Figura 8.5. Deflexión electromagnética del haz de electrones.

Problema resuelto

El formato NTSC de transmisión de televisión analógica, empleado desde los años sesenta en EE. UU., está preparado para utilizar monitores CRT de 525 líneas con una frecuencia de refresco de la pantalla de 60 Hz. Determina la frecuencia de barrido horizontal si se emplea deflexión electroestática.

Solución

En primer lugar se determinará el tiempo de refresco de la pantalla t_B:

$$t_B = \frac{1}{60 \text{ Hz}} = 16{,}6 \text{ ms}$$

En 16,6 ms se tendrán que dibujar las 525 líneas, por tanto, el tiempo necesario para dibujar una única línea t_L será de:

$$t_L = \frac{0{,}016}{525} = 31{,}7 \text{ µs}$$

Por tanto, la frecuencia de la onda de barrido horizontal f aplicada al deflector correspondiente será de:

$$f = \frac{1}{t_B} = \frac{1}{31{,}7 \text{ µs}} = 31\,500 \text{ Hz}$$

Si analizamos brevemente las ecuaciones empleadas para resolver este problema, nos daremos cuenta de que la frecuencia de refresco horizontal se puede obtener multiplicando directamente el número de líneas por la frecuencia de refresco de la pantalla:

$$f = 525 \cdot 60 = 31\,500 \text{ Hz}$$

La frecuencia de barrido horizontal es de 31 500 Hz.

Monitor vectorial

En la mayoría de los monitores CRT, para dibujar la pantalla se emplea la técnica de barrido de trama (***raster scan***), ya sea con deflectores electroestáticos o deflectores electromagnéticos, tal y como hemos estudiado en el punto anterior. Si observamos de cerca la imagen de estas pantallas, podremos distinguir una serie de líneas horizontales derivadas del barrido que hace el haz según el eje x (Figura 8.6).

Representación de caracteres alfanuméricos en una pantalla con barrido de trama (*scan raster*).

Representación de caracteres alfanuméricos en una pantalla vectorial (*stroke monitor*).

Figura 8.6. Aspecto de las letras en un CRT de barrido de trama (*raster*) y en uno vectorial (*stroke*).

Existen otros monitores en donde el haz dibuja directamente el contorno de la figura o de las letras que se pretende representar en la imagen. A estas pantallas se las conoce como monitores vectoriales (***stroke monitor***). Presentan limitaciones importantes, sobre todo a la hora de representar gran cantidad de texto o imágenes coloreadas. La aplicación típica de estos CRT es en la construcción de osciloscopios (Figura 8.7).

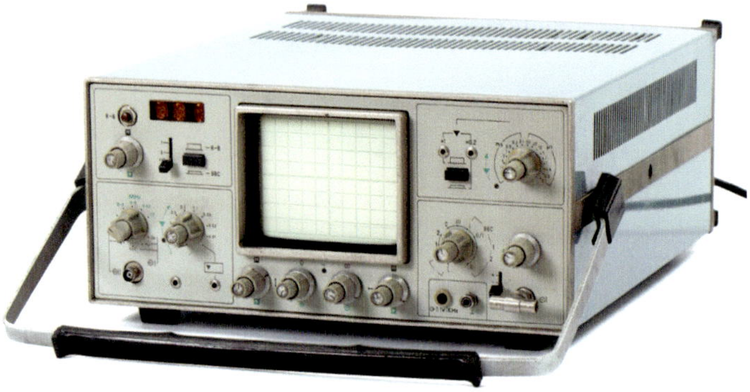

Figura 8.7. Osciloscopio tradicional con pantalla CRT vectorial (*stroke*). Hoy en día la mayoría de los osciloscopios disponen de pantalla LCD.

8.1.3. PANTALLA

El haz de electrones impactará sobre la cara interna de la pantalla, atraído por el potencial positivo de esta. Así, el haz dibujará la imagen sobre la pantalla. Dicha imagen estará formada por miles de puntos o píxeles. Un **píxel** (*picture element*) es la superficie homogénea más pequeña de las que componen la imagen de la pantalla. Cada píxel se iluminará de forma independiente para representar la imagen (Figura 8.8).

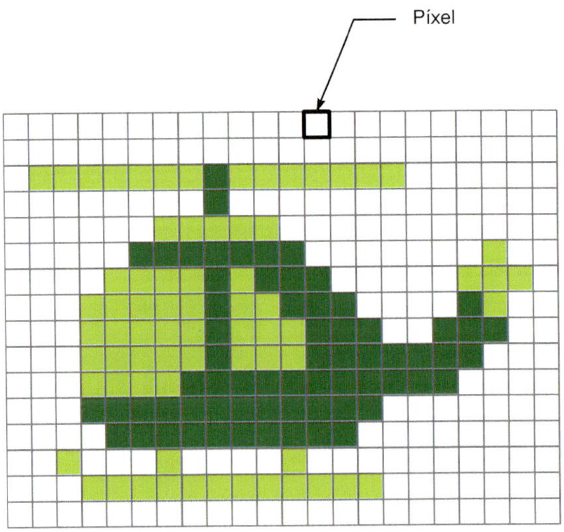

Figura 8.8. Las imágenes de la pantalla se componen de píxeles.

El número de píxeles que muestra una pantalla se denomina **resolución.** Una resolución habitual es la de 640 × 480, lo que da un número total de 307 200 píxeles. Otro dato importante de la pantalla es la **relación de aspecto,** la cual indica la proporción entre el número de píxeles horizontales y verticales.

En función de los colores con los que se iluminen los píxeles de la pantalla tenemos dos tipos de CRT: monocromo o a color.

Pantalla monocromo

En una pantalla monocromo, la luz emitida por los píxeles solo tendrá un color. La superficie interna de estas pantallas está revestida de un compuesto de fósforo que, al recibir el impacto del haz de electrones, emite luz. En estos monitores, en función del compuesto de fósforo utilizado, el píxel se iluminará de color verde, naranja o blanco, típicamente. Puesto que la electroluminiscencia del fósforo dura solo un instante, el haz de electrones deberá reactivarlo constantemente durante el barrido.

Problema resuelto

Una pantalla tiene una resolución de 1024×768. ¿Cuántos píxeles tiene la pantalla? ¿Cuál será su relación de aspecto?

Solución

Multiplicando el número de píxeles que tiene horizontalmente (1024) por los que tiene verticalmente (768) se obtiene el número total de píxeles:

$$N_{pixel} = 1024 \cdot 768 = 786\,432$$

La pantalla tiene 786 432 píxeles.

Por otra parte, la relación de aspecto se obtendrá de reducir a su mínima expresión la siguiente fracción:

$$AR = \frac{1024}{768}$$

Si dividimos numerador y denominador por 256, tendremos que:

$$AR = \frac{1024}{768} = \frac{1024 \div 256}{768 \div 256} = \frac{4}{3} = 4:3$$

La relación de aspecto será de 4:3.

Para que el haz de electrones solo active un píxel, se dispone una lámina metálica perforada justo antes del revestimiento de fósforo, denominada **máscara** (Figura 8.9). Las máscaras más habituales son la de sombra y la de rejilla.

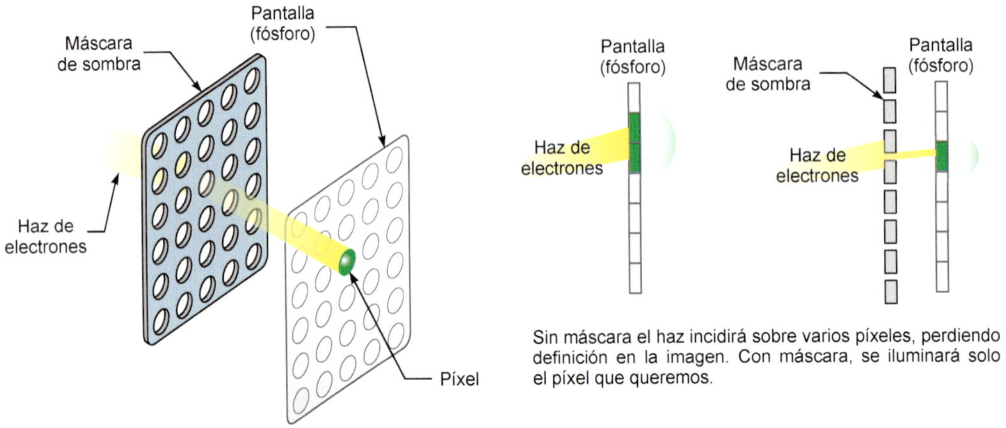

Figura 8.9. La máscara de sombra posibilita que el haz de electrones solo active un píxel cada vez.

Pantalla a color

Un CRT con pantalla a color tendrá tres cañones de electrones que emitirán otros tantos haces (Figura 8.10). En este caso, la parte interna de la pantalla estará recubierta de tres tipos distintos de compuestos de fósforo en función del color de la luz que emitan cuando reciben el haz de electrones. Los colores básicos son: **rojo, azul** y **verde** (Figura 8.11).

La posición de los cañones y los píxeles será tal, que el cañón rojo solo incidirá cobre el píxel rojo, el cañón azul solo sobre el píxel azul y el cañón verde solo sobre el píxel verde. Para que cada haz de electrones incida justo en el píxel que le corresponde en función de su color, se monta una máscara de sombra o de rejilla justo antes del revestimiento fosforado de la pantalla.

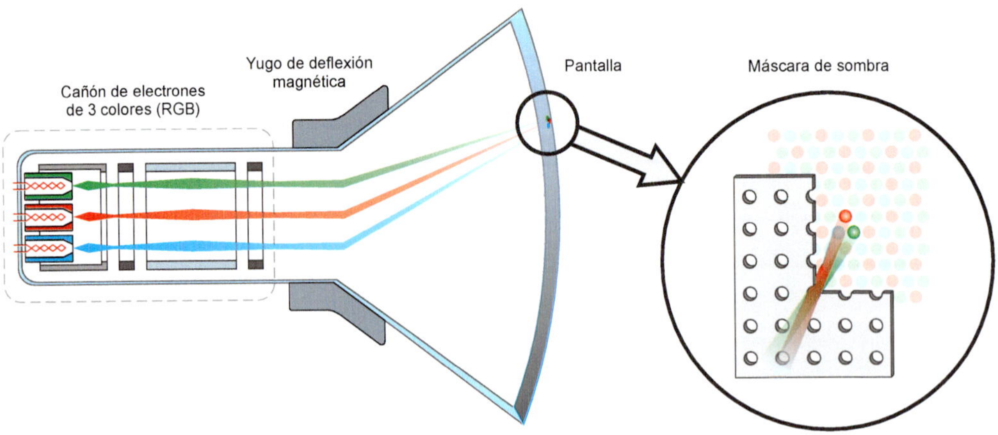

Figura 8.10. Las pantallas a color disponen de un cañón de electrones triple, por cada uno de los tres colores básicos (rojo, verde y azul). A estos monitores se les denomina RGB (Red-Green-Blue) en referencia a los colores que pueden tomar los píxeles. La máscara estará estratégicamente colocada para que cada haz incida en el color correspondiente.

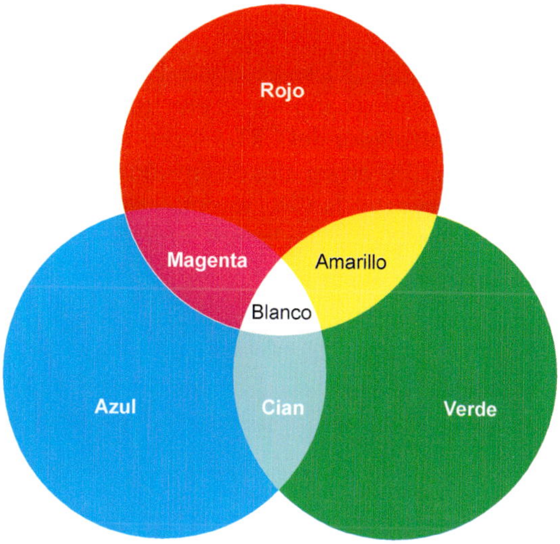

Figura 8.11. Tres colores básicos empleados por un monitor RGB (Red-Green-Blue).

Los píxeles están tan juntos en la pantalla, que nuestro cerebro los mezclará formando el resto de colores existentes que forman la imagen (Figura 8.12).

En los monitores a color se emplean tres tipos de máscaras: la de sombra, la de rejilla y la de apertura de rejilla (Figura 8.13). En cada una el píxel toma formas distintas.

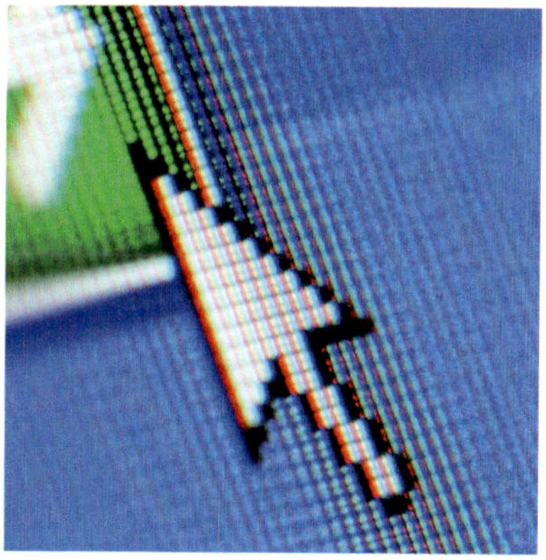

Figura 8.12. Detalle de una pantalla de una computadora en la que se aprecian los tres colores que forman los píxeles (rojo, verde y azul).

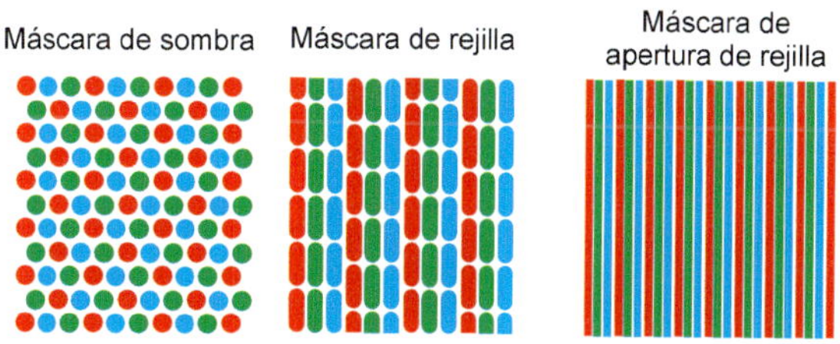

Figura 8.13. Distintos tipos de máscaras empleadas en los monitores CRT a color.

8.1.4. CONTROL DEL CRT

El funcionamiento de una pantalla CRT se gestiona desde un circuito integrado que sincroniza el «encendido-apagado» de los cañones de electrones con la deflexión horizontal y vertical del haz, denominado **controlador del CRT.** Este controlador se encarga de «traducir» los datos binarios que recibe de la CPU en señales de tensión que pueda «entender» la pantalla CRT. Para optimizar el funcionamiento, la CPU cuenta con varios dispositivos y memorias dedicadas exclusivamente a la emisión de imágenes a través del monitor CRT (Figura 8.14).

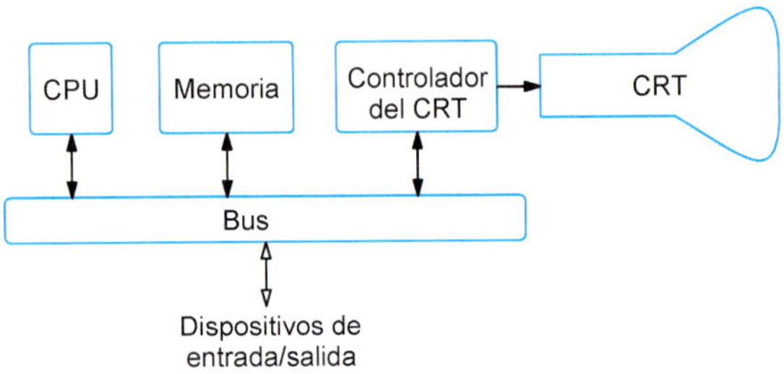

Figura 8.14. Esquema del hardware gráfico de una computadora.

8.2. PANTALLA LCD

Las aeronaves modernas utilizan preferentemente **pantallas de cristal líquido** (LCD – *Liquid Crystal Display*). Estas pantallas se basan en la capacidad de movimiento de las moléculas que forman ciertos sólidos, cuando se les aplica una tensión eléctrica. De esta forma, el cristal líquido tiene características propias de los sólidos, como la ordenación de sus moléculas, y características propias de los líquidos, como la capacidad de movimiento de estas. De ahí su nombre. En función de cómo estén orientadas sus moléculas, el cristal líquido será opaco o transparente.

Las pantallas LCD tienen un volumen y un consumo eléctrico mucho menor que las CRT, lo que las hace ideales para emplearlas en las aeronaves. Se emplean tanto en el sistema de instrumentación de la cabina como en el sistema de entretenimiento de a bordo, para que el pasaje pueda ver una película o consultar información diversa (Figura 8.15).

Figura 8.15. Pantalla LCD del sistema de entretenimiento de un avión comercial.

Existen diferentes tipos de cristales líquidos, pero para la fabricación de pantallas LCD se emplearán los **termotrópicos de fase nemática.** Los cristales líquidos termotrópicos son aquellos en los que cambia la orientación de sus moléculas en función de la temperatura o la corriente eléctrica aplicada. Por su parte, las moléculas de los cristales líquidos de fase nemática tienen un orden definido (Figura 8.16). Así pues, los cristales líquidos que se emplean para la fabricación de LCD tienen una estructura interna bien ordenada, pero que podremos mover al aplicar una corriente eléctrica.

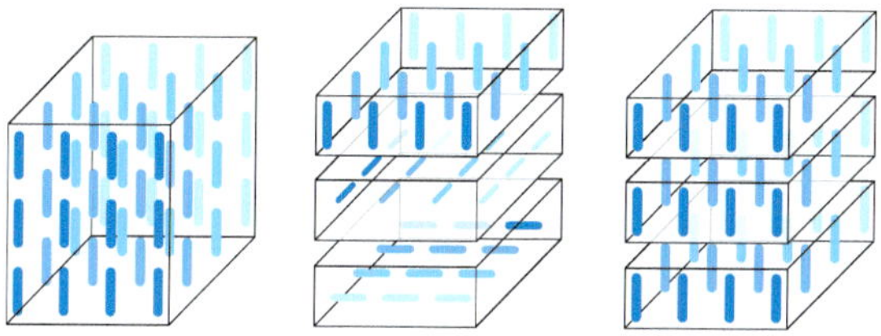

Figura 8.16. El cristal líquido más utilizado en la fabricación de LCD es el de fase nemática, pero también se emplean otras fases.

La estructura más utilizada en la fabricación de pantallas LCD es la **nemática trenzada** (*twisted nematic*). Para su elaboración se dispondrán sucesivas capas de cristal líquido nemático de tal manera que sus moléculas formen una espiral (Figura 8.17). Esta estructura se colocará entre dos **filtros de polarización** perpendiculares entre sí. Cuando no se aplica tensión sobre el cristal, sus moléculas se mantendrán trenzadas formando una espiral. En esta situación el haz de **luz polarizada** de entrada se irá «retorciendo» conforme avanza por el cristal, siguiendo la orientación de sus moléculas, hasta que quede perfectamente encarado con el filtro de polarización de salida. Por tanto, cuando no se aplica tensión al cristal, este dejará pasar la luz, iluminando el píxel (Figura 8.18).

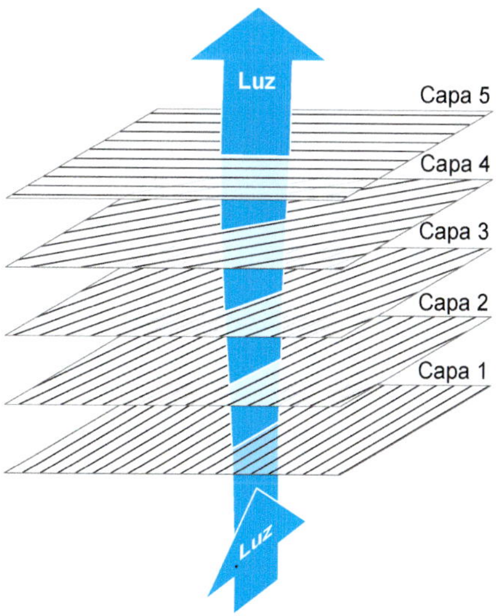

Figura 8.17. Cada capa de una estructura nemática trenzada está levemente girada respecto a la anterior. De esta manera consiguen «retorcer» un haz de luz polarizada.

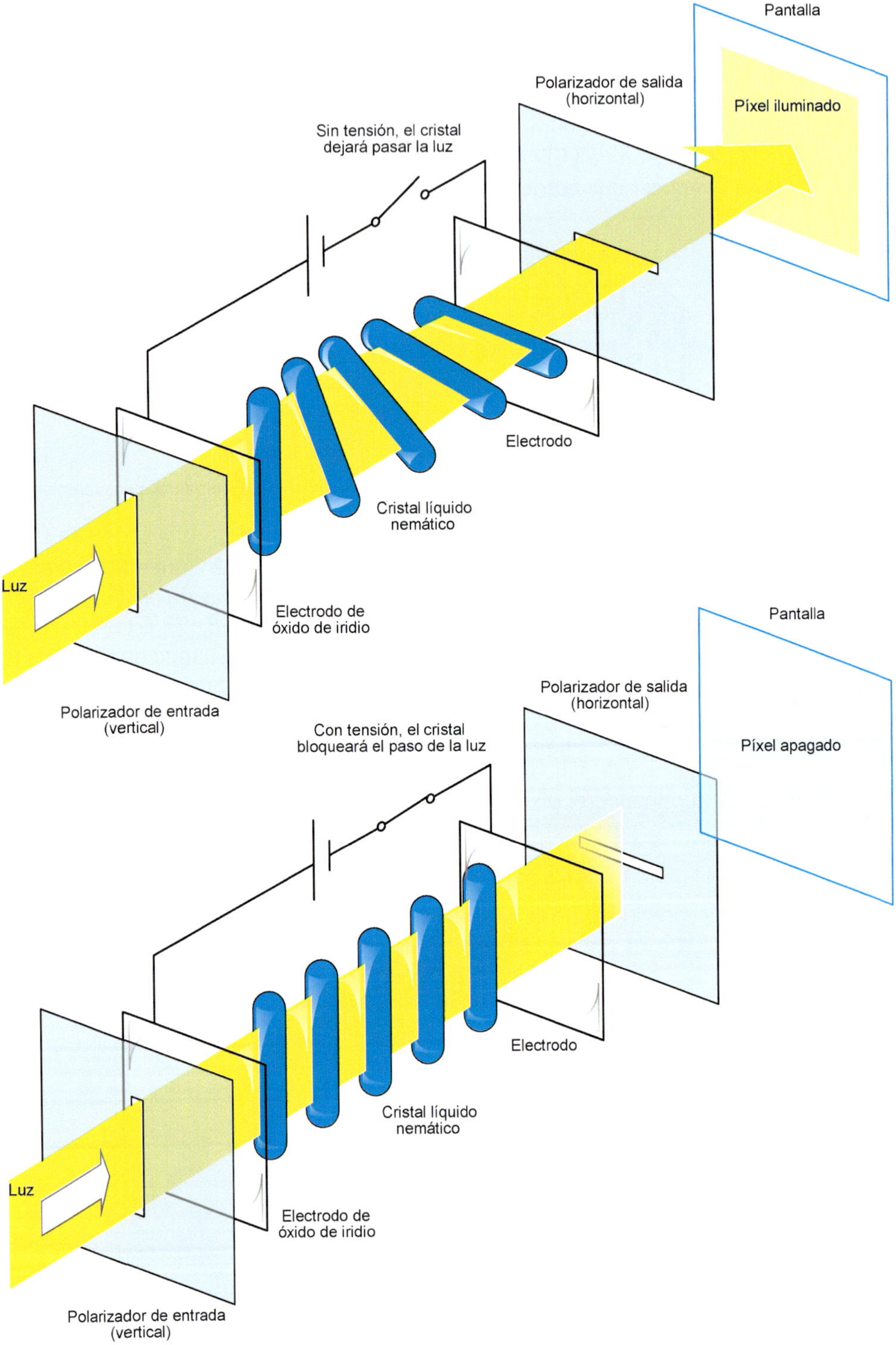

Figura 8.18. Cuando se aplica tensión al cristal líquido, sus moléculas se alinean, impidiendo que la luz atraviese el segundo filtro polarizador.

Cuando se aplica tensión al cristal, sus moléculas se alinean, deshaciendo el trenzado. En este caso, el haz de luz polarizada que entra en el cristal no rotará, por lo que el filtro de salida bloqueará su paso. Así que cuando se aplica tensión al cristal, este no dejará pasar la luz: el píxel permanecerá apagado.

En función del origen de la luz que emplean para dibujar la imagen, los monitores LCD se clasifican como reflectivos o retroiluminados. A su vez, los retroiluminados se clasifican en función de la lámpara que tengan (halógena o LED) y en función de cómo se controle la tensión aplicada al cristal (matriz pasiva o matriz activa). En las siguientes líneas vamos a estudiar los diferentes tipos de monitor LCD.

8.2.1. LCD REFLECTIVOS

Los LCD reflectivos no tienen una fuente de luz propia, sino que utilizan la luz exterior para formar la imagen en la pantalla. Cuando no se aplica tensión al cristal, las moléculas del nemático estarán trenzadas, dejando pasar la luz exterior hacia dentro de la pantalla. Justo detrás del nemático, se colocará una superficie reflectante. De esta forma, la luz que entra en la pantalla se reflejará y no se formará imagen alguna en el monitor. Cuando se les aplica tensión, las moléculas del nemático se alinean, impidiendo que pase la luz a través de ellas. De esta forma se oscurecerán los píxeles (Figura 8.19).

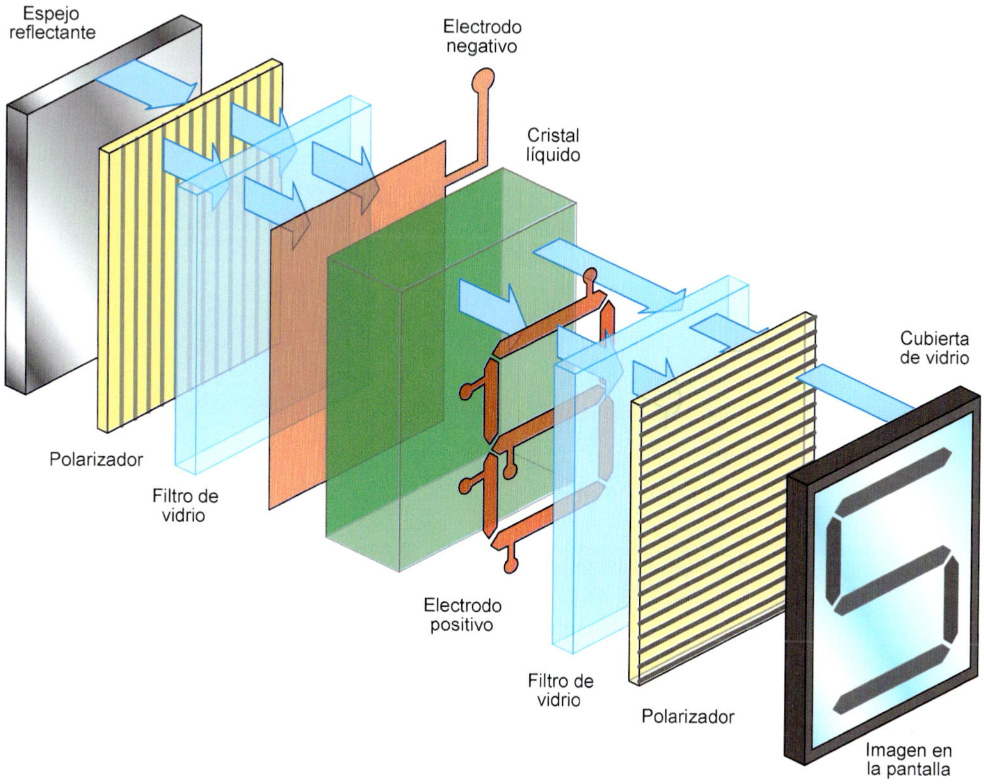

Figura 8.19. Funcionamiento de una pantalla LCD reflectiva.

Estas pantallas son las LCD más baratas, dando buenos resultados en la representación de letras y números o formas sencillas. Ahora bien, para poder ver la pantalla necesitaremos iluminación exterior. Se emplean en relojes, calculadoras, indicadores, polímetros, calibres y micrómetros digitales, etc. (Figura 8.20).

Figura 8.20. Pantalla LCD reflectiva de un multímetro (polímetro) digital.

nota

Para polarizar la luz se la hace pasar por un **filtro polarizador,** que solo dejará pasar aquellas ondas de luz paralelas a las rendijas del filtro (Figura 8.21), el resto las bloqueará.

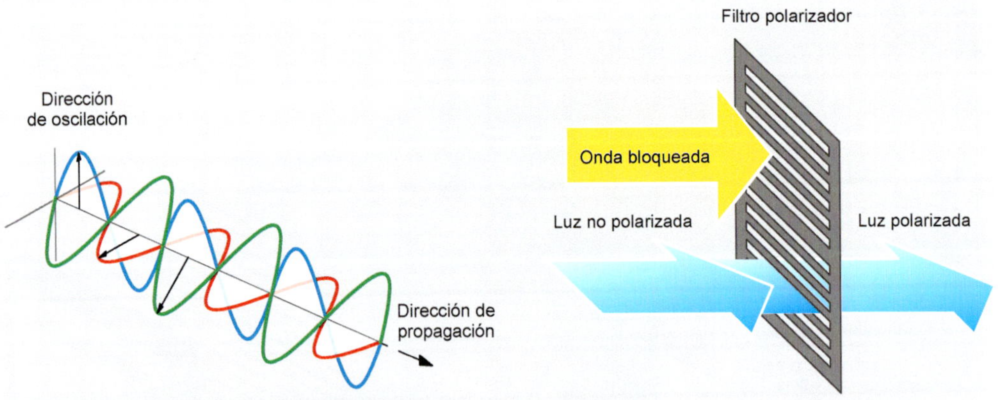

Las ondas de luz oscilan perpendicularmente a la dirección de propagación. En cada una de esas direcciones se propagan un incontable número de ondas.

El filtro polarizador dejará pasar solo aquellas ondas que oscilen paralelamente a las rendijas del filtro.

Figura 8.21. La luz del sol, la de una lámpara o la de un diodo LED está compuesta por un conjunto de ondas electromagnéticas que oscilan perpendicularmente a su dirección de propagación. El filtro polarizador solo dejará pasar aquellas ondas que sean paralelas a sus ranuras.

8.2.2. LCD RETROILUMINADOS

Estas pantallas, al contrario que las LCD reflectivas, sí disponen de una fuente de luz interna. Cuando no se aplica tensión al cristal, este dejará pasar la luz hacia el exterior, iluminando el píxel. En cambio, cuando se somete al cristal a una tensión eléctrica, sus moléculas se alinearán, bloqueando el paso de la luz. Las pantallas empleadas por EFIS y EICAS/ECAM son retroiluminadas.

En los monitores tradicionales, la luz interna la producen una serie de lámparas fluorescentes (CCFL – *Cold Cathode Fluorescent Lamp*) dispuestas horizontalmente. En las pantallas más modernas, se emplean lámparas LED en la retroiluminación, siendo más ligeras y eficientes que las de retroiluminación CCFL. Además, por carecer de mercurio, las LCD con retroiluminación LED resultan menos contaminantes. Hoy en día, las LCD con retroiluminación son las pantallas más extendidas, desde nuestros hogares hasta las más modernas aeronaves.

8.2.3. LCD DE MATRIZ PASIVA

Los electrodos de las pantallas LCD de matriz pasiva (**PMLCD** – *Passive Matrix LCD*) se disponen en filas y en columnas, de tal forma que las filas horizontales se cruzan con las verticales en un píxel (Figura 8.22).

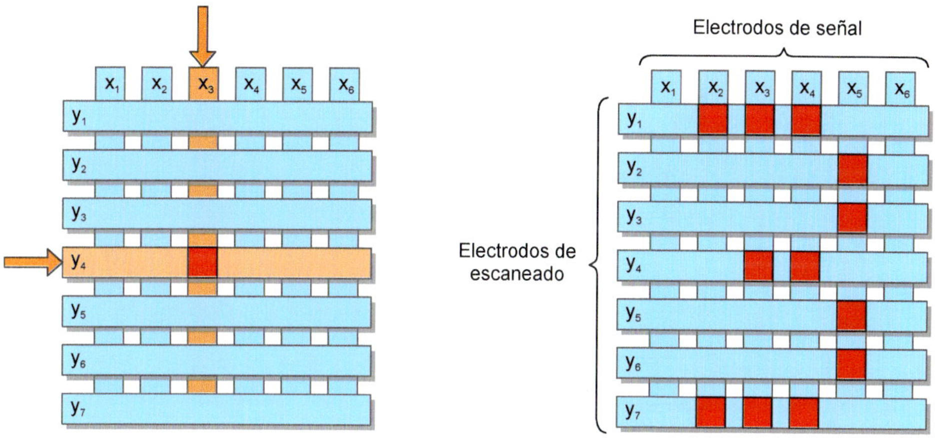

Figura 8.22. Esquema de funcionamiento de una pantalla LCD de matriz pasiva.

Aplicando tensión a una fila y a una columna, se activará el píxel en donde ambas se crucen. Los píxeles se activan enviando un impulso de tensión a toda una fila, al que se sumará o restará el voltaje de cada columna. Si la diferencia de potencial entre los electrodos es suficientemente alta, el píxel se activa volviéndose opaco. El píxel permanecerá opaco durante un breve periodo de tiempo, dado que la configuración de cada píxel se asemeja a la de un condensador (dieléctrico de cristal líquido aislante entre dos capas de electrodos conductores). Para mantener una determinada imagen se debe refrescar la pantalla una y otra vez, de forma análoga a las pantallas CRT. La frecuencia de refresco habitual es de 50 Hz o 60 Hz.

En este tipo de pantallas, el campo electroestático que se forma en torno a un píxel, afecta a los píxeles adyacentes, creándose el efecto de «imagen fantasma». Además, el tiempo de carga y descarga debido al carácter capacitivo del píxel, hace que la pantalla responda de forma lenta ante cambios rápidos en la imagen. Esto provoca que se produzca un efecto «rastro» al mover rápidamente el puntero sobre la pantalla.

8.2.4. LCD DE MATRIZ ACTIVA

Las pantallas LCD de matriz activa (**AMLCD** – *Active Matrix* LCD) resuelven los problemas de las LCD de matriz pasiva. En estas pantallas, el encendido de cada píxel lo controla un transistor de película fina **TFT** (*Thin Film Transistor*) y un condensador (Figura 8.23). Al aplicar tensión por la puerta del TFT (*Gate Bus-Line*), este transmitirá a su colector la tensión que recibe por la fuente (*Data Bus-Line*), activando el píxel. En cierto modo, el TFT actúa como un interruptor, que permitirá o no la transmisión de carga a los electrodos. En paralelo con los electrodos que orientan los cristales líquidos se conecta un condensador. El condensador mantendrá durante un instante la tensión entre los electrodos una vez se ha activado el transistor.

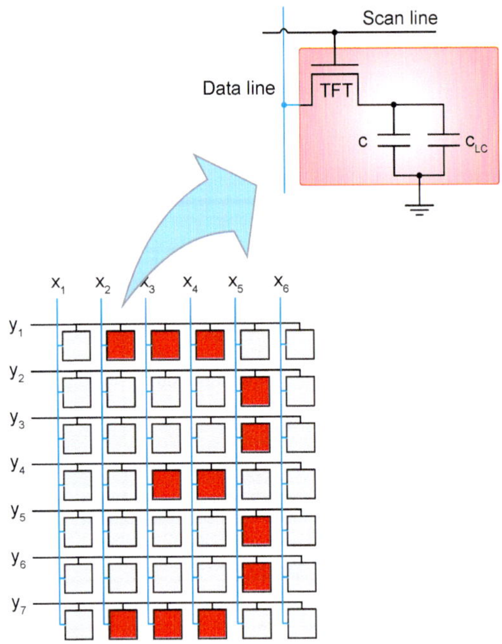

Figura 8.23. Esquema de funcionamiento de una pantalla LCD de matriz activa. Cuanto mayor tensión aplicada al cristal líquido, menor luminosidad en el píxel.

Es importante remarcar que cuanto mayor sea el valor de la tensión transmitida por el TFT al cristal nemático, menor será la proporción de luz que este deje pasar, regulando así la iluminación del píxel.

Para construir un monitor LCD a color, la luz blanca que ha atravesado el cristal líquido se hace pasar por unos filtros coloreados de rojo, verde o azul. En función de la intensidad luminosa que reciban estos tres subpíxeles, se formarán todos los colores de la imagen (Figura 8.24). Un monitor LCD con 256 tonos de rojo, verde o azul es capaz de representar más de 16 millones de colores, lo que les hace ideales para la representación gráfica.

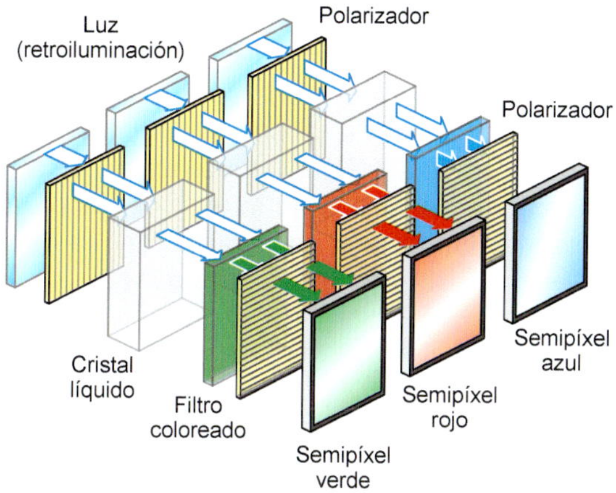

Figura 8.24. Componentes de un píxel de una pantalla LCD a color. En este caso se le aplica una tensión elevada al semipíxel azul, permaneciendo apagado este color.

Las pantallas LCD de matriz activa son las más extendidas hoy en día, tanto en tierra como a bordo, debido a su buena resolución, contraste, eficiencia y ligereza.

8.3. PANTALLA DE PLASMA

Otro tipo de pantalla plana importante es la de plasma **PDP** (*Plasma Display Panel*). Se suelen construir de gran tamaño, con una diagonal de pantalla de 32 pulgadas o más. Aunque el principio de funcionamiento de este tipo de pantallas data de 1936, su comercialización no empezó hasta 1997, cuando comenzó a ser rentable su construcción y venta. Hoy en día están en desuso, ya que las pantallas LCD-LED y las OLED presentan mejores prestaciones.

El funcionamiento de estas pantallas se basa en los mismos principios bajo los que opera un tubo fluorescente: en la ionización de un gas. Cuando un átomo de un gas pierde un electrón, diremos que se ha **ionizado.** A este estado de agregación de la materia, formado por iones positivos y electrones libres se le denomina **plasma,** de ahí el nombre de la pantalla. Los átomos de un gas se pueden ionizar de tres formas: mediante el impacto de un electrón, sometiéndolos a ondas electromagnéticas (ultravioleta), o alcanzando una temperatura suficientemente alta. En el caso de los tubos fluorescentes o las pantallas de plasma, la ionización es por impacto.

Cuando un electrón impacta con un átomo de forma violenta, provocará que uno de los electrones de valencia de dicho átomo salte de su posición, alejándose. De esta forma se genera otro electrón libre que impactará con otro átomo, arrancando otro electrón y así sucesivamente. Esta reacción en cadena es iniciada por un potencial eléctrico. El electrodo positivo del fluorescente, o de la pantalla de plasma, atrae hacia sí a los electrones del gas, arrancándolos de sus átomos correspondientes. De esta forma comienza la ionización, que avanza desde el electrodo negativo hasta el positivo. Cuando se ha creado el «puente de plasma» entre los dos electrodos decimos que hemos alcanzado la **rotura en avalancha** del gas. En este momento, el gas ha dejado de ser aislante para ser conductor y los electrones lo atravesarán sin dificultad. Los gases nobles que se suelen emplear en las pantallas son el neón y el xenón.

Además de un gas noble, el tubo fluorescente o la pantalla de plasma contiene mercurio. Cuando los electrones en circulación por el plasma impactan con el mercurio, este emite radiación ultravioleta, es decir, emite luz. Estos fotones ultravioletas (no visibles) impactan sobre una sustancia fluorescente que recubre el interior del tubo o el píxel. Cuando esto sucede, el material fluorescente (luminóforo) se ilumina. El color de la luz emitida por este recubrimiento depende de los fósforos empleados: rojo, verde o azul en las pantallas y blanco en los tubos fluorescentes.

Cada píxel de la pantalla estará formado por tres subpíxeles (rojo, verde y azul), que pueden ser activados individualmente mediante los electrodos organizados en filas y columnas, como si de una LCD de matriz pasiva se tratase (Figura 8.25). La intensidad de luz emitida por cada píxel se controla variando la tensión aplicada a los electrodos.

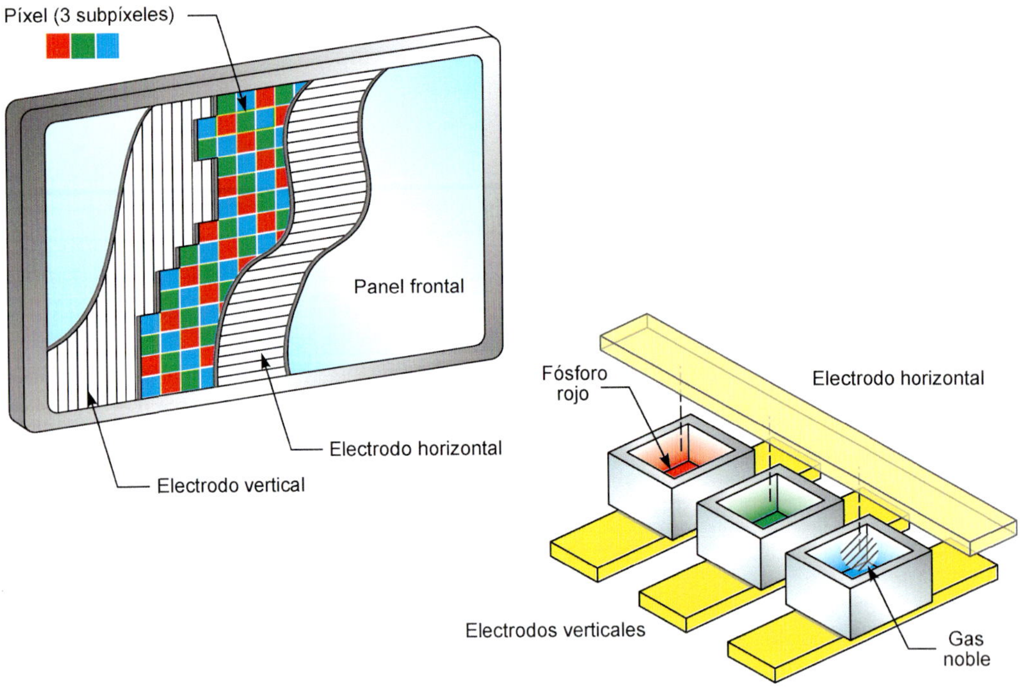

Figura 8.25. Estructura básica de una pantalla de plasma.

Las pantallas de plasma gozan de una gran luminosidad, una amplia gama de colores, una relación de contraste elevada y un extenso ángulo de visión. Por contra, tienen unos elevados costes de fabricación, un consumo mayor que las LCD y problemas en altitud derivados de la presión diferencial entre el gas y el aire de la atmósfera.

8.4. PANTALLA OLED

Estas pantallas se basan en el funcionamiento de **diodos orgánicos** emisores de luz (OLED – *Organic Light Emitting Diode*). Estas pantallas de última generación tienen unas prestaciones superiores al resto, por lo que su utilización, tanto en tierra como a bordo, es cada vez más frecuente.

El comportamiento de los LED orgánicos es similar a los LED inorgánicos tradicionales: al aplicarles una tensión, conducen la electricidad y se iluminan y, a mayor tensión, mayor iluminación. Ahora bien, con LED orgánicos se pueden fabricar pantallas extremadamente finas, ya sea con matriz pasiva (PMOLED) como con matriz activa (AMOLED). El color del píxel depende del tipo de polímero utilizado en el OLED.

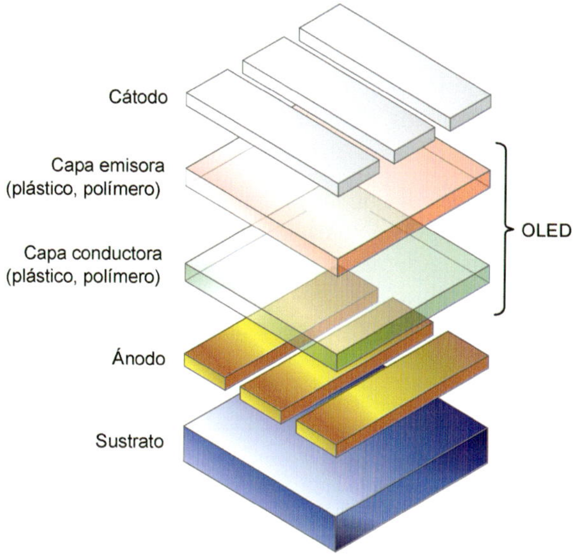

Figura 8.26. Estructura básica de una pantalla OLED.

Las pantallas OLED se pueden clasificar en tres categorías básicas:

- **Pantallas de emisión frontal** (*top-emitting* OLED): el sustrato de la pantalla es opaco o reflexivo, por lo que la imagen solo se podrá ver desde la parte frontal, como el resto de pantallas CRT, LCD o plasma. Hoy en día son las más habituales.
- **Pantallas transparentes TOLED** (*transparent* OLED): tienen los electrodos transparentes, por lo que cuando la pantalla está apagada, esta será transparente, como si de una ventana se tratase. Cuando la pantalla se conecta, la imagen se podrá ver en ambas caras de esta. Este tipo de OLED son especialmente útiles en la fabricación de HUD (*Head-Up Display*), de tal manera que el parabrisas de la aeronave haga las veces de pantalla del PFD (*Primary Flight Display*), mostrando el horizonte artificial y demás datos de actitud del avión.
- **Pantallas plegables FOLED** (*foldable* OLED): utilizando materiales flexibles para su fabricación, la pantalla OLED es tan fina que puede doblarse y plegarse sobre sí misma, lo que multiplica las aplicaciones de estas pantallas más allá de lo concebible.

Además de pantallas, con la tecnología OLED se construyen plafones ultraligeros de luz blanca brillante de consumo extremadamente bajo. Las OLED presentan las siguientes ventajas:

- **Volumen:** son ultrafinas y por tanto ligeras, lo que es de gran importancia para las aeronaves.
- **Brillo y contraste:** puesto que cada píxel emite su propia luz, presentan un brillo y contraste en la imagen notable.
- **Consumo:** las OLED son eficientes por naturaleza. Además, los píxeles negros no emiten luz, por lo que no la consumen, como sí ocurre en los LCD TFT.
- **Ángulo de visión:** el ángulo de visión es muy amplio incluso en ambientes bien iluminados.
- **Flexibilidad:** las OLED flexibles abren todo un abanico de nuevas aplicaciones aún por desarrollar.
- **Coste:** aunque a día de hoy los precios de estas pantallas son elevados, se prevé que a medio plazo sean muy asequibles, debido a la disponibilidad y bajo precio de los materiales de fabricación.

Ahora bien, a pesar de las virtudes de las pantallas OLED, no son la panacea y presentan ciertas desventajas. Por ejemplo, los píxeles azules se degradan rápidamente, lo que acorta la vida operativa de la pantalla. Además, los polímeros empleados se degradan en ambientes húmedos. No obstante, los fabricantes de pantallas avanzan a pasos agigantados para resolver estos y otros problemas, con el objetivo de que las OLED sean las pantallas del futuro.

8.5. PANTALLA TÁCTIL

Además de mostrar información diversa, las pantallas táctiles nos permiten seleccionar o introducir datos en la computadora simplemente tocando la pantalla. De esta forma hace a la vez de interfaz de entrada y salida de datos. Extendida mundialmente, esta tecnología es la que utilizan los *smartphones* y *tablets* que empleamos en nuestro día a día. En las aeronaves, nos podemos encontrar frecuentemente pantallas táctiles en el sistema de entretenimiento de a bordo (Figura 8.27) y en las EFB (*Electronic Flight Bag*) de los pilotos.

Figura 8.27. Pantalla táctil en la cabina de pasajeros de un avión comercial.

Existen varios tipos de pantallas táctiles en función de la tecnología que utilizan para reconocer el punto exacto sobre el que tocamos la pantalla (acústicos, infrarrojos, ópticos, etc.). Las dos tecnologías más extendidas actualmente son la resistiva y la capacitiva.

8.5.1. RESISTIVA

Las resistivas se basan en el cambio de resistencia eléctrica que aparece en la pantalla cuando la presionamos (Figura 8.28). Estas pantallas se componen de una lámina resistiva rígida sobre la que se monta otra conductiva flexible que será sobre la que actuemos. La distancia entre ambas láminas se mantiene gracias a unos separadores aislantes. Cuando presionamos la pantalla con el dedo, la lámina conductiva hace contacto con la resistiva, variando la resistencia eléctrica. En función del punto sobre el que presionemos, la resistencia, y por tanto la intensidad que recorre la pantalla, variará, como si de un reóstato se tratase. Interpretando estos valores, el circuito de control de la pantalla sabrá sobre qué punto estamos presionando y enviará a la CPU la señal correspondiente.

Estas pantallas son resistentes y baratas, pero si las presionamos en dos puntos distintos, solo detectarán uno de ellos.

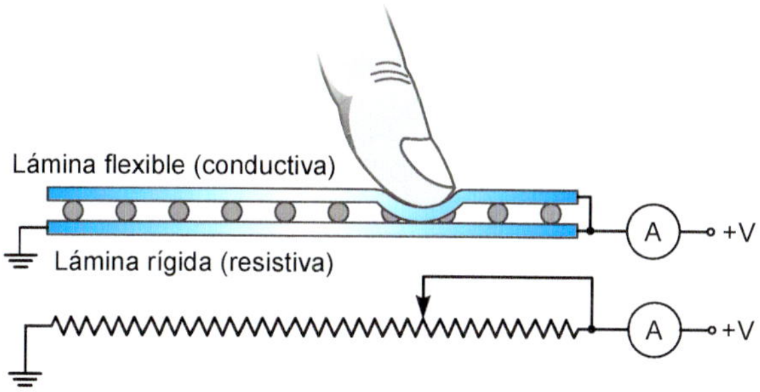

Figura 8.28. Funcionamiento básico de una pantalla táctil resistiva.

8.5.2. CAPACITIVA

Por su parte, las pantallas capacitivas generan un campo electroestático constante, que es alterado cuando la tocamos (Figura 8.29). Están compuestas por una serie de filamentos, miles de veces más finos que un cabello humano, dispuestos horizontal y verticalmente a la pantalla. Sobre estos filamentos se coloca un film aislante, que será sobre el que actuemos. A los filamentos verticales se los someterá a un potencial positivo, siendo negativos los horizontales (o viceversa). Cada punto de corte de los filamentos verticales con los horizontales presentará un campo electroestático determinado, conocido por el microprocesador que controla la pantalla. Cualquier variación en este campo electroestático neutro, provocará un movimiento de electrones que será detectado por dicho microprocesador.

En un primer momento, cuando no tacamos la pantalla, el campo electroestático será uniforme y el microprocesador detectará esta situación. Ahora bien, cuando tocamos la pantalla con el dedo, el campo electroestático se deforma atraído por este. La corriente generada es detectada por el microprocesador, que realizará la acción correspondiente.

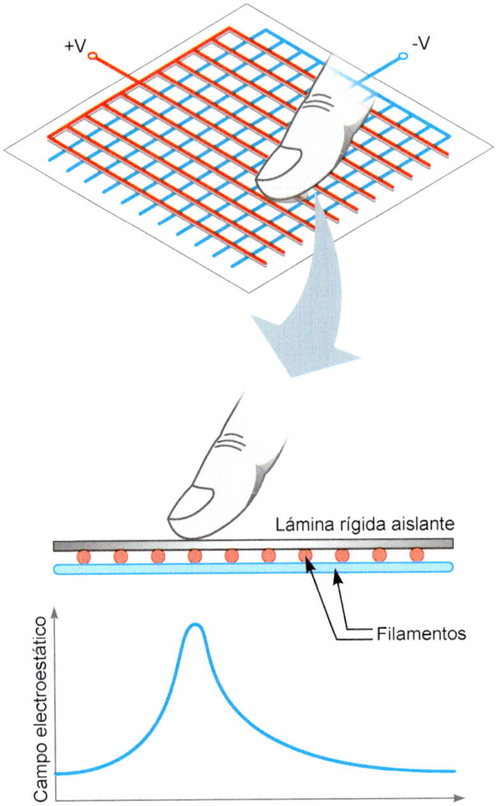

Figura 8.29. Las pantallas táctiles capacitivas detectan el cambio del campo electroestático que aparece cuando la tocamos con el dedo.

Sobre estas pantallas sí que podremos tocar sobre dos o más puntos distintos, que serán capaces de reconocer la acción. Por ejemplo, el típico «pellizco» que hacemos sobre la pantalla de nuestro *smartphone* para hacer *zoom* sobre la imagen. Por otra parte, estas pantallas no responderán si las tocamos con elementos aislantes (como unos guantes de plástico) o muy conductores (la punta metálica de un bolígrafo), pero sí lo harán si lo hacemos con cualquier cosa que tenga una conductividad similar a la de nuestro dedo.

En cuanto a la tecnología empleada para representar imágenes, las pantallas táctiles pueden ser LCD u OLED, funcionando tal y como hemos estudiado en los apartados anteriores.

8.6. INDICADORES LED

Los diodos LED se emplean en indicadores de todo tipo, desde una simple luz para indicar que un sistema está conectado, hasta en indicadores de siete o más segmentos en donde se representará información alfanumérica. En comparación con las tradicionales lámparas de filamento utilizadas antaño, los LED operan con tensiones e intensidades menores, lo que implica un menor consumo y calentamiento. Un LED convencional se ilumina apreciablemente con solo de 5 mA a 20 mA.

Se suelen fabricar con un encapsulado circular de entre 3 mm y 5 mm de diámetro o bien con encapsulado rectangular de 5 × 2 mm (Figura 8.30). En los circulares, el ángulo de visión oscila entre los 20° y los 40°, mientras que en los de encapsulado rectangular alcanza los 100°.

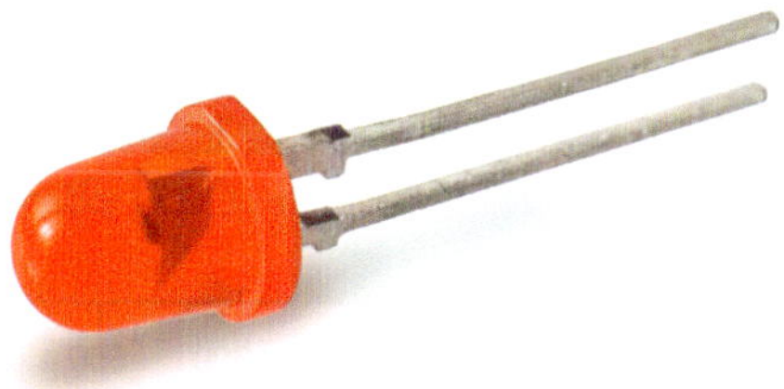

Figura 8.30. Diodo LED con encapsulado circular rojo.

8.6.1. RESPUESTA ESPECTRAL

El **color de la luz** emitida por un LED depende de los materiales semiconductores con los que esté fabricado (Figura 8.31). Además, el color del encapsulado plástico del LED coincidirá con el color de la luz emitida, para remarcar aún más el color de la luz (luz roja: encapsulado rojo; luz verde: encapsulado verde). En la Tabla 8.1 se observan distintos materiales de fabricación de diodos LED.

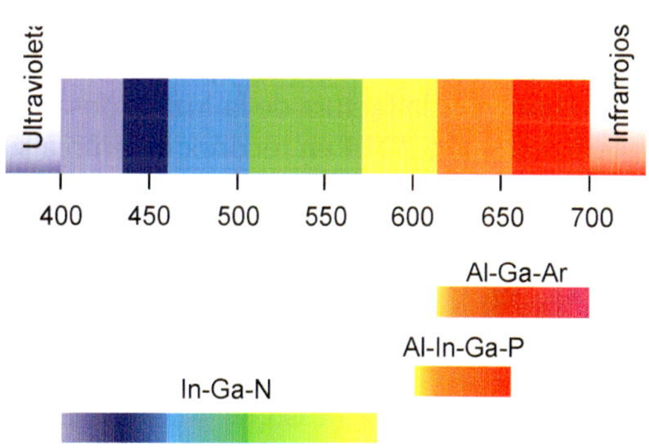

Figura 8.31. Materiales de fabricación de diodos LED para distintas longitudes de onda (color).

Tabla 8.1. Color del LED en función del material de fabricación

Color	Código	Composición
Infrarrojo	GaAs	Arseniuro de galio
Rojo, infrarrojo	AlGaAs	Arseniuro de galio y aluminio
Rojo, naranja, amarillo	GaAsP	Arseniuro de fosfuro de galio
Verde	GaP	Fosfuro de galio
Verde	GaN	Nitruro de galio
Azul	ZnSe	Seleniuro de zinc
Azul	InGaN	Nitruro de galio e indio
Azul	SiC	Carburo de silicio
Ultravioleta	C	Diamante

El ser humano presenta una mayor sensibilidad a los colores verdes que a los rojos o azules. Esta capacidad de percepción de la luz, en función de su longitud de onda (color), se denomina **respuesta espectral** (Figura 8.32).

Cada segmento se identifica con una letra, de la *a* a la *g*. Para formar los distintos números, un circuito decodificador convierte los datos binarios en señales de tensión para encender los segmentos que corresponda (Figura 8.34). Del decodificador, la corriente pasa por un conjunto de resistores limitadores de corriente. En el caso de tener que representar una variable analógica, como un voltaje, el decodificador recibirá la señal de un conversor ADC.

Otros indicadores a base de LED muy utilizados son los de 16 segmentos y la matriz de 5 × 7 puntos (Figura 8.35). En estos indicadores, además de números, se pueden representar letras.

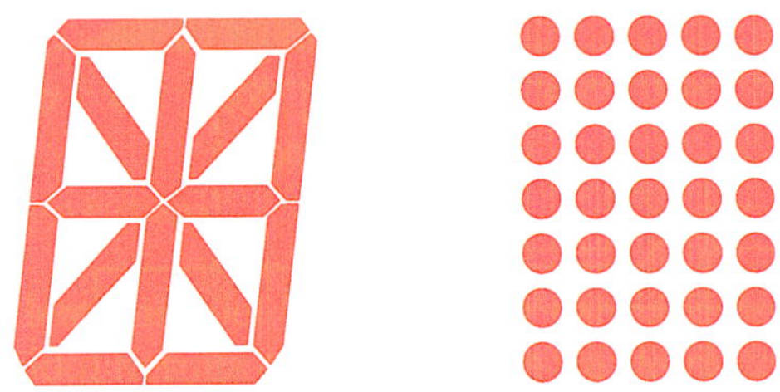

Indicador de 16 segmentos   Matriz de 5x7 LED

Figura 8.35. Otros indicadores LED alfanuméricos.

Para comprobar el funcionamiento del LED se conectará el **polímetro** en sus bornes, polarizándolo directamente, y se seleccionará la función de comprobación de diodos. Si el diodo está en correcto estado, este se iluminará. Con un **ohmiómetro,** cuando el LED se polariza directamente obtendremos una baja resistencia, mientras que cuando se polariza inversamente, la resistencia será muy elevada.

autoevaluación

8.1. Las pantallas ______ fueron las primeras en utilizarse en el sistema de indicación de la aeronave.

8.2. ¿Qué ángulo de visión se consigue con una pantalla CRT?

8.3. ¿Qué es un haz de rayos catódicos?

8.4. ¿Qué presión se necesita dentro de un monitor CRT?

8.5. ¿Cuál es la misión básica del cañón de electrones de una pantalla CRT?

8.6. ¿Qué elementos forman el cañón de una pantalla CRT?

8.7. El cátodo de una pantalla CRT tendrá potencial ____________ (negativo/positivo).

8.8. ¿Qué componente del cañón de una CRT tiene la misión de elevar la temperatura del cátodo?

8.9. ¿Con qué otro nombre se conoce al *wehnelt* de un monitor CRT?

8.10. ¿Cómo se controla el brillo de una pantalla CRT?

8.11. El ánodo acelerador de una CRT provoca que el haz de electrones ____________ (diverja/converja).

8.12. ¿Qué función tiene el ánodo de enfoque de una CRT?

8.13. Las pantallas de pequeño tamaño, como las que se encontraban en el sistema de instrumentos de antiguas aeronaves como el MD-80, empleaban deflexión ____________ (electroestática/electromagnética).

8.14. ¿Qué es la frecuencia de refresco de una CRT?

8.15. ¿Con qué tipo de onda eléctrica se alimentan los deflectores electromagnéticos?

8.16. Una CRT de 200 líneas tiene una frecuencia de refresco de 40 Hz. ¿Cuál será la frecuencia de barrido horizontal si se emplea deflexión electroestática?

8.17. ¿Qué caracteriza a los monitores vectoriales? ¿Cuál es su aplicación principal?

8.18. La pantalla de una CRT tendrá potencial ____________ (negativo/positivo).

8.19. ¿Qué es un píxel?

8.20. ¿Qué es la resolución de una pantalla?

8.21. ¿Qué es la relación de aspecto de una pantalla?

8.22. ¿Qué colores tienen los píxeles de un monitor CRT a color?

8.23. ¿Qué tipos de máscaras emplean los monitores CRT?

8.24. ¿Quién se encarga de «traducir» los datos binarios, que recibe de la pantalla de la CPU, en señales de tensión que pueda «entender» la pantalla CRT?

8.25. ¿Qué tipo de cristal líquido se emplea en la fabricación de pantallas LCD?

8.26. ¿Qué característica debe tener la luz que atraviesa el cristal líquido de una pantalla LCD?

8.27. Cuando se aplica tensión al cristal líquido empleado en una LCD, ¿dejará pasar la luz?

8.28. ¿Cómo se denominan las pantallas LCD que no tienen una fuente de luz propia?

8.29. Las pantallas LCD empleadas en el sistema de instrumentación de cabina son ____________ (reflectivas/retroiluminadas) y de matriz ____________ (pasiva/activa).

8.30. ¿Qué dos tipos de lámparas emplean las pantallas LCD retroiluminadas?

8.31. ¿En qué tipo de pantalla LCD se produce el efecto rastro al mover el puntero rápidamente por la pantalla?

8.32. ¿Qué es una pantalla TFT?

8.33. ¿Qué es un transistor TFT?

8.34. ¿Cuántos colores podrá representar un monitor con ocho tonos para sus tres colores básicos?

8.35. ¿Qué tipo de pantalla se basa en los mismos principios de funcionamiento que el tubo fluorescente?

8.36. Las pantallas ________ (CRT/LCD/PDP) tienen un consumo eléctrico reducido.

8.37. ¿En qué consiste una pantalla TOLED?

8.38. ¿Con qué tecnología podemos fabricar pantallas flexibles?

8.39. ¿Cuáles son las dos aplicaciones más frecuentes de las pantallas táctiles en las aeronaves?

8.40. Las pantallas táctiles ____________ (resistivas/capacitivas) solo captan un punto cada vez.

8.41. Nuestros *smartphones* y *tablets* disponen de una pantalla táctil _______ ____________ (resistiva/capacitiva).

8.42. ¿Qué intensidades mínimas necesita un LED para iluminarse?

8.43. ¿Qué tipo de encapsulado emplean los diodos LED de forma habitual?

8.44. El ángulo de visión de un LED oscila entre los ______° y los ______°.

8.45. ¿De qué depende el color de la luz transmitida por un LED?

8.46. El LED más eficiente es aquel que emite luz de color ________.

8.47. ¿A qué color es más sensible el ser humano por naturaleza?

8.48. ¿Qué es la respuesta espectral del ojo humano?

8.49. Cuando un LED se alimenta con AC, ¿qué deberemos conectarle?

8.50. Los LED siempre tendrán conectado en serie un ___________ (resistor/condensador/bobina) para limitar la intensidad que lo recorre.

8.51. (Referido a la Figura 8.36.) Al segmento activo se le identifica con la letra ____.

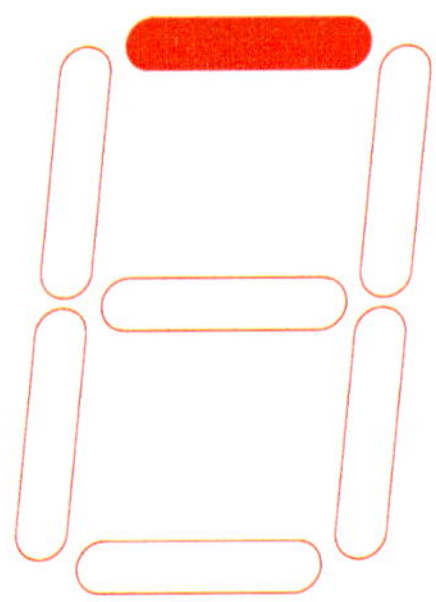

Indicador de siete segmentos

Figura 8.36. Pregunta de autoevaluación 8.51.

8.52. ¿Cómo se comprueba el estado de un LED con el polímetro?

UNIDAD 9

DISPOSITIVOS SENSIBLES A CARGAS ELECTROESTÁTICAS

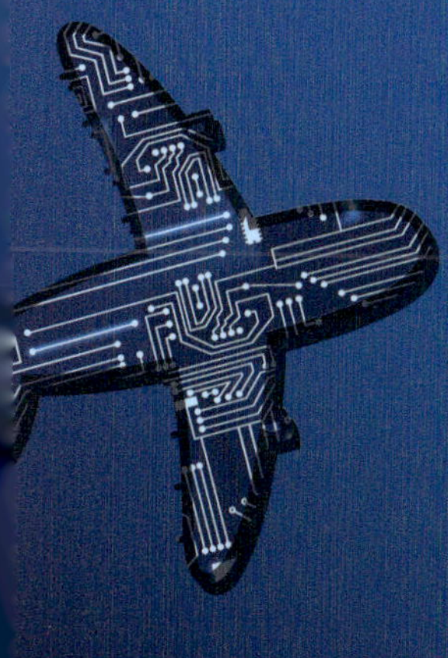

En nuestro día a día podemos notar los efectos de la electricidad estática. Por ejemplo, cuando nos quitamos un jersey de poliéster, podemos sentir cómo este se pega a la camisa, a los brazos e incluso al pelo, y oímos el chisporroteo consecuencia de los pequeños arcos eléctricos que se forman. Las corrientes eléctricas que aparecen entre elementos con distinta carga (chisporroteo) nos producen cierta incomodidad, pero realmente no nos originan ningún daño. En cambio, a los componentes electrónicos que forman los dispositivos digitales, las tensiones y corrientes derivadas de los campos electroestáticos los pueden dañar irreversiblemente. Es por lo que deberemos observar unas estrictas precauciones a la hora de manipular las computadoras y demás equipos digitales de las aeronaves (**ESD** – *Electrostatic Sensitive Device*).

nota

En ocasiones las siglas ESD se refieren a la descarga electroestática en sí misma (ESD – *Electrostatic Discharge*). Para nosotros serán los dispositivos sensibles a cargas electroestáticas, ya que así se especifica en la parte 66 del Reglamento (UE) 1321/2014 para el Módulo 5.

Figura 9.1. El rayo es consecuencia de la diferencia de potencial electrostático entre dos nubes o entre las nubes (negativo) y tierra (positivo).

Los daños producidos en los componentes electrónicos por estas descargas electrostáticas no se suelen apreciar a simple vista, por lo que pasarán desapercibidos. Será cuando conectemos el sistema dañado, cuando nos daremos cuenta de que no funciona correctamente. Esta circunstancia hace que este tipo de daños sean especialmente críticos.

Los modernos circuitos integrados de alta escala de integración son especialmente sensibles a los efectos de los campos electroestáticos. Podemos decir que, en general, a mayor miniaturización del circuito, mayor fragilidad electroestática. En esta unidad estudiaremos los métodos de manipulación, transporte y almacenaje de los ESD, para evitar dañar estos equipos.

9.1. ELECTRICIDAD ESTÁTICA

Si frotamos un bolígrafo de plástico contra un jersey de lana este atraerá pequeños pedacitos de papel. Cuando nos peinamos notamos que el peine es capaz de atraer el cabello. Lo mismo ocurre cuando quitamos el envoltorio de plástico de un DVD. Cuando nos ponemos o quitamos ciertas prendas de ropa notamos pequeños chispazos y también que atraen al cabello. Cuando nos bajamos del coche a veces nos da un calambre al tocar la parte metálica de la puerta, etc. Seguro que podríamos seguir enumerando hechos similares que nos ocurren cotidianamente.

Todos estos fenómenos son debidos a la acumulación y retención de carga por parte de ciertos materiales al ser frotados. La electricidad estática, o simplemente **electrostática,** es la rama de la física que estudia los fenómenos eléctricos producidos por distribuciones de cargas estáticas.

nota

Las descargas atmosféricas (rayos) son originadas por la diferencia de potencial que aparece entre dos nubes o entre las nubes y tierra. Este fenómeno también es de naturaleza electrostática.

Hacia el año 600 antes de Cristo, el filósofo, astrónomo y matemático griego Tales de Mileto observó que después de frotar con lana una barra de ámbar, esta adquiría la propiedad de atraer cuerpos ligeros, como por ejemplo tallos de trigo. Tales comprobó que cuando el trigo tocaba a la barra de ámbar, aparecía instantáneamente una fuerza de repulsión. Por tanto, el ámbar frotado atrae al trigo, pero en cuanto entran en contacto aparece una fuerza de repulsión. Supuso que el ámbar había adquirido una energía al ser **frotado** y, al tocar al trigo, había transmitido parte de su energía a este. La deducción posterior resulta sencilla: dos objetos cargados de esa energía se repelen, pero uno cargado y uno que no lo está se atraen. La palabra griega para denominar el ámbar es *elektron*, así que a este tipo de energía se la denominó energía eléctrica (energía del ámbar).

En la segunda mitad del siglo XVI, el científico y médico William Gilbert comprobó que muchas sustancias se comportaban como el ámbar al ser frotadas, atrayendo objetos, mientras que otras no ejercían atracción alguna. De esta forma clasificó los materiales como «eléctricos» y «no eléctricos». Los materiales que Gilbert llamó «eléctricos» son los materiales **aislantes,** que adquieren carga con facilidad, mientras que los «no eléctricos» son los materiales conductores, que no adquieren carga fácilmente. Lo que realmente sucede es que los aislantes retienen la carga recibida, mientras que los conductores tienden a desprenderse de ella fácilmente.

En definitiva, si frotamos dos objetos constituidos por materiales distintos entre sí, aparecerá una transferencia de electrones de uno a otro, originándose una diferencia de potencial electrostático. Los objetos podrán mantener su carga durante un tiempo. Estos objetos cargados atraen a los que no lo están, llegando a saltar un arco eléctrico entre ambos cuando se encuentren suficientemente cerca o hagan contacto.

9.1.1. SERIE TRIBOELÉCTRICA

La serie triboeléctrica es una clasificación de materiales en función de la carga que adquieren al ser frotados por otro material o sustancia. Por tanto, esta clasificación nos da información sobre la tendencia de los materiales a ceder electrones y quedarse cargados positivamente, cuando son frotados.

En la Tabla 9.1 podemos ver la serie triboeléctrica, en donde el aire es el que tiene una mayor tendencia a cargarse positivamente y la ebonita a hacerlo negativamente. Si se frotan dos materiales, el que se encuentra más arriba en la lista cederá electrones, cargándose positivamente, mientras que el que se encuentra más abajo captará esos mismos electrones, cargándose negativamente. Además, cuanto más separados en la serie, mayor será la carga que adquieran. De esta manera, si froto lana y algodón, la carga será leve, pero si froto la lana con goma de silicona, la carga será elevada.

En la serie triboeléctrica podemos apreciar que el cuerpo humano se carga positivamente con facilidad. De esta forma, cuando manipulamos un equipo electrónico, parte de los electrones de este se pueden transferir a nuestro cuerpo (que en un principio tiene carga positiva), igualándose los potenciales, dañando los componentes del dispositivo (transistores, memorias, etcétera).

También es importante fijarnos que la sustancia con mayor tendencia a cargarse positivamente es el aire, en concreto el **aire seco.** De esta forma, nuestro jersey de poliéster se cargará negativamente cuando fricciona con el aire en movimiento. Por otra parte, cuanto mayor sea el grado de humedad atmosférica, menor será la carga que adquiera el jersey. Esto es debido a que la humedad del aire le da cierta conductividad, por lo que los electrones que capta el jersey, son fácilmente difundidos de nuevo hacia la atmósfera. De esta manera, cuanto mayor sea la humedad atmosférica, menor será la carga electrostática del objeto (en este caso un jersey de poliéster).

En la Tabla 9.2 podemos ver los valores de tensión que se pueden generar durante acciones de trabajo cotidianas. Hay que destacar la diferencia de voltaje que se aprecia en función del grado de humedad del aire.

Tabla 9.1. Serie triboeléctrica

Mayor carga positiva (+)
Aire
Piel humana (seca)
Cuero
Piel de conejo
Vidrio
Cuarzo
Mica
Pelo humano
Nailon
Lana
Plomo
Piel de gato
Seda
Aluminio
Papel (pequeña carga positiva)
Algodón (sin carga)
0
Acero (sin carga)
Madera (pequeña carga negativa)
Polimetilmetacrilato
Ámbar
Lacre
Acrílico
Poliestireno
Globo de goma
Resinas
Goma dura
Níquel, cobre
Azufre
Bronce, plata
Oro, platino
Acetato, rayón
Goma sintética
Poliéster
Espuma de poliestireno
Orlón
Papel film para embalar
Poliuretano
Polietileno
Polipropileno
Vinilo (PVC)
Silicio
Teflón
Goma de silicona
Ebonita
Mayor carga negativa (–)

Tabla 9.2. Tensiones de carga electroestática que podemos adquirir durante nuestro trabajo cotidiano

Situación	Tensión producida	
	Humedad relativa	
	10-20 %	60-80 %
Caminar sobre una moqueta de nailon	35 kV	1,5 kV
Deslizar una caja de plástico sobre una moqueta	18 kV	1,2 kV
Extraer piezas de una bolsa de poliestireno	15 kV	1 kV
Caminar sobre un suelo de vinilo	11 kV	350 V
Desenvolver film transparente	10 kV	250 V
Trabajar vistiendo un buzo sintético	8 kV	150 V
Sentarse en una silla de espuma de poliuretano	18 kV	1,5 kV

9.1.2. COMPORTAMIENTO DE LOS MATERIALES

El comportamiento de una sustancia respecto a los fenómenos electroestáticos varía en función de su conductividad. De esta manera podemos diferenciar entre los siguientes materiales:

- **Aislantes:** un aislante presenta una oposición elevada al movimiento de los electrones. Gracias a esto, un objeto aislante podrá estar cargado positivamente en una zona y negativamente en otra, ya que los electrones no podrán desplazarse para conseguir la neutralidad. Así pues, los aislantes tienden a mantener la carga que adquieran.
- **Conductores:** un conductor permite que los electrones lo atraviesen con facilidad. Así pues, cuando se carga un extremo, dicha carga se repartirá por toda la pieza. Si el objeto conductor se pone en contacto con otro objeto también conductor, la carga se distribuirá entre ambos hasta alcanzar la neutralidad. Los conductores pueden adquirir carga de la misma manera que los aislantes (frotándolos con otro objeto), siendo capaces de mantenerla si conseguimos aislarlos por completo. Ahora bien, en cuanto toquen a otro conductor o tierra, se descargarán.
- **Disipadores de estática:** estas sustancias tienen una resistencia eléctrica mayor que un conductor pero menor que un aislante, pudiendo adquirir carga por fricción. Los disipadores de estática perderán la carga más rápidamente que un aislante pero más lentamente que un conductor. Estos materiales son de gran interés a la hora de igualar potenciales electroestáticos de forma segura.

9.2. COMPONENTES ELECTRÓNICOS SENSIBLES

Todos los componentes y dispositivos electrónicos que se emplean actualmente en los sistemas de las aeronaves son propensos a dañarse bajo los efectos de los campos y descargas electrostáticas. Ahora bien, unos componentes son más propensos que otros. En concreto, los dispositivos basados en la tecnología de efecto de campo (transistores FET) son más sensibles que los basados en la tecnología bipolar (transistores BJT). Así pues, los circuitos integrados CMOS, transistores MOSFET, las memorias NMOS (canal N) y PMOS (canal P), etc., son particularmente propensos a dañarse bajo la acción de campos y descargas electrostáticas (Figura 9.2). En las aeronaves cada vez hay más circuitos basados en esta tecnología debido al gran nivel de integración y miniaturización que permiten.

Los transistores y diodos empleados en microondas (señales de alta frecuencia) son también sensibles a la electrostática, debido a las estrechas zonas de unión entre los semiconductores que los forman. Estos componentes nos los podemos encontrar en los circuitos de control de imagen de las pantallas, circuitos de radionavegación, radar, osciladores, etcétera.

Figura 9.2. Los circuitos integrados CMOS con elevado nivel de integración son especialmente susceptibles a los daños por fenómenos electrostáticos.

En la Tabla 9.3 podemos observar las tensiones máximas que son capaces de soportar diferentes tipos de componentes electrónicos. Los valores que aparecen son orientativos, no son de ningún componente concreto, pero nos dan una idea de lo frágiles que son estos elementos frente a las descargas electrostáticas. Cabe destacar la elevada sensibilidad de las memorias dinámicas y los microprocesadores de alto nivel de integración (VLSI en adelante). Estos componentes, con tan solo unas decenas de voltios se dañarán irreversiblemente. Si comparamos estos valores con los de la Tabla 9.2, podemos apreciar la magnitud del problema que tenemos entre manos.

Tabla 9.3. Sensibilidad de componentes electrónicos a las descargas electrostáticas

Dispositivo	Tensión estática máxima
Integrado CMOS	250 V a 1 kV
Integrado TTL	550 V a 2,5 kV
Transistor BJT	150 V a 5 kV
Memoria dinámica	20 V a 100 V
Microprocesador VLSI	20 V a 100 V
Transistor MOSFET	50 V a 350 V
Transistor TFT	300 V a 3 kV
Tiristor SCR	4 kV a 15 kV

9.3. ETIQUETAS DE AVISO

Para identificar aquellos dispositivos susceptibles de sufrir daños por descargas electrostáticas, se les pega una etiqueta en un lugar visible, para que el técnico de mantenimiento observe las precauciones oportunas (Figura 9.3).

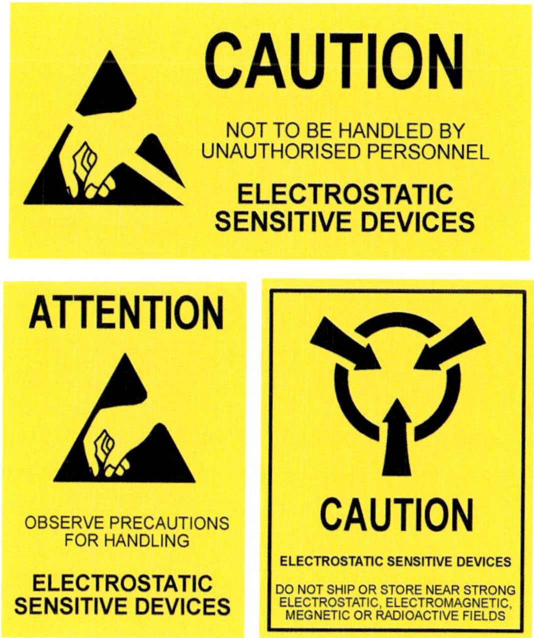

Etiquetas advirtiendo de la presencia de ESD

Etiqueta de «protegido de descargas electrostáticas»

Figura 9.3. Etiquetas de indicación en los ESD.

9.4. MANIPULACIÓN DE LOS ESD

Básicamente, para evitar daños en los ESD mientras los manipulamos, deberemos estar al mismo potencial eléctrico que ellos. Estando al mismo potencial, no aparecerán corrientes eléctricas, que es lo que daña los componentes. Así pues, a la hora de manipular el equipo sensible a las cargas electrostáticas es necesario emplear:

- **Pulseras antiestática:** antes de tocar ningún ESD, deberemos colocarnos en la muñeca una pulsera antiestática y enchufarla, bien al receptáculo de toma de tierra de la propia aeronave o bien a la estructura (Figura 9.4). De esta forma nuestro cuerpo se pondrá al mismo potencial que la aeronave. Puesto que los ESD también están conectados a la estructura de la aeronave, la diferencia de potencial entre nosotros y los equipos será nula. La pulsera está construida de un material conductor, pero su terminal de conexión consta de un resistor de 1 MΩ aproximadamente que evita el riesgo de sufrir un calambrazo en el caso de que toquemos un cable con tensión. Las pulseras antiestática se almacenan en lugares estratégicos de la aeronave, como el centro de aviónica, o bien las llevará consigo el técnico de mantenimiento.

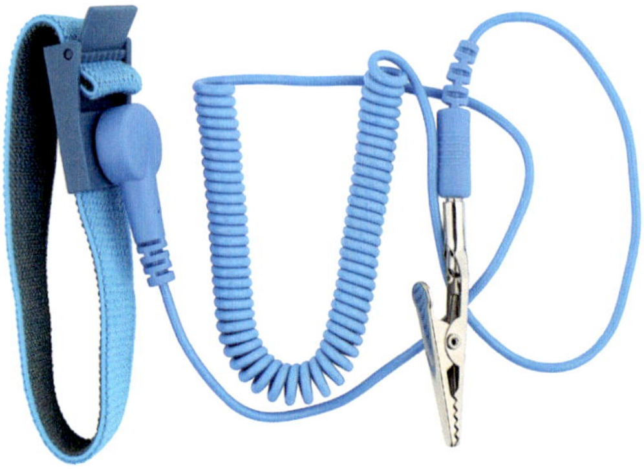

Figura 9.4. Pulsera antiestática.

- **Taloneras antiestática:** su principio de funcionamiento es idéntico al de las pulseras, pero en este caso nos las pondremos en el pie. La talonera consta de un conductor que deberá estar en contacto con la piel para permitir que circulen los electrones entre nuestro cuerpo y la aeronave, y así conseguir la neutralidad electrostática. La ventaja de las taloneras es que nos deja las manos totalmente libres, la desventaja es que la talonera no descarga a través de un cable como la pulsera, sino que lo hace a través de una correa ajustada al calzado, que deberá estar en contacto con el suelo (estructura de la aeronave, suelo antiestática, etc.).
- **Suelos y moquetas antiestática:** en los talleres de mantenimiento se deberán habilitar espacios con suelos y tapetes disipadores antiestática para los bancos de trabajo. De esta forma, el banco, el suelo, el componente y el técnico estarán al mismo potencial: el potencial de tierra. Podemos decir que todos los componentes de estos talleres están al mismo potencial eléctrico, por lo que no habrá problemas de descargas electrostáticas.
- **Otro equipamiento:** existe toda una gama de ropa de trabajo antiestática: guantes, mascarillas, buzos, calzado, etc., que ayuda a prevenir problemas en aquellos talleres de aviónica que trabajan constantemente con equipos sensibles. El tipo de material que ofrece una mejor protección frente a la electroestática son los conductores (metales, recubrimientos de carbono, etc.). Los materiales neutros en la serie triboeléctrica (algodón, cartón o madera) también ofrecen cierta protección, pero no tanta como los metales.
- **Pistola de aire ionizado:** el aire ionizado emitido por la pistola descarga los componentes electrónicos a la vez que los limpia. Habitualmente se emplean en las **salas blancas** de montaje de dispositivos electrónicos.

Los útiles, las herramientas y los equipos de comprobación también deberán estar convenientemente conectados a tierra o estar fabricados con materiales disipadores de la estática (destornilladores, alicates, polímetros, osciloscopios, etc.). También se deberán evitar las fuentes de alta tensión, como tubos fluorescentes, condensadores, etcétera.

Para su almacenamiento, los ESD se deberán guardar en **bolsas antiestática.** Estas bolsas disponen de una o varias capas de plástico (polietileno, polipropileno, etc.) y una película metálica, protegiendo al componente de las descargas electrostáticas y del entorno electromagnético (jaula de Faraday). Otras bolsas están constituidas por una película de piliolefina impregnada de carbono, que le da conductividad, o por aluminio con tratamiento antiestático. Además, existen bolsas antihumedad y acolchadas, para cuando así se requiera.

Figura 9.5. Componente electrónico almacenado en una bolsa antiestática.

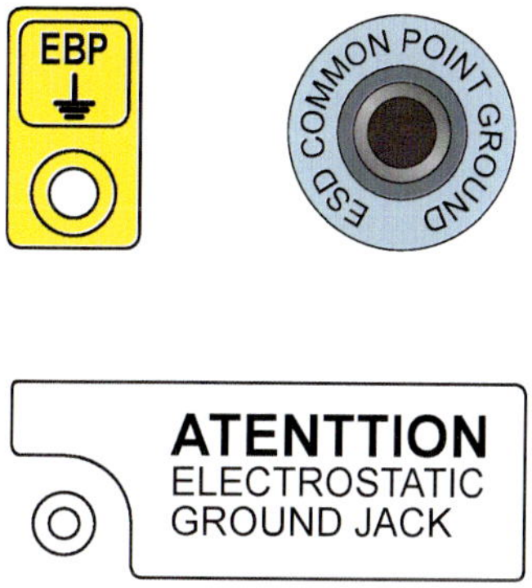

Figura 9.6. Marcas de señalización del punto de conexión de la pulsera antiestática a la estructura primaria de la aeronave.

autoevaluación

9.1. ¿Qué es un dispositivo ESD?

9.2. Cuanto mayor nivel de integración de un circuito integrado, tanto ________ (menor/mayor) será la sensibilidad a las descargas electrostáticas.

9.3. Los problemas derivados de la electricidad estática en los circuitos son mayores cuando la humedad del aire es __________ (baja/elevada).

9.4. ¿Qué valor tiene típicamente la resistencia de una pulsera antiestática?

9.5. ¿Con qué tensión se puede cargar una persona al caminar por una alfombra o moqueta?

9.6. En la serie triboeléctrica, la sustancia más positiva es el________.

9.7. Cuando se manipulan equipos ESD es conveniente vestir prendas de _______.

9.8. El poliéster tiene tendencia a ______ _____ (ceder/ganar) electrones al ser frotado.

9.9. El silicio tiene tendencia a _________ (ceder/ganar) electrones al ser frotado.

9.10. El cuerpo humano tiene tendencia a _________ (ceder/ganar) electrones al ser frotado.

9.11. Los cuerpos que tienden a mantener el campo electrostático son los __________ (aislantes/conductores).

9.12. Los materiales disipadores de estática tienen una resistencia _________ (menor/mayor) que los aislantes y una resistencia _________ (menor/mayor) que los conductores.

9.13. Las memorias dinámicas se pueden dañar al aplicarles una tensión de _____ _______ V.

9.14. ¿Dónde conectaremos la pulsera antiestática?

9.15. Los materiales que ofrecen una mayor protección frente a la electrostática son los ___________ (aislantes/conductores/antiestáticos/disipadores).

9.16. ¿Con qué materiales se construyen básicamente las bolsas antiestática?

UNIDAD 10

CONTROL DE GESTIÓN DE SOFTWARE

Podemos definir el software como el conjunto de instrucciones y rutinas que deberá seguir una computadora para realizar una tarea concreta. El FMS (*Flight Management System*) y el FADEC (*Full Authority Digital Engine Control*) son dos sistemas gobernados por software que nos encontramos en las aeronaves modernas.

Básicamente, el software se trata como si fuera una pieza más de los sistemas embarcados. De esta manera, tras la etapa de desarrollo, el software deberá superar unas estrictas pruebas de validación para su utilización en las aeronaves. Durante varios meses, las autoridades aeronáuticas realizarán diversas pruebas y simulaciones hasta comprobar que el software cumple con la normativa establecida, concediéndole el **certificado de aeronavegabilidad.**

Una vez que el software ha sido aprobado y está funcionando en la aeronave, se le deberá realizar un **seguimiento continuo** para asegurarnos de que todo funciona correctamente. Dicho de otra forma, deberemos realizarle un mantenimiento preventivo en aras de evitar problemas. Puesto que contiene las instrucciones de funcionamiento del sistema, si el software no opera correctamente, el sistema tampoco lo hará. Así pues, el software es una parte esencial de los sistemas de a bordo y por tanto de la aeronave.

Desde el punto de vista del **mantenimiento,** el software presenta diferencias importantes con el resto de componentes del sistema. Una de estas diferencias es que el software se puede modificar de forma muy sencilla, sin necesidad de soltar un tornillo. En cambio, los procesos de desmontaje, inspección, reparación y montaje de los elementos de hardware resultan considerablemente más complejos. Otra diferencia fundamental es que los cambios de software no se pueden ver a simple vista y, en ocasiones, ni siquiera cambian ningún *part number* en la documentación relativa al sistema que controlan. Así pues, para mantener los sistemas operativos y garantizar la seguridad del vuelo, deberemos prestar una especial atención al estado del software.

Las aeronaves modernas emplean cada vez más sistemas digitales controlados por software. Esta circunstancia ha hecho que las autoridades aeronáuticas regulen el diseño, la implementación y el mantenimiento del software y de esta manera controlar su calidad. Si el software embarcado no se trata conforme a la normativa establecida, puede ser el origen de numerosos problemas. El fallo puede ser debido a programas mal diseñados, virus, datos anticuados, actualizaciones inapropiadas, etcétera.

Cuando el software falla, los ingenieros, desarrolladores, técnicos, etc., analizan el problema y dan una solución, que se materializará en forma de ***service bulletin*** o similar, para tomar las medidas oportunas en el mantenimiento. Este proceso es análogo al seguido cuando falla algún elemento del hardware.

Otro aspecto a tener en cuenta es que aeronaves concretas necesitan programas y configuraciones concretas de software. Incluso en los aviones de una misma flota y modelo, existen pequeñas diferencias. Por ejemplo, el software del radar atmosférico de un Airbus A-320 será distinto en función de si es un sistema fabricado por Honeywell Aerospace Electronic Systems o por Rockwell Collins Inc. Además, en función del número de serie del avión, la configuración del software también cambiará, por lo que deberemos extremar las precauciones cuando realicemos cambios o actualizaciones. Es fundamental tener un estricto control del software embarcado, ya que la seguridad del vuelo depende de ello.

En todo caso, el operador deberá mantener la aeronavegabilidad de la aeronave, manteniendo la configuración definida en su certificado tipo y las regulaciones correspondientes.

Puesto que el software es parte integral de la aeronave, es esencial mantenerlo correctamente actualizado y configurado. Al igual que con el resto de componentes de la aeronave, se deberá realizar un registro de las tareas de mantenimiento relativas a software, que se recopilarán en el *aircraft maintenance logbook*.

10.1. CLASIFICACIÓN DEL SOFTWARE

Las consecuencias del fallo del software de un sistema pueden afectar peligrosamente al vuelo de la aeronave o simplemente a la comodidad del pasaje. Si el software que controla el sistema de entretenimiento de a bordo falla, el pasaje no podrá escuchar el hilo musical o ver una película durante el vuelo, lo que puede ser molesto, pero no afecta a la seguridad de ninguna manera. En cambio, si falla el software del control electrónico del motor FADEC, el riesgo se hace evidente, sobre todo durante la fase de despegue. En función de la importancia para mantener la seguridad del vuelo, el software se puede clasificar en cinco niveles, atendiendo a su **criticidad.** En la Tabla 10.1 se puede observar dicha clasificación, en donde el nivel A es el más crítico.

Obviamente, durante las tareas de mantenimiento se deberá prestar una mayor atención al software más crítico, por ser fundamental para el vuelo de la aeronave.

Tabla 10.1. Clasificación del software atendiendo a su criticidad (DO-178B/ED-12B)

Nivel	Criticidad	Consecuencias	Probabilidad	Sistema
A	Fallo catastrófico	Fatales. Pérdida de la aeronave con riesgo de lesiones graves para la tripulación y el pasaje.	Extremadamente improbable	AHRS GPS ILS MLS FLS SATNAV VOR ADF EFIS AFCS FADEC Fly-by-wire
B	Fallo peligroso	La tripulación no podrá realizar correctamente su trabajo. Riesgo de lesiones importantes para la tripulación o el pasaje.	Muy poco probable	TCAS ADSB transponder EICAS/ECAM
C	Fallo mayor	La tripulación deberá realizar un esfuerzo extra. Riesgo de lesiones.	Poco probable	DME VHF Comm HF Comm FMS GPS
D	Fallo menor	Aumenta la carga de trabajo para la tripulación. No tiene consecuencias físicas en la tripulación o el pasaje.	Probable	CMC CFDIU Data loader Radar meteorológico
E	Insignificante	Sin consecuencias para el vuelo.	Probable	Entretenimiento de a bordo (IFES)

g) Introducir el disco en la PDL. Este paso se debe realizar dentro de los cinco minutos siguientes después del encendido de la PDL.

h) La PDL cargará automáticamente el software en la EEC. Este proceso durará entre 12 y 16 minutos. Si el software se ha cargado con éxito en la pantalla de la PDL aparecerá el mensaje LOAD COMPLETE. Si la instalación no se completa satisfactoriamente, se encenderá la lámpara de aviso de la PDL (*Transfer Fail Lamp*). En tal caso se empezará el proceso desde el principio. Tras tres intentos fallidos, se desistirá de la instalación.

i) Si la carga ha sido satisfactoria (LOAD COMPLETE) se desconectará la PDL y acto seguido la EEC.

j) Extraer el disco de la PDL.

7. Desconectar el cableado de alimentación de la EEC y la PDL.
8. Reconectar los cables de la EEC.
9. Se ejecutará el programa de verificación de memoria correspondiente a la EEC, que se suministra junto con el software que acabamos de actualizar. Si en la pantalla se lee PASS, el *part number* del software instalado se corresponde con el *part number* del hardware. Si en cambio en la pantalla aparece un FAIL, los *part number* de hardware y software no concuerdan entre ellos. Pulsando PRINTSCREEN se imprimirán los resultados de la actualización.
10. Se elaborará una etiqueta en donde aparezcan la versión de software, el número de *service bulletin* y la fecha. Se fijará esta etiqueta sobre el EEC.

10.6. VERIFICACIÓN DE LOS DATOS

Después de cada modificación es necesario verificar que el software se ha instalado correctamente. Las dos técnicas más habituales de verificación son las siguientes:

- ***Checksum*** (suma de verificación): se sumarán los bytes del paquete de software que tenemos que instalar y se comparará el resultado con la suma de los bytes del software que ya hemos instalado. Si ambas sumas dan el mismo resultado, el software se habrá instalado de forma correcta presumiblemente.
- ***Cyclic Redundancy Check*** (CRC, comprobación de redundancia cíclica): consiste en una compleja división de bloques de bits. Si los resultados obtenidos para el software instalado son iguales a los del software que pretendíamos instalar, el proceso se habrá completado con éxito.

autoevaluación

10.1. El software de nivel ________ es el más crítico en lo que a seguridad se refiere.

10.2. El software del EICAS tiene un nivel ______ de criticidad.

10.3. El software del *in-flight entertainment system* tiene un nivel ______ de criticidad.

10.4. Las tareas de mantenimiento relativas al software se recogen en el __________ __________ *logbook*.

10.5. Los requisitos del software embarcado están definidos en el reglamento RTCA ___________ (EE. UU.) y en el EUROCAE ____________ (Europa).

10.6. ¿Cómo se denomina el software actualizable sobre el terreno?

10.7. Para instalar un paquete de FLS, ¿es necesario desmontar el hardware objetivo del software?

10.8. Las modificaciones en el FLS, ¿cambian el *part number* del software?

10.9. ¿El certificado tipo de la aeronave incluye el software LSAP?

10.10. El ________ es un software que puede ser modificado o actualizado por el operador sin necesidad de cambiar el certificado tipo o de aportar un certificado tipo suplementario.

10.11. El software A/OMS se divide a su vez en _______ y en _______.

10.12. El operador puede modificar o actualizar los datos y el código ejecutable del software _______, tras recibir el permiso del titular del certificado tipo o el certificado tipo suplementario según corresponda.

10.13. El software UMS se emplea en sistemas con nivel de criticidad ______.

10.14. El ______ es un software certificable por el operador (aerolínea), que contactará directamente con la autoridad aeronáutica (FAA, EASA) para obtener los certificados TC/STC.

10.15. ¿Quién es el titular de los certificados TC/STC del software SCS?

10.16. El software OSS y el OPS son dos tipos de software ________.

10.17. La ________ es una lista que enumera las LRU y demás módulos con LSAP de una aeronave.

10.18. ¿Cómo se denominan las bases de datos de las aeronaves?

10.19. Los datos de una ADB en formato _____________ resultan más compactos que el resto de formatos.

10.20. ¿Qué documento autoriza la puesta en servicio de un determinado software cuando no se requiere una certificación específica?

10.21. ¿Qué documento se aporta junto con el software de los sistemas de navegación?

10.22. ¿Qué dos técnicas se emplean para la verificación de datos del software instalado?

UNIDAD 11

ENTORNO ELECTROMAGNÉTICO

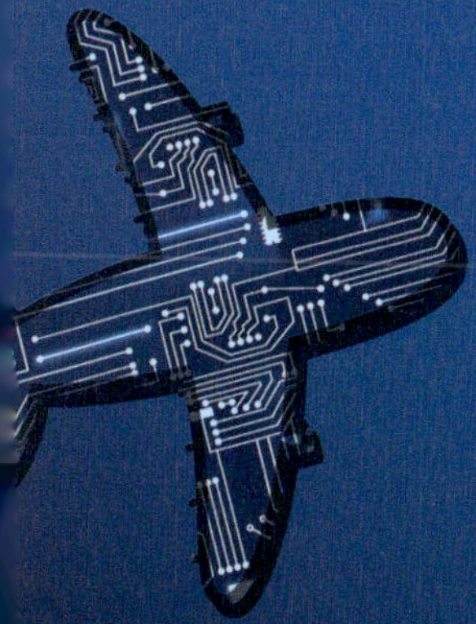

Las ondas electromagnéticas alteran el correcto funcionamiento de numerosos equipos electrónicos. Las computadoras embarcadas en las aeronaves son un ejemplo de dispositivos sensibles a las ondas electromagnéticas.

En esta unidad vamos a estudiar qué origina estos fenómenos adversos, cómo influye en los equipos embarcados y cómo evitarlos.

11.1. ONDAS ELECTROMAGNÉTICAS

El electrón, como carga eléctrica que es, genera a su alrededor un campo eléctrico (electrostático). Cuando el electrón está en reposo, inmóvil, el campo eléctrico producido será uniforme y las líneas de campo se asemejarán a los radios de la rueda de una bicicleta (Figura 11.1). Si el electrón se mueve por un conductor con una velocidad constante, como sucede en un circuito DC, el campo eléctrico seguirá siendo uniforme, idéntico al producido cuando el electrón se encuentra en reposo. Ahora bien, si el electrón se mueve acelerándose o decelerándose (o cambiando el sentido del movimiento), como ocurre en un circuito AC, se producirá una discontinuidad en el campo eléctrico denominada ***kink.*** El *kink* se propaga a la velocidad de la luz, alejándose del electrón que lo origina. De esta forma se genera una onda electromagnética (onda de radio).

Por otra parte, los campos eléctricos variables producen campos magnéticos variables y viceversa. Así pues, el *kink* (variación o discontinuidad del campo eléctrico) tiene asociado un campo magnético variable. En la onda electromagnética generada, campo eléctrico y campo magnético son perpendiculares entre sí y perpendiculares a la dirección de propagación (Figura 11.2).

De forma habitual, las ondas electromagnéticas se originan en un conductor que denominamos **antena emisora.** La onda de radio (onda electromagnética) que se produce tiene su componente eléctrica paralela a la antena y la forma análoga a la señal AC con la que esta se alimenta (Figura 11.3). A cierta distancia se colocará otro conductor: la **antena receptora.** Cuando la onda de radio alcanza la antena receptora, se inducirá en esta una tensión AC. La forma de la señal recibida será análoga a la de la onda de radio y, por tanto, análoga a la que alimenta la antena emisora. Así, conseguimos transmitir información entre dos puntos separados por una gran distancia. El sistema de comunicaciones VHF de a bordo, que permite a los pilotos dialogar con el control de tierra, es un claro ejemplo de la utilidad de la transmisión de ondas electromagnéticas.

La disposición de la antena receptora tiene una gran influencia en la amplitud de la señal AC inducida en esta. Si la antena receptora es paralela al campo eléctrico, y por tanto paralela a la antena emisora, la tensión inducida será la máxima: la señal se recibirá con la máxima potencia (Figura 11.3). En cambio, si la antena receptora es perpendicular al campo eléctrico y a la antena emisora, no se inducirá tensión alguna.

Las transmisiones de radio, basadas en las propiedades de las ondas electromagnéticas, se utilizan ampliamente en las aeronaves, no solo en el sistema de comunicaciones VHF, también en otros sistemas de comunicaciones y de navegación (VOR, ADF, GPS, etc.). Ahora bien, cualquier conductor de a bordo puede hacer funciones de antena receptora. Imaginemos que una onda de radio induce una señal de tensión en un bus de datos. La información que transporta se corromperá, inutilizando el bus. Lo mismo puede suceder con la circuitería interna de equipos electrónicos, sensores, actuadores, etc.

Y podemos ir más allá, porque cualquier circuito de la aeronave que funcione con AC, sobre todo de alta frecuencia, producirá ondas de radio que pueden interferir en el resto de sistemas. Si pensamos en cuantos sistemas y dispositivos utilizan este tipo de señales para su funcionamiento, podemos empezar a tomar conciencia de la magnitud del problema. Resulta que los equipos eléctricos y electrónicos emiten ondas que pueden afectar al funcionamiento de otros dispositivos eléctricos. Dicho de otra forma, los circuitos se «molestan» entre sí. Esta «contaminación cruzada» se conoce como **EMI** (*Electromagnetic interference* – Interferencia electromagnética). Los equipos de aviónica de a bordo deberán estar convenientemente protegidos contra estas interferencias.

NOTA

No toda la energía asociada a los campos eléctrico y magnético se radia, parte es absorbida por el propio conductor en donde se ha generado el campo eléctrico. Como norma, a mayor frecuencia, mayor radiación.

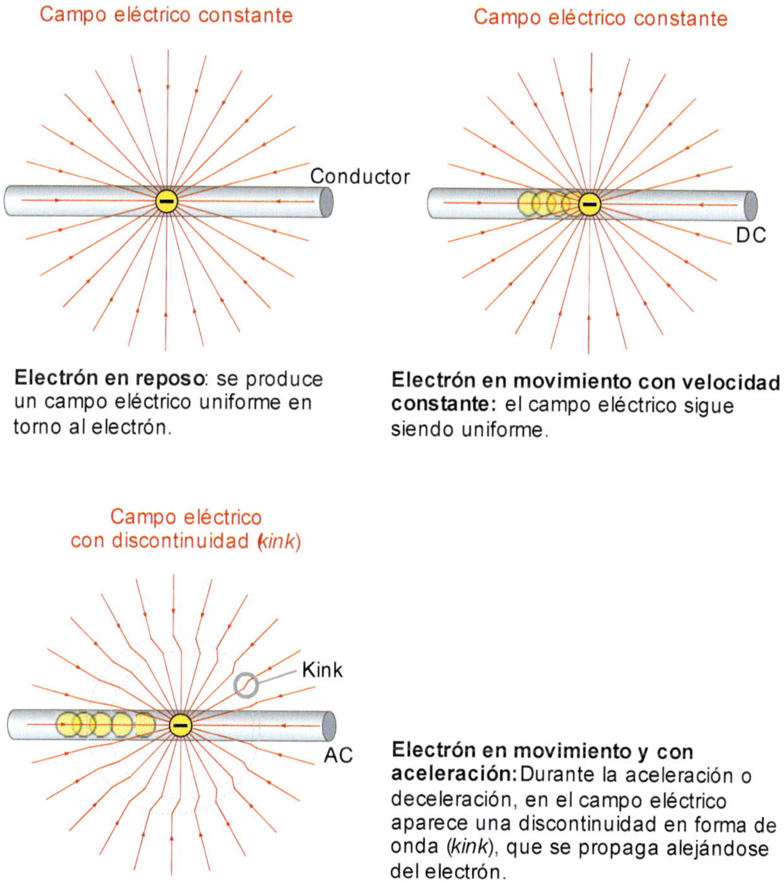

Electrón en reposo: se produce un campo eléctrico uniforme en torno al electrón.

Electrón en movimiento con velocidad constante: el campo eléctrico sigue siendo uniforme.

Electrón en movimiento y con aceleración: Durante la aceleración o deceleración, en el campo eléctrico aparece una discontinuidad en forma de onda (*kink*), que se propaga alejándose del electrón.

Figura 11.1. Origen de las ondas electromagnéticas (ondas de radio).

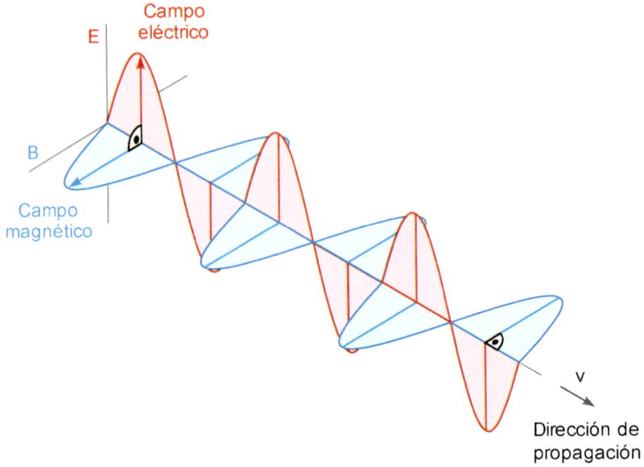

Figura 11.2. En una onda electromagnética, el campo eléctrico y el magnético son perpendiculares entre sí y ambos perpendiculares a la dirección de propagación de la onda.

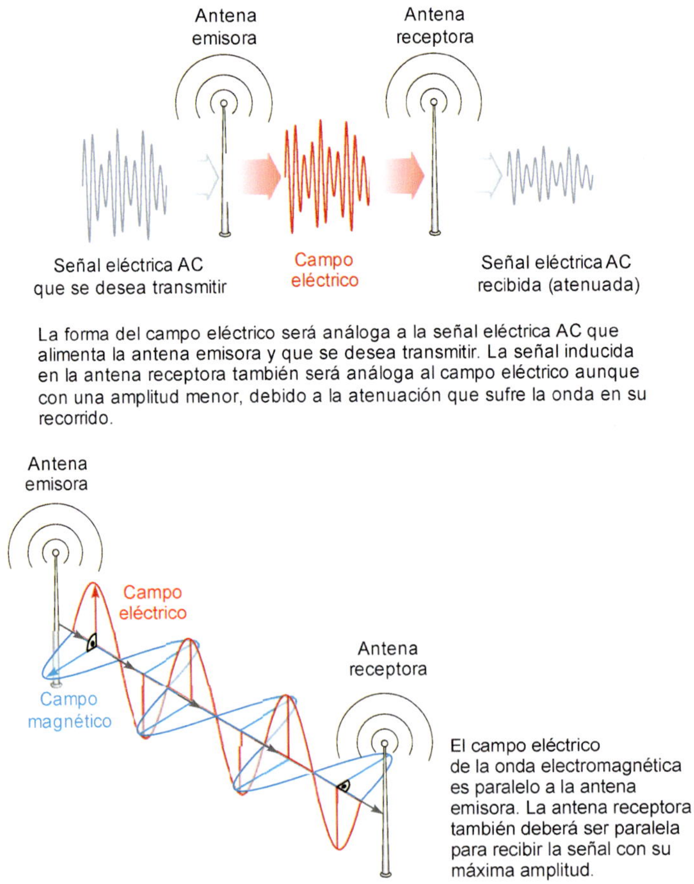

Figura 11.3. Transmisión y recepción de ondas electromagnéticas.

11.2. INTERFERENCIA ELECTROMAGNÉTICA (EMI)

El fenómeno de la interferencia electromagnética EMI necesita de tres factores para producirse (Figura 11.4):

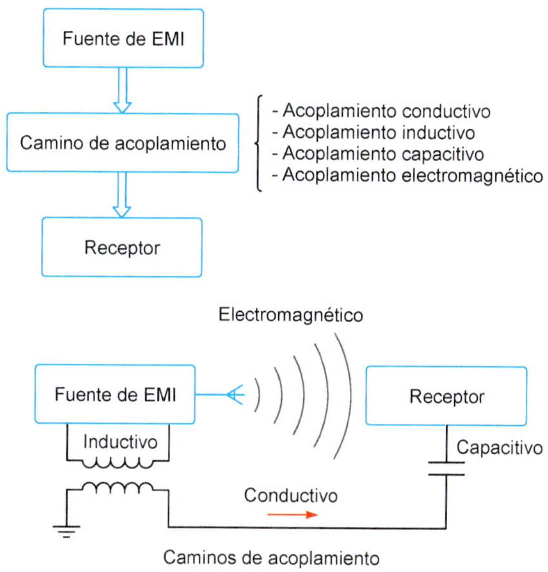

Figura 11.4. Factores elementales EMI y caminos de acoplamiento.

- **Fuente de la onda electromagnética:** es el emisor de la onda. Puede ser natural (rayo) o artificial (motor eléctrico). También puede ser interno, causado por un equipo de a bordo, o externo.
- **Camino de acoplamiento:** es el medio a través del cual se propaga la EMI. Existen cuatro modos de acoplamiento:
  - **Conductivo** (corriente eléctrica directa): el receptor está conectado directamente al emisor, por lo que la interferencia es directa. Se produce en cables de alimentación, de señal o de masa (estructura de la aeronave).
  - **Inductivo** (campo magnético): el campo magnético producido en un conductor induce una tensión a otro conductor adyacente, sin necesidad de estar conectados eléctricamente. Se produce con mayor probabilidad cuando la intensidad de corriente es elevada. Se suele dar a través de la conexión a masa (estructura de la aeronave).
  - **Capacitivo** (campo eléctrico): el campo eléctrico originado entre dos conductores separados por un dieléctrico afecta a la señal de tensión que transmiten. Se da con mayor probabilidad cuando la tensión del circuito es elevada. Se suele dar a través de la conexión a masa (estructura de la aeronave).
  - **Radiación** (campo electromagnético): transmitido por ondas electromagnéticas que se propagan por el aire o cualquier otro medio. Suele aparecer si la frecuencia es mayor de 30 MHz.
- **Receptor:** es el equipo de la aeronave que percibe la EMI. Es la víctima de la EMI.

De esta forma, para minimizar los fenómenos adversos del EMI en un equipo podremos seguir tres técnicas:

- **Suprimir la fuente de EMI:** encerrar el emisor en una caja metálica conectada a masa (caja de Faraday). No siempre lo podremos hacer.
- **Actuar sobre el camino de acoplamiento:** se puede dificultar la transmisión de la EMI mediante filtros, apantallamientos, cajas de Faraday, etcétera.
- **Insensibilizar el receptor:** algunos circuitos son más sensibles a las EMI que otros. Si sustituimos un bus ARINC 429 de cobre por otro ARINC 664 de fibra óptica, insensible a la EMI, evitamos problemas en el bus.

La EMI puede provocar desde un funcionamiento errático del dispositivo sensible hasta el fallo completo de los componentes electrónicos que lo forman.

Desde los albores de la aviación se conocen los efectos de la EMI. Los primeros equipos de comunicaciones montados a bordo de las aeronaves sufrían las interferencias originadas por el sistema de encendido del motor de pistón (magneto y ruptor). Además, en los días de tormenta eléctrica, la calidad de la transmisión se volvía mediocre debido a la EMI generada por los rayos. Hacia los años treinta del siglo XX, los cables del sistema de encendido y los del sistema de comunicaciones se apantallaron, lo que minimizaba el acoplamiento y por tanto la EMI. Desde entonces los sistemas eléctricos embarcados no han parado de crecer y hoy en día el control de la EMI es de gran complejidad.

11.2.1. ORIGEN

La fuente de las interferencias electromagnéticas puede encontrarse dentro o fuera de la aeronave. A través de un camino de acoplamiento electromagnético (radiación), las **fuentes externas** pueden afectar al funcionamiento de los equipos embarcados. Ejemplo de estas fuentes son las antenas de radiodifusión, televisión digital terrestre, wifi, navegación aérea y marítima, comunicación de policía, bomberos y servicios de emergencia, radares, etc. Los equipos industriales y de consumo también originan ondas electromagnéticas: equipos de soldadura, herramientas de corte eléctricas, hornos microondas, lavadoras de ultrasonidos, etc. Incluso las ondas pueden provenir del espacio: satélites y naves espaciales (tripuladas o sin tripular).

Las tareas que se realizan a la aeronave cuando está en tierra también pueden ser origen de EMI: repostajes, tareas de inspección y comprobación de componentes, montajes y desmontajes, etcétera.

Dentro de la aeronave también existen fuentes de EMI. De hecho, casi cualquier circuito eléctrico-electrónico es, potencialmente, una **fuente interna** de EMI: generadores, motores eléctricos, escobillas, conectores, relés, condensadores, conmutadores, lámparas fluorescentes, etc. Incluso los cables eléctricos pueden ser fuente de EMI por acoplamiento conductivo, capacitivo, inductivo e incluso electromagnético.

Otra fuente de EMI interna son los dispositivos electrónicos portátiles del pasaje. En enero de 1993, durante un vuelo entre las ciudades estadounidenses de Denver (Co) y Newark (NJ), todos los giróscopos direccionales de la aeronave dejaron de funcionar estando el avión en crucero (44 000 ft). Este fallo fue originado por las radios portátiles de 25 pasajeros que estaban escuchando el partido de *playoff* de los Broncos de Denver. A los dos minutos de apagar las radios, los giróscopos volvían a funcionar correctamente. Pasada una hora de este incidente los giróscopos volvían a fallar, ya que varios pasajeros hicieron caso omiso de la orden del capitán y volvieron a conectar sus radios. Después de que la sobrecargo requisara las radios, los giróscopos volvieron a funcionar perfectamente, no registrándose ninguna anomalía durante el resto del vuelo.

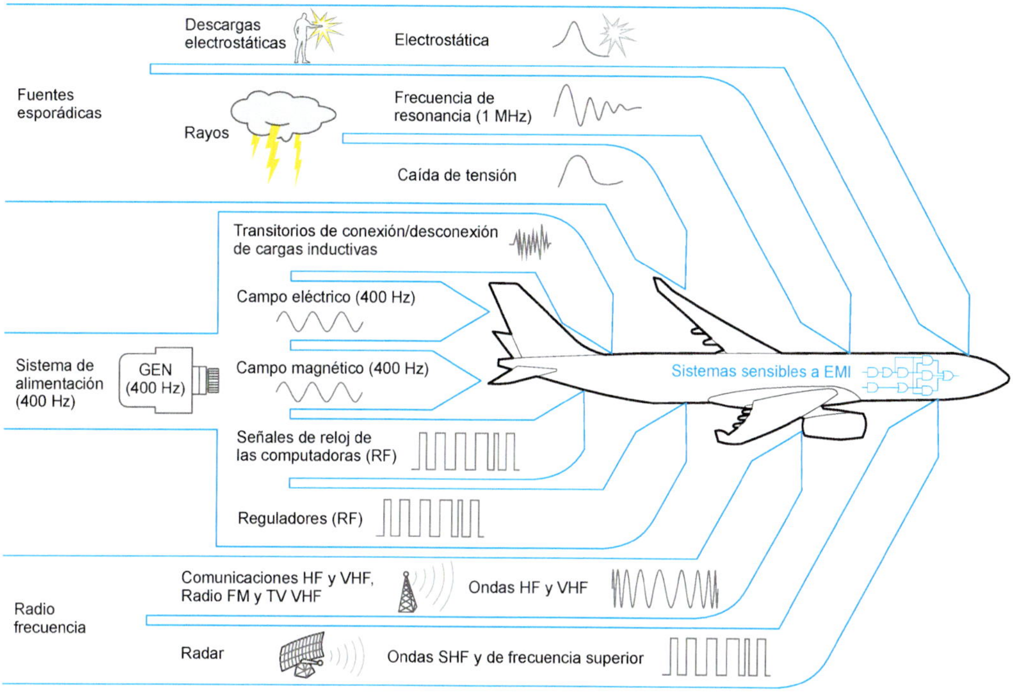

Figura 11.5. Principales orígenes de las interferencias electromagnéticas EMI en las aeronaves.

nota

Los giróscopos direccionales son unos dispositivos electromecánicos que indican la orientación de la aeronave a los pilotos.

Hoy en día casi todo el pasaje lleva encima un *smartphone* y es habitual embarcar en el equipaje de mano un ordenador portátil, una *tablet*, un reproductor de audio mp3, una cámara de fotos, etc. Incluso algunos pasajeros disponen de relojes que son capaces de conectarse a redes wifi. Todos estos elementos son fuentes de EMI y su uso a bordo está restringido, ya que pueden provocar un mal funcionamiento de los sistemas de a bordo. En la charla de seguridad que se imparte antes del vuelo, los TCP indicarán al pasaje qué hacer con estos **dispositivos PED** (*Personal Electronic Devices*): apagarlos o dejarlos conectados en modo avión.

Por otra parte, el origen de la EMI puede ser artificial o natural. Son artificiales aquellas fuentes que han sido construidas por el ser humano: antenas de radio y navegación, relés, etc. Las de origen natural son las que se originan en la naturaleza, como un rayo, la radiación solar o la radiación de fondo espacial, consecuencia del Big Bang durante el origen del universo.

Las interferencias EMI se pueden clasificar también como periódicas, no periódicas y aleatorias.

11.2.2. INCIDENCIAS

Actualmente, más de un 50 % de las incidencias de vuelo registradas tienen su origen en las interferencias electromagnéticas. Concretamente:

- Emisiones generadas en los propios equipos de la aeronave (20 %).
- Impacto de rayos (15 %).
- Emisiones de alta intensidad HIRF procedentes de tierra (10 %).
- Uso inadecuado de los PED por el pasaje (5 %).

Estos elevados porcentajes se deben a la proliferación de sistemas electrónicos a bordo de las aeronaves de última generación. Estos nuevos sistemas computarizados son además más sensibles a las interferencias electromagnéticas que sus predecesores, lo que añade complejidad al problema.

Otro aspecto a tener en cuenta a la hora de analizar estos porcentajes es la utilización de **materiales compuestos** en la estructura de la aeronave. La estructura metálica tradicional de las aeronaves proporciona un cierto apantallamiento, protegiendo los equipos que se encuentran dentro de ella. Además, la excelente conductividad de la estructura metálica minimiza los problemas derivados de la electrostática y el impacto de rayos. En cambio, las estructuras de composites son permeables a las ondas electromagnéticas y presentan una conductividad relativamente baja. Estas circunstancias deben ser tenidas en cuenta por los diseñadores y fabricantes de aeronaves, pero también por el personal de mantenimiento, que deberá adaptar los procedimientos en función del tipo de aeronave.

nota

Los materiales compuestos (composites) están formados por una fibra resistente y una matriz plástica que mantiene la solidez del conjunto. Las fibras más utilizadas son la de carbono/grafito, la de vidrio y la aramida (kevlar). La matriz más empleada es la resina epoxi.

Las **dimensiones** de la aeronave también influyen en su sensibilidad a las EMI. Las ondas electromagnéticas inducen la máxima tensión en un conductor cuando la longitud de este es igual a la mitad de la longitud de onda. Así, para recibir de forma óptima una señal VHF de 100 MHz, la cual tiene una longitud de onda de 3 m, se necesitará una antena con una longitud de 1,5 m. De esta forma, si un componente metálico de la estructura tiene una longitud de 1,5 m, será especialmente propenso a captar señales de 100 MHz. Esta energía inducida en el componente estructural puede afectar a los equipos de a bordo. Resulta muy complejo minimizar estos problemas, pero nos ayuda a entender la dimensión del problema de las interferencias electromagnéticas.

Problema resuelto

Determina la longitud que debe tener una antena para recibir con la máxima amplitud una onda de radio de 10 MHz, como las emitidas por un sistema de comunicaciones HF de una aeronave.

Solución

En primer lugar calcularemos la longitud de onda. La frecuencia es un dato y la velocidad de propagación de la onda será la de la luz ($c = 3 \cdot 10^8$ m/s), por tanto:

$$c = \lambda \cdot f \Rightarrow \lambda = \frac{c}{f} = \frac{3 \cdot 10^8}{10 \cdot 10^6} = 30 \text{ m}$$

La longitud óptima de la antena es la mitad que la longitud de onda, que será de 15 m. Tradicionalmente, estas antenas consisten en un cable que se prolonga desde la punta del estabilizador vertical hasta la parte media del fuselaje. Hoy en día es habitual que estén integradas en el fuselaje, tapadas por una carena.

11.2.3. ARMÓNICOS

Cuando alimentamos con una onda de tensión senoidal a equipos eléctricos tradicionales como lámparas incandescentes, radiadores, etc., la intensidad consumida tendrá también forma senoidal. A este tipo de consumidores eléctricos en los que la forma de la onda de intensidad es igual a la forma de la onda de tensión se les conoce como **cargas lineales** (Figura 11.6).

Por otra parte, existen equipos electrónicos de potencia como convertidores de frecuencia, inversores, rectificadores, variadores, fuentes de alimentación conmutada, etc., que al ser alimentados por una onda de tensión senoidal, reciben una onda de intensidad con una forma distinta (Figura 11.6). Lo mismo ocurre en dispositivos que producen arcos eléctricos, como un tubo fluorescente o una máquina de soldar, y en componentes ferromagnéticos como transformadores y motores de inducción. A estas cargas que reciben una onda de intensidad con una forma distinta a la tensión de alimentación se las denomina **cargas no lineales.**

Las cargas no lineales provocan que la onda de tensión senoidal de alimentación, suministrada por los generadores de la aeronave, se deforme. Esta onda «deformada» es la suma de otras ondas denominadas **armónicos.** Los armónicos son también ondas senoidales, pero de frecuencia menor a la producida por el generador, que se denomina **onda fundamental** (Figura 11.7). En concreto, la frecuencia de los armónicos es múltiplo entero de la fundamental. Por tanto, si la fundamental es de 400 Hz, el primer armónico será de 800 Hz, el segundo de 1200 Hz, el tercero de 1600 Hz y así sucesivamente.

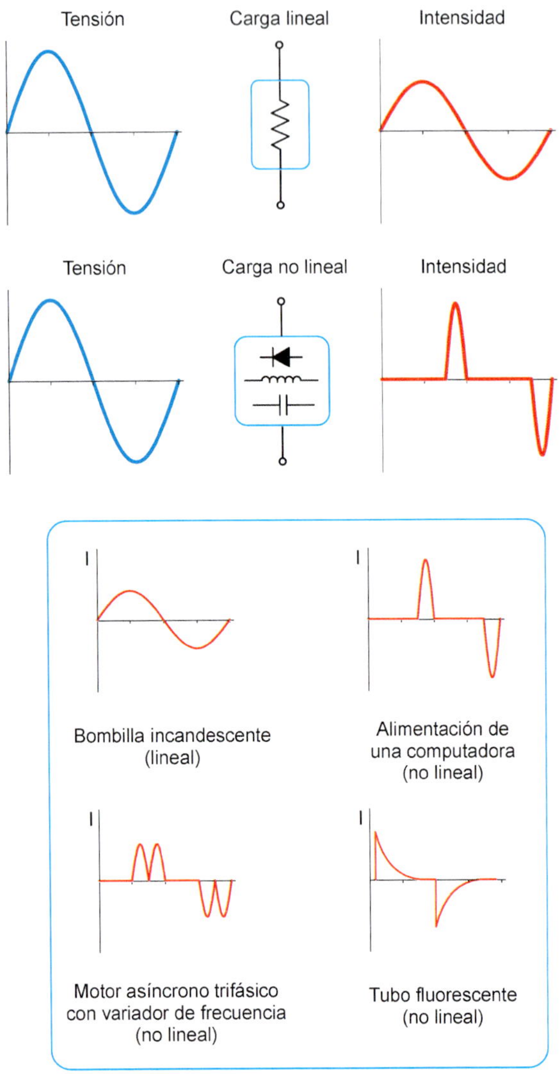

Figura 11.6. Efecto de las cargas no lineales en la forma de la onda de intensidad.

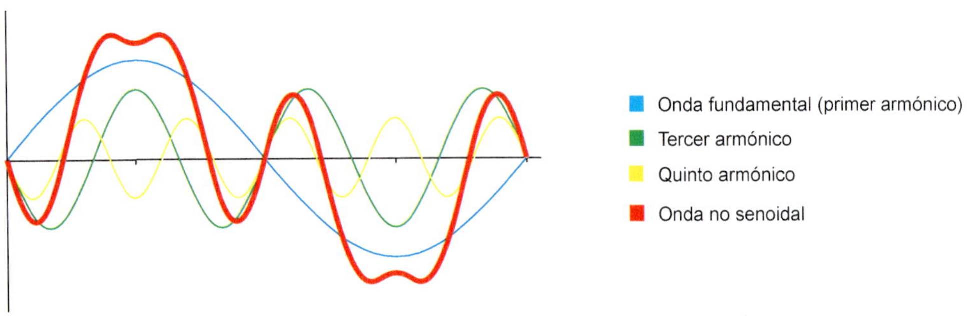

Figura 11.7. Armónicos de una onda senoidal.

La aparición de armónicos en la señal de tensión provoca diversos problemas:

- **Disminución del FDP:** la distorsión que causan los armónicos en la señal de alimentación provoca una disminución del factor de potencia FDP y, por consiguiente, una disminución en el rendimiento del sistema eléctrico.
- **Aumento del factor de cresta:** el factor de cresta de una onda se define como el número de veces que es más alto su valor máximo respecto a su valor eficaz. En una onda senoidal es 1,41. Esto quiere decir que cuando alimentamos a una carga con una intensidad eficaz de 10 A, en ciertos instantes estarán pasando realmente 14,1 A. Ahora bien, si la misma carga la alimentamos con una señal con un factor de carga de 2, llegarán a pasar por ella 20 A. Esta circunstancia degradará la carga, pudiendo llegar incluso a dañarla irreversiblemente.
- **Deformación excesiva de la onda:** algunos equipos necesitan que la tensión de alimentación tenga una forma senoidal perfecta o casi perfecta. De no ser así no funcionarán correctamente.
- **Generación de EMI:** los armónicos son propensos a emitir y generar interferencias electromagnéticas, perturbando el correcto funcionamiento de los sistemas.

Los equipos generadores de armónicos deberán tener los filtros adecuados para prevenir su formación. Sobre todo se deberán evitar los armónicos de menor orden (primer orden, segundo orden, etcétera).

11.2.4. FRECUENCIAS EMPLEADAS EN LAS AERONAVES

Las aeronaves están equipadas con diversos sistemas de aviónica. Cada sistema utiliza un rango de frecuencias, desde los 10-14 kHz de un sistema de navegación Omega, hasta los 13,3 GHz del radar Doppler (K band), tal y como se puede observar en la Tabla 11.1.

Tabla 11.1. Bandas de radiofrecuencia

Banda y función	Frecuencia
Extremely Low Frequency (ELF)	**0-3 kHz**
Very Low Frequency (VLF)	**3-30 kHz**
Omega	10-14 kHz
Low Frequency (LF)	**30-300 kHz**
Decca	70-130 kHz
Loran C	100 kHz
ADF	200-1700 kHz
Medium Frequency (MF)	**0,3-3 MHz**
Radiodifusión comercial	0,535-1,6 MHz
High Frequency (HF)	**3-30 MHz**
Comunicaciones HF	2-25 MHz
Very High Frequency (VHF)	**30-300 MHz**
Marker Beacons	75 MHz
ILS Localizer	108-111,95 MHz
VOR	108-117,95 MHz
Comunicaciones VHF	118-136,975 MHz

Banda y función	Frecuencia
Ultra High Frequency (UHF)	**0,3-3 GHz**
ILS Glidesplope	320-340 MHz
DME	0,96-1,215 GHz
Secondary Radar	1,03-1,09 GHz
Super High Frequency (SHF)	**3-30 GHz**
Radar Altimeter	2,2-2,4 GHz
Weather Radar (C band)	5,5 GHz
Doppler Radar (X band)	8,8 GHz
Weather Radar (X band)	9,4 GHz
Doppler Radar (K band)	13,3 GHz
Extremely High Frequency (EHF)	**30-300 GHz**

Los dispositivos PED empleados por el pasaje operan con frecuencias desde los 10-15 kHz de las radios AM hasta los 400 MHz de los ordenadores portátiles y *tablets*. Si tenemos en cuenta los armónicos que componen las señales emitidas por estos dispositivos portátiles, podemos ver que cubren casi todo el rango de frecuencias empleadas por los sistemas de aviónica de la aeronave.

El cableado del equipo sensible estará recubierto por una malla metálica conectada a masa que evita que las ondas electromagnéticas entren o salgan del conductor, a modo de jaula de Faraday. A este tipo de cables se les denomina **cables apantallados** (Figura 11.8). De esta forma, se minimiza el problema de las EMI causadas por los PED, pero no se elimina. Las ondas emitidas por los PED pueden salir de la aeronave a través de las ventanas e interferir directamente sobre las antenas de esta. La antena puede transmitir esta interferencia provocando un mal funcionamiento del sistema de navegación, piloto automático o cualquier otro sistema de aviónica al que esté conectada la antena víctima de la interferencia.

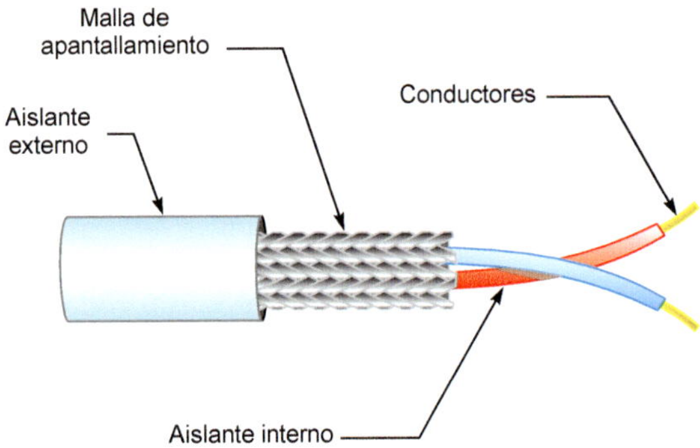

Figura 11.8. Cable apantallado. La malla de apantallamiento estará conectada a masa (a la estructura de la aeronave).

11.3. CAMPOS RADIADOS DE ALTA INTENSIDAD (HIRF)

Los campos electromagnéticos HIRF (*High Intensity Radiated Field*) son aquellos campos externos a la aeronave que pueden provocar un mal funcionamiento de los sistemas eléctricos y electrónicos de esta, afectando a la seguridad del vuelo. Los HIRF tienen su origen en las emisiones de radio y televisión de gran potencia, radar, comunicaciones por satélite, navegación marítima, etc., tan habituales en los países desarrollados actualmente. Estos campos hacen que la aeronave no solo deba estar protegida para las emisiones electromagnéticas que ella misma produce, también deberá soportar el entorno de campos de alta intensidad HIRF en el que opera.

En 1987, un helicóptero Sikorsky UH-60 Blackhawk (Figura 11.9) sufrió una pérdida de control del estabilizador al sobrevolar una torre de radiodifusión. Un Blackhawk dispone de un sistema de mandos de vuelo mecánicos convencionales asistidos hidráulicamente, con excepción del control del estabilizador que es del tipo *fly-by-wire*. Este estabilizador recibe una señal digital desde el piloto automático para mantener el rumbo seleccionado. EL HIRF provocó una interferencia en dicha señal digital que dejó inoperativo el estabilizador, comprometiendo la seguridad del vuelo. Por su parte, la versión naval del Blackhawk, el SB-60 Seahawk, no sufría de estos problemas por estar fuertemente protegido frente al entorno HIRF que originan los buques desde los que opera. Entre 1981 y 1987, cinco Blackhawk se estrellaron al volar demasiado cerca de torres de radiodifusión, provocando la muerte de varios de sus ocupantes. A raíz de estos accidentes, los Blackhawk mejoraron el apantallamiento de los sistemas, entre otras medidas. A la vista de estos hechos, podemos entender la importancia de los campos HIRF y de los problemas que estos pueden originar en las aeronaves.

Figura 11.9. Sikorsky UH-60 Blackhawk.

A raíz de incidentes similares al del Blackhawk, desde principios de los años noventa, los fabricantes de aeronaves comerciales deben demostrar que los sistemas que realicen funciones críticas operan correctamente en ambientes de HIRF, para obtener la certificación. Para proteger los sistemas de a bordo se emplean dos técnicas básicas:

- **Apantallar** los componentes sensibles a la HIRF.
- **Ubicar** los equipos y los cables lejos de las «aperturas» o zonas transparentes a la radiación.

Para garantizar que la aeronave resiste el entorno de HIRF se le somete a un test de **susceptibilidad radiada** (Figura 11.10). En esta prueba, la aeronave se situará en tierra cerca de una antena de gran potencia que emitirá ondas de distinta frecuencia e intensidad. Monitorizando la aeronave, se comprobará el correcto funcionamiento de todos sus sistemas.

Otro ensayo al que se somete a las aeronaves es el de **inyección de corriente continua DCI** (*Direct Current Injection*). En este caso se «inyectará» directamente la onda electromagnética en la estructura de la aeronave, para comprobar si los sistemas de a bordo siguen funcionando.

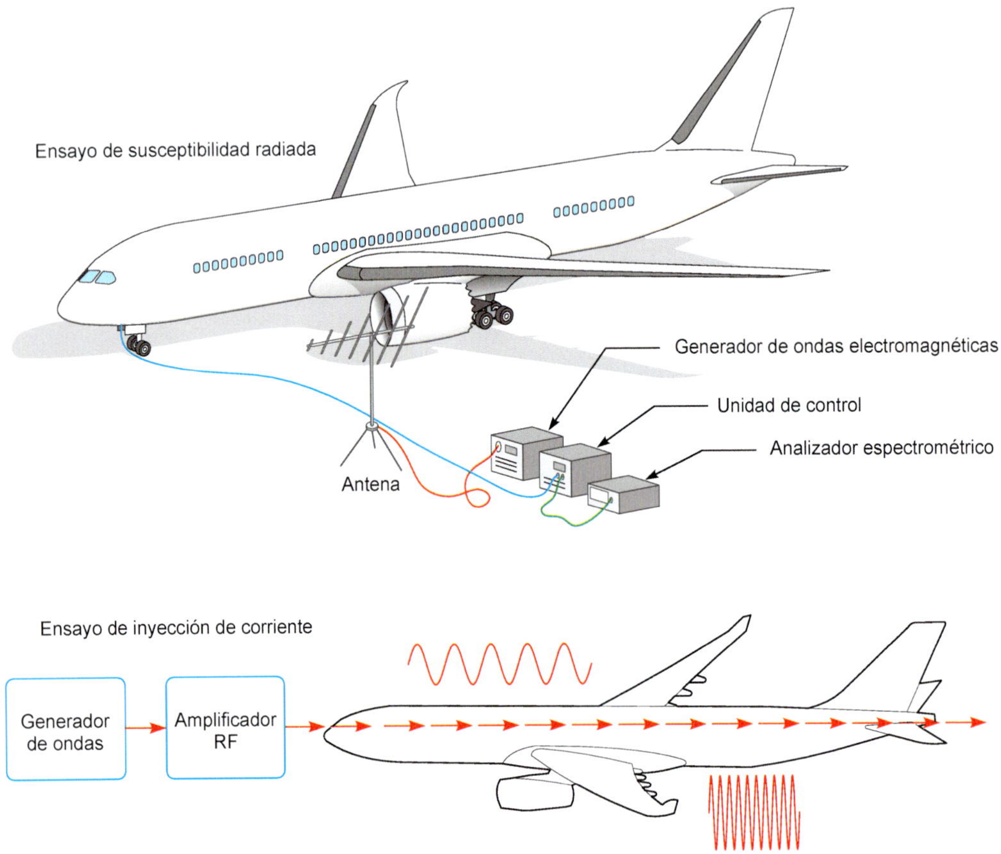

Figura 11.10. Ensayos realizados sobre la aeronave para demostrar que sus equipos embarcados soportan los campos HIRF.

En estos ensayos se verifica la **compatibilidad electromagnética EMC** (*Electromagnetic Compatibility*) de los equipos de a bordo. Se comprobará que cada sistema no se ve afectado por las emisiones de sistemas adyacentes o por campos HIRF. Este requisito es fundamental e imprescindible para certificar la aeronavegabilidad de la aeronave y sus sistemas embarcados.

Podemos clasificar los ensayos de compatibilidad EMC en tres niveles:

- **Nivel 1:** ensayo del equipo por separado. Con estas pruebas, el fabricante del equipo sensible a la EMI comprueba su funcionamiento en un entorno aislado, sometiéndolo a diferentes fuentes de EMI. Se realizan en **cámaras anecoicas** (Figura 11.11).
- **Nivel 2:** ensayo del equipo en la aeronave. El fabricante de la aeronave comprobará que todos los equipos embarcados son compatibles entre sí, esto es, que unos no generan interferencias en los demás. Se realizan a campo abierto en zonas alejadas de edificios, antenas, líneas eléctricas, etcétera.
- **Nivel 3:** ensayo en el entorno real de operación. Tras superar los dos niveles anteriores, los equipos embarcados deberán demostrar que funcionan correctamente en el entorno habitual de funcionamiento de la aeronave.

Figura 11.11. Las cámaras anecoicas son espacios totalmente aislados de interferencias exteriores. En ellas se prueban los equipos electrónicos, sometiéndoles a ondas electromagnéticas de forma controlada, monitorizando su respuesta.

11.4. PRECIPITACIÓN ESTÁTICA

Durante el vuelo, las aeronaves impactan con gotas de agua, copos de nieve, partículas de polvo, etc. La «fricción» con estos elementos provoca que la aeronave adquiera carga electrostática negativa (Unidad 9, triboelectricidad). A este fenómeno se le conoce como precipitación estática o **P-static** (Figura 11.12).

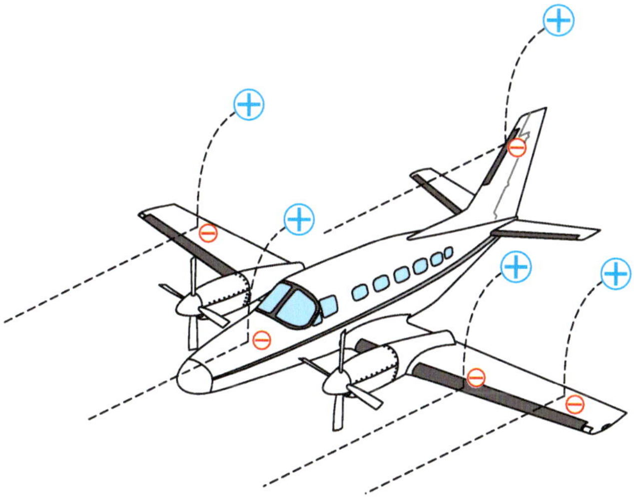

Figura 11.12. La fricción de la aeronave con las partículas presentes en el aire (polvo, nieve, etc.) provoca que el aparato adquiera carga negativa.

La precipitación estática provoca la aparición de diversos efectos perniciosos:

- Se generan **interferencias** EMI en los sistemas de a bordo derivado del efecto corona (ionización del aire que rodea a un objeto cargado, que provoca descargas que son fuente de EMI).
- La aeronave es más propensa a **atraer un rayo** hacia sí misma.
- Favorece la **corrosión** de los mecanismos metálicos (casquillos, rótulas, pasadores, bisagras, etcétera).
- Aparición de **chisporroteo** potencialmente peligroso en zonas con presencia de gases inflamables.
- Elevada probabilidad de provocar **descargas eléctricas** a la tripulación o al pasaje de la aeronave.

Para que la aeronave se desprenda del exceso de electrones que ha adquirido, se montan **descargadores de estática** en los bordes de salida de los planos (Figuras 11.13 y 11.14). Los descargadores, conectados a la estructura de la aeronave, presentan una impedancia elevada (6-200 MΩ) y favorecen el movimiento de los electrones a la atmósfera prácticamente sin emitir interferencias electromagnéticas. Los descargadores de estática también sirven de vía de salida a los rayos que impacten con la aeronave. Tras el impacto del rayo, se deberán inspeccionar todos los descargadores y cambiar aquellos que se hayan quemado.

Figura 11.13. Los descargadores de estática son unas pequeñas varillas situadas en los bordes de salida de los planos que transfieren la carga de la aeronave al aire.

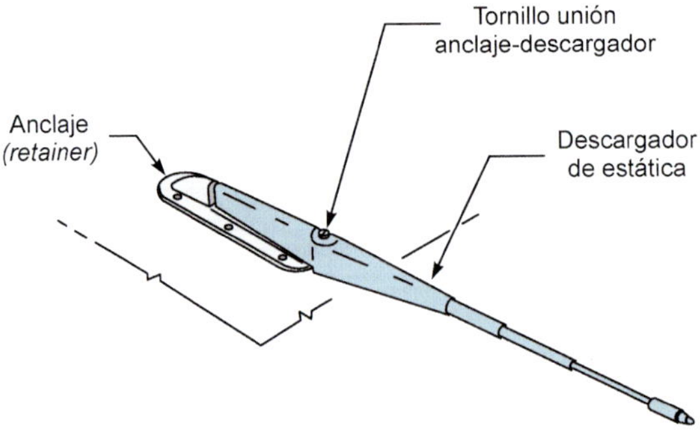

Figura 11.14. Detalle de un descargador de estática (*static wick*).

Por otra parte, es fundamental que toda la aeronave se encuentre al mismo potencial eléctrico, lo que se conoce como ***electrical bonding*** (unión eléctrica). Si no fuera así, la diferencia de potencial entre dos piezas adyacentes puede provocar el salto de un arco eléctrico que dañe las piezas, origine interferencias EMI o incluso inflame vapores derivados de aceites y combustibles. Interconectando las diferentes estructuras de la aeronave mediante pequeños cables eléctricos (***bonding straps***) se evitan estas diferencias de potencial.

Ahora bien, los **materiales compuestos** como la fibra de carbono (CFRP – *Carbon Fiber Reinforced Plastic*), fibra de vidrio (GFRP – *Glass Fiber Reinforced Plastic*) o las fibras aramidas (kevlar), que abundan en las estructuras de las aeronaves modernas, no son buenos conductores de la electricidad. Es por ello por lo que se deben aplicar recubrimientos o una pintura antiestática (conductora) para favorecer el drenaje de la carga adquirida.

11.5. RAYOS

El impacto de un rayo en un avión es una circunstancia más frecuente de lo que pueda parecer. En Estados Unidos, según los datos proporcionados por la FAA, cada aeronave comercial recibe tres impactos de rayo cada dos años, de promedio. Esto supone un impacto cada 3000 horas de vuelo aproximadamente. A pesar de esta elevada frecuencia, rara vez provocan problemas serios a la aeronave, que deberá soportar el impacto.

Los daños que el impacto del rayo provoca en la aeronave pueden ser insignificantes o de extrema gravedad, teniendo entonces que realizar costosas reparaciones que obligan a tener la aeronave en tierra. En una aeronave comercial, no volar supone una pérdida importante de dinero. Estos daños pueden ser a su vez directos (agujeros en el revestimiento, estructuras quemadas, etc.) o indirectos (interferencias electromagnéticas en los equipos embarcados).

11.5.1. FORMACIÓN DEL RAYO

La fricción de las partículas de agua y hielo presentes en las nubes provoca que estas se carguen eléctricamente. Las corrientes convectivas que aparecen dentro de la nube desplazan las partículas cargadas positivamente hacia la parte superior de la misma, quedando cargada la parte inferior negativamente (Figura 11.15). Esta carga negativa induce a su vez una carga positiva en tierra, justo debajo de la nube. Puesto que el aire es aislante, las cargas positivas y negativas irán acumulándose más y más.

Cuando la diferencia de potencial entre la nube y tierra sea suficientemente alta, las cargas negativas de la nube se acercarán a las positivas de tierra y viceversa, creándose un canal conductor de plasma, lo que se conoce como frente de avance (***stepped leader***). En el instante en el que se completa este canal de alta conductividad, una gran cantidad de cargas negativas fluirán desde la nube a tierra. Acto seguido se producirá la **descarga de retorno** (Figura 11.16), en donde las cargas positivas fluirán de forma masiva desde tierra hacia la nube por el canal conductor existente, siendo el momento de mayor brillo del fenómeno (relámpago). Este proceso, de descarga negativa hacia tierra y posterior retorno de cargas positivas hacia la nube, se repite varias veces, hasta que la nube alcance la neutralidad (***restrikes***). Los *restrikes* son de menor intensidad que la primera descarga. Las descargas son tan rápidas que a nuestros ojos el rayo aparece como un único fogonazo de luz.

1. Inicialmente, la nube permanece neutra, sin carga, igual que el terreno sobre el que se encuentra.

2. La fricción de las partículas de agua y hielo presentes en la nube la carga negativamente en su parte inferior y positivamente en su parte superior.

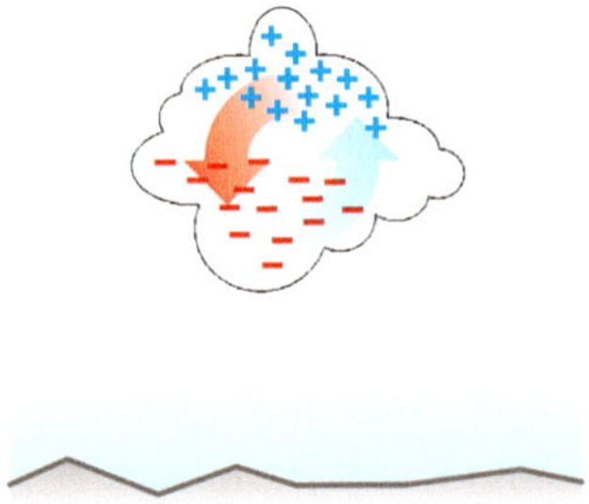

3. La carga negativa presente en la parte inferior de la nube atrae a las cargas positivas existentes en tierra, que se acumulan bajo la nube. La diferencia de potencial entre la nube y tierra aumentará progresivamente.

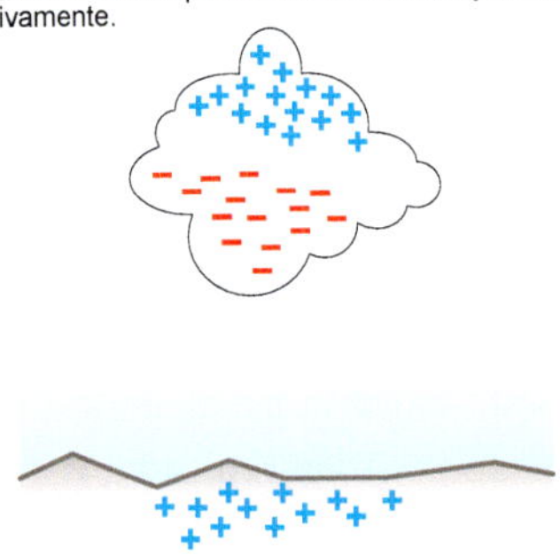

4. Cuando la diferencia de potencial es suficientemente elevada, la carga negativa de la nube avanzará hacia el suelo, ionizando el aire a su paso, formando un canal conductor ***(stepped leader).***

5. Cuando el *stepped leader* está cerca del suelo, las cargas positivas se empezarán a mover hacia arriba, en busca de las negativas, formando a su vez un canal ionizado de baja resistencia

6. En el momento en el que el frente negativo se encuentra con el positivo, el canal de baja impedancia entre nube y tierra se habrá completado, produciéndose la **descarga de retorno.**

7. La descarga de retorno consiste en un movimiento masivo de las cargas positivas de tierra hacia la nube, generándose la mayor intensidad de corriente y luminosidad del fenómeno.

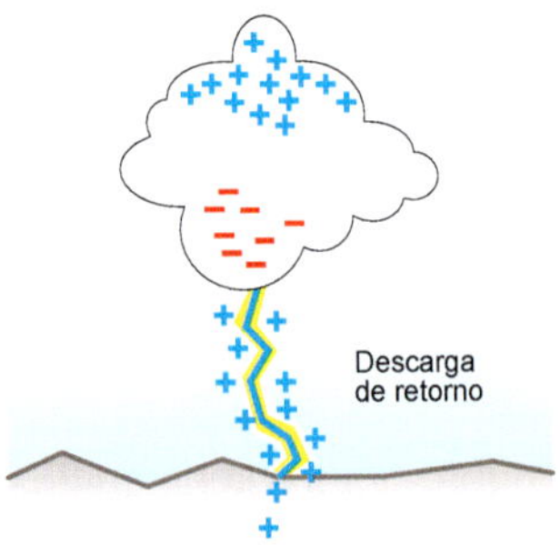

8. Tras la descarga de retorno, las cargas negativas de la nube vuelven de nuevo hacia tierra provocando sucesivas descargas en lo que se conoce como ***restrikes,*** hasta que se alcanza la neutralidad, momento en el que el fenómeno se extingue.

Figura 11.15. Proceso de formación y evolución de un rayo.

Tal y como podemos ver representado en la Figura 11.16, los rayos pueden saltar entre tierra y nube (hasta 200 kA), entre dos nubes distintas (hasta 70 kA) o dentro de una misma nube. Aproximadamente, el 90 % de los rayos se producen entre nubes.

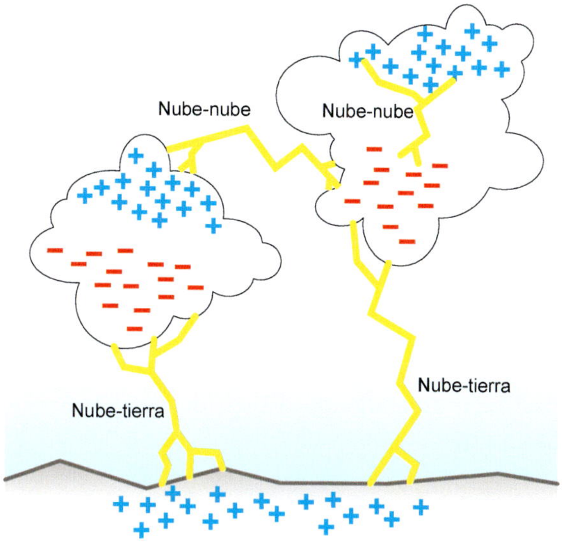

Figura 11.16. Tipos de rayos. Los más comunes son los nube-nube, pero los de más intensidad son los nube-tierra.

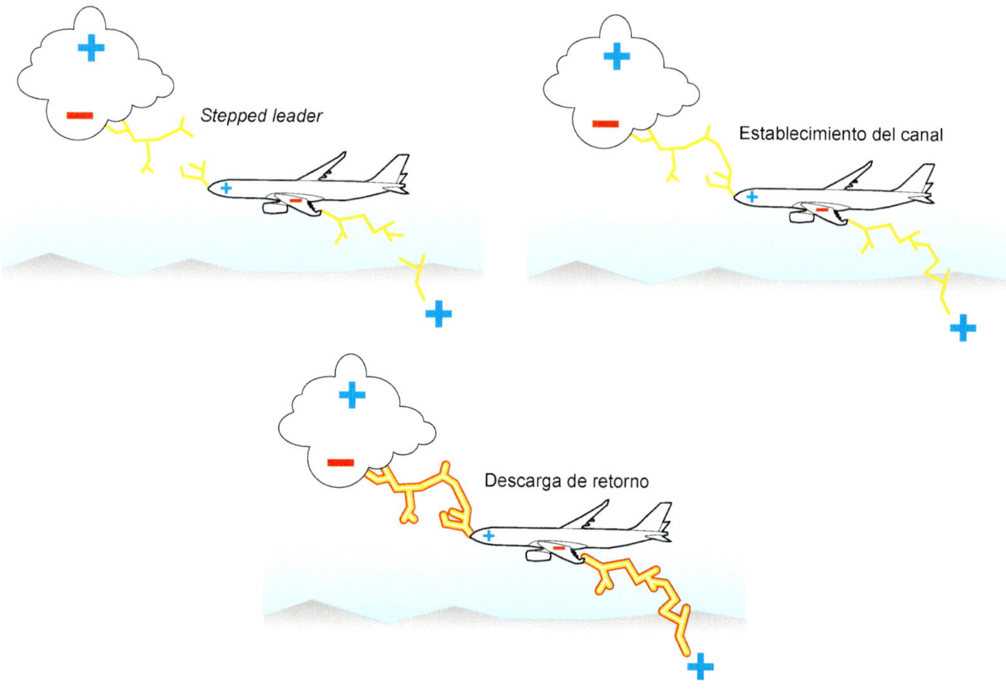

Figura 11.17. El avión favorece la creación del canal de alta conductividad, «disparando» el rayo.

Por tener estructura metálica, las aeronaves son buenas conductoras de la electricidad. El *stepped leader* se verá por tanto atraído por la aeronave, pasando esta a formar parte del canal por el que se propagará el rayo (Figura 11.17). Incluso podemos decir que el paso de la aeronave favorece la aparición del fenómeno, como si fuera el disparador del rayo.

Por otra parte, la frecuencia con la que una aeronave sufre el impacto de un rayo depende de diversos factores, como por ejemplo la región del mundo en donde opera y la altitud de vuelo que tiene cuando pasa por las zonas más susceptibles a formar tormentas eléctricas. Así, en las regiones tropicales, cálidas y húmedas, la probabilidad de sufrir el alcance de un rayo es mucho mayor que en otras zonas del mundo más frías y secas.

También es importante tener en cuenta que del total de impactos de rayo reportados por los pilotos, el 96 % de los casos se han producido mientras la aeronave estaba atravesando una nube (Figura 11.18). Esto sucede durante el vuelo de ascenso tras el despegue o el de descenso antes del aterrizaje, en unas altitudes comprendidas entre los 5000 pies y los 15 000 pies. Así pues, los aviones que vuelan en rutas cortas, regionales, tienen una mayor probabilidad de sufrir el impacto de un rayo, por estar un mayor porcentaje del tiempo de vuelo en estas altitudes, bien ascendiendo o bien descendiendo. La temperatura es otro factor a tener en cuenta, ya que en torno a los 0 °C la probabilidad de sufrir el impacto del rayo es mayor.

Posición de la aeronave respecto a la nube	**Porcentaje de impactos**
Por encima de la nube	<1 %
Dentro de la nube	96 %
Por debajo de la nube	3 %
Entre nubes	<1 %
A un lado de la nube	<1 %

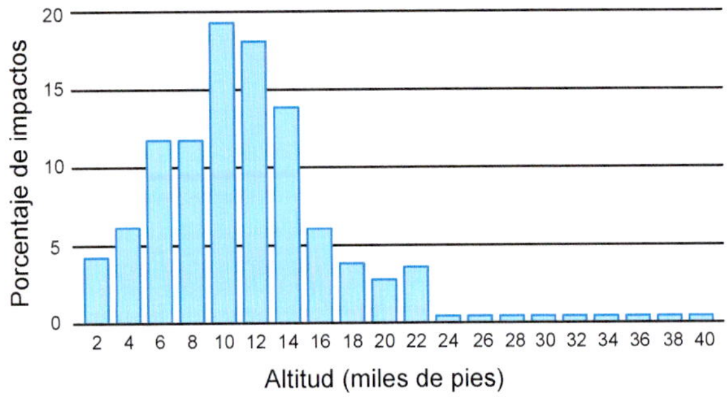

Figura 11.18. Probabilidad de sufrir el impacto de un rayo en función de la altitud y la posición relativa de la aeronave con la nube.

11.5.2. IMPACTO DEL RAYO

Los campos electrostáticos se concentran en mayor medida en los objetos puntiagudos que en los redondeados o planos. Esto provoca que el *stepped leader* del rayo se vea atraído por antenas, campanarios, árboles, el mástil de un barco, etc., siendo estos elementos donde con mayor probabilidad caerá dicho rayo.

Así pues, en un avión, con toda probabilidad la entrada y salida del rayo tendrá lugar en el morro, en la punta de las alas, tren de aterrizaje extendido, en la *nacelle* del motor, en el empenaje o en las antenas (Figura 11.19). En caso de ser un avión propulsado por una hélice, habría que añadir estas como punto probable de impacto (Figura 11.20). En un helicóptero, el rayo entrará por la punta de las palas (Figura 11.21).

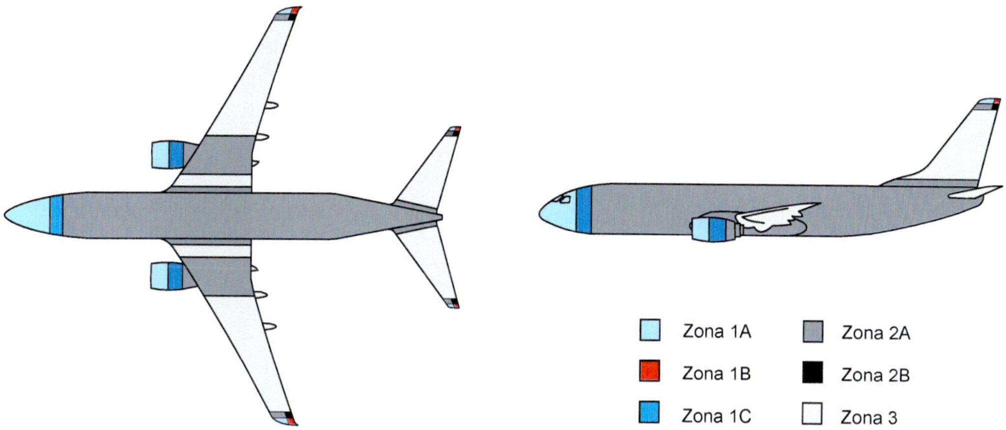

Figura 11.19. Zonificación típica de un avión comercial de reacción de gran tamaño.

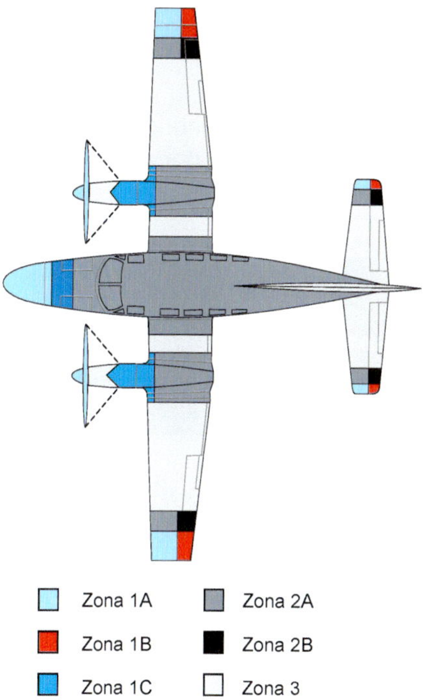

Figura 11.20. Zonificación típica de un avión bimotor de hélice.

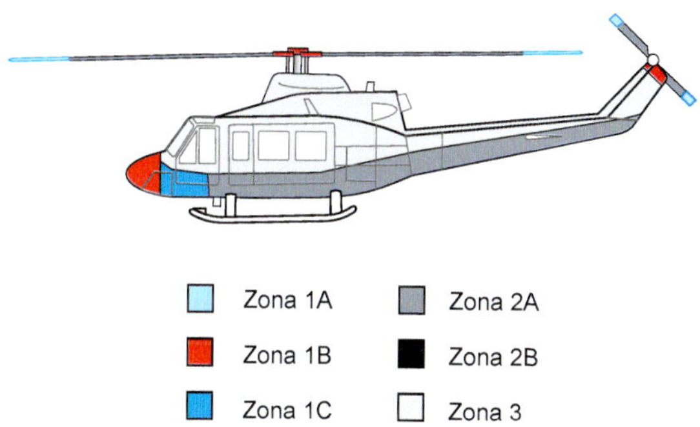

Figura 11.21. Zonificación típica de un helicóptero.

De esta manera se distinguen varias zonas en la aeronave:

- **Zona 1:** zona del primer impacto. Es la zona que produce el *stepped leader* positivo que se mueve hacia la nube y en donde se produce la primera descarga de retorno (Figura 11.22). Incluye las zonas mencionadas en el párrafo anterior (morro, *nacelles*, punta de las alas, etc.). Se divide a su vez en tres subzonas: 1A, 1B y 1C. La zona 1A tiene una baja probabilidad de que el rayo se quede «enganchado» mientras que la 1B la tiene alta. La zona 1C es una zona de transición entre la primera descarga de retroceso y las siguientes.

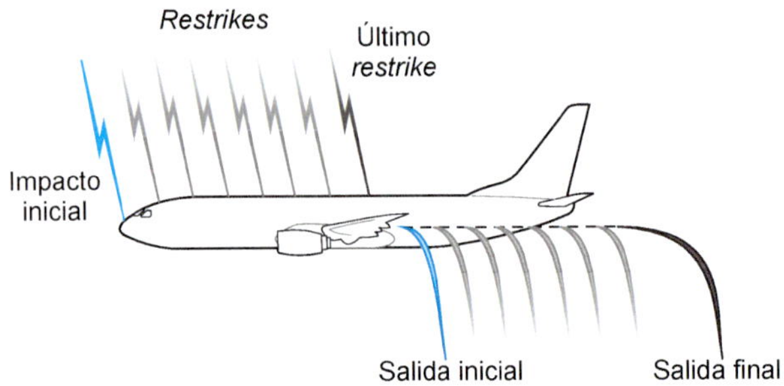

Figura 11.22. Evolución del rayo a lo largo de la aeronave.

- **Zona 2:** zona de barrido. Es una zona en donde es poco probable el impacto inicial pero sí los siguientes *restrikes*, que se irán desplazando hacia la cola de la aeronave, debido al movimiento hacia adelante de la misma. Podemos distinguir dos zonas: 2A y 2B. La zona 2A tiene una baja probabilidad de que el rayo se quede «enganchado» mientras que la 2B la tiene alta.
- **Zona 3:** son el resto de zonas de la aeronave. Tienen una baja probabilidad de sufrir el impacto del rayo. Ahora bien, estas zonas pueden ser atravesadas por una importante cantidad de corriente desde la zona de entrada a la zona de salida del rayo.

nota

La descarga de retroceso de un rayo necesita unos 20 microsegundos para perforar una chapa de aluminio de ¼ de pulgada (6,35 mm). Se han llegado a registrar rayos de hasta un segundo.

En cuanto a la función de la estructura de la aeronave, podemos distinguir entre dos tipos de estructura:

- **Estructura primaria:** es la que está permanentemente ensamblada y que hace las veces de neutro en el sistema eléctrico (retorno de corriente). Se conecta a tierra durante el repostaje o durante las tareas de mantenimiento. Es la que transporta la mayor parte de la corriente originada por el rayo.
- **Estructura secundaria:** los componentes de esta estructura están montados sobre la estructura primaria. Está eléctricamente conectada a la estructura primaria y, en ocasiones, parte de la corriente originada por el rayo la atraviesa.

11.5.3. CONSECUENCIAS DEL IMPACTO

Los daños provocados por el impacto de un rayo en una aeronave se clasifican en directos e indirectos. Los **daños directos** son los causados a la estructura y los sistemas de a bordo cuando la elevada intensidad de corriente que transporta el rayo, los atraviesa. Estos daños consisten en quemaduras y perforaciones, que se deberán reparar tan pronto como la aeronave tome tierra. Las elevadas intensidades durante el impacto pueden fundir el aluminio y quemar el composite de la estructura y los remaches que unen los distintos elementos estructurales. Además, puede aparecer un chisporroteo entre estructuras adyacentes por las que pasa el flujo de corriente, dañándolas.

Por otro lado están los **daños indirectos,** que son aquellos causados por las interferencias electromagnéticas que provoca la elevada intensidad que atraviesa la aeronave, cuando el rayo impacta (Figura 11.23). El campo magnético variable que aparece en la estructura produce alteraciones en el funcionamiento de diversos equipos de a bordo.

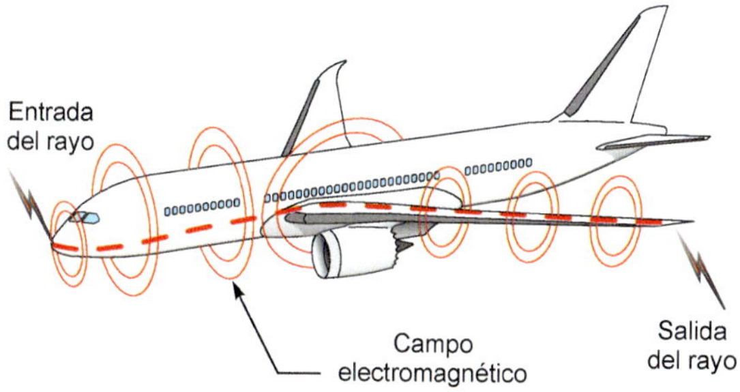

Figura 11.23. Campos electromagnéticos generados por el impacto del rayo que provocan daños indirectos a los equipos de a bordo.

11.5.4. TÉCNICAS DE PROTECCIÓN

Para prevenir los daños directos a la estructura, el espesor del revestimiento deberá ser suficientemente grande en las zonas más críticas, con el fin de evitar que el rayo lo agujeree. La conductividad de toda la estructura, el ***electrical bonding,*** debe ser adecuado para proporcionar a la corriente un camino lo más sencillo posible desde la entrada hasta la salida del rayo, sobre todo en la zona de los depósitos de combustible.

Los materiales compuestos con los que se fabrican las aeronaves más modernas no resultan de gran ayuda cuando hablamos de protección contra rayos. Estos materiales, con extraordinarias propiedades mecánicas, tienen una baja conductividad por lo que resultan problemáticos en este sentido. En concreto, los composites de fibra de carbono tienen una conductividad unas mil veces peor que el aluminio, mientras que los de fibras de vidrio y kevlar son realmente aislantes. Para dotar de conductividad a estas modernas estructuras se les añaden **mallas conductoras de aluminio** embebidas y recubrimientos de aluminio pulverizado. Tras el impacto, es frecuente que tengamos que reparar o reemplazar la malla metálica en los puntos de entrada y salida del rayo, antes del próximo vuelo. Tanto los fuselajes de aluminio como los de composite con malla conductora, forman lo que se conoce como **jaula de Faraday.** La corriente del rayo pasará por esta «jaula», protegiendo a la tripulación, al pasaje y a los equipos embarcados.

Un elemento con protección especial en la aeronave es el cono delantero o ***radome.*** Bajo el *radome* se encuentra el radar meteorológico, que proporciona información a los pilotos de la situación atmosférica que se presenta delante de la aeronave. El *radome* no se puede fabricar de materiales metálicos, ya que las ondas de radio de alta intensidad emitidas por el radar no podrían atravesarlo, así que se construye con materiales compuestos. Ahora bien, esta es una zona del tipo 1, en donde impactará el rayo. Es necesario dotar al *radome* de una conductividad elevada, que la malla de aluminio embebida no consigue. Por esto, se dota al *radome* de unas **tiras metálicas de desvío** (Figura 11.24), por las que circulará la elevada intensidad del rayo hasta la estructura de la aeronave. Estas tiras son suficientemente finas para no afectar al funcionamiento del radar.

Figura 11.24. Detalle del *radome* de un avión comercial. Las tiras de desvío (*diverter strips*) se colocan radialmente al *radome*.

Cuando el rayo recorre la aeronave, genera bruscamente un campo electromagnético de gran magnitud, provocando interferencias en los equipos de a bordo (**daños indirectos del rayo**). La corriente que atraviesa la aeronave desde el punto de impacto hasta el de salida lo hace a través de distintos elementos de la misma: estructura, cableado eléctrico, líneas hidráulicas y de combustible, equipos eléctricos y electrónicos, etc. Para prevenir los daños indirectos provocados por la caída del rayo, el cableado y los equipos sensibles se apantallarán, se aislarán, se alejarán de zonas conflictivas y se derivarán a masa. El cableado se enrutará lo más cerca posible de una estructura metálica, a la que se unirá la malla de apantallamiento.

11.5.5. INSPECCIÓN

Tras el impacto del rayo, se deberá realizar una inspección específica sobre la aeronave para localizar el punto de entrada y salida del rayo. Se deberá realizar una inspección minuciosa de la estructura en estos puntos para detectar los daños producidos. Nos podemos encontrar con estructuras agujereadas que pueden originar grietas de fatiga o una despresurización de la aeronave, que deberemos reparar antes del siguiente vuelo. Además, se comprobará el estado de las conexiones a masa de los cables apantallados y de los *bonding straps* que garantizan la continuidad eléctrica de la aeronave.

En cuanto a los elementos externos de la aeronave, se deberá prestar especial atención a los siguientes componentes durante la inspección tras el impacto del rayo:

- *Radome*.
- Antenas.
- *Nacelles* de los motores.

- Punta de las alas.
- Puntas de los estabilizadores horizontales.
- Timón de profundidad.
- Puntas del estabilizador vertical.
- Extremos del flap de borde de ataque.
- Guías de los flaps.
- Tren de aterrizaje.
- Salida de aguas grises.
- Sensores de datos de aire: sondas pitot, tomas de presión estática, sensor del ángulo de ataque, sonda de temperatura del aire, etcétera).

Solo cuando hayamos reparado los daños estructurales y comprobado el correcto funcionamiento de los sistemas, la aeronave podrá volar de nuevo.

11.6. MEDIDAS PALIATIVAS

A lo largo de esta unidad hemos estudiado el origen de las interferencias electromagnéticas que sufren las aeronaves y varias maneras de minimizar sus efectos, como son el apantallado o la colocación de descargadores de estática. En este apartado profundizaremos un poco más sobre la forma de proteger los equipos embarcados y lograr la **compatibilidad electromagnética EMC** de la aeronave.

11.6.1. CABLEADO

Es preciso proteger convenientemente el cableado eléctrico de la aeronave. Una de las técnicas más habituales es el **apantallado** (Figura 11.25). Como hemos estudiado en esta unidad, el apantallado consiste en recubrir el conductor y su aislante con una malla o film metálico que se conectará a la estructura de la aeronave (masa). Cuando una onda electromagnética se encuentra con la malla, inducirá en esta una tensión, originándose una corriente hacia masa. De esta forma, la onda pierde su energía, no pudiendo superar la barrera que presenta el apantallado.

Figura 11.25. Cable apantallado con tres conductores.

El apantallado funciona en ambos sentidos, de tal manera que impide que las ondas externas afecten al conductor pero también bloquea las generadas por este. Además, los cables apantallados pueden contener un conductor o varios, que a su vez pueden disponer de apantallamientos individuales (aislados entre sí). Para que la pantalla sea efectiva, se deberá conectar a masa solo uno de sus extremos, evitando de esta manera que por la malla circulen corrientes que puedan originar interferencias en el alma conductora.

autoevaluación

11.1. ¿Qué dos campos forman una onda electromagnética?

11.2. ¿Las ondas electromagnéticas necesitan un medio material para propagarse?

11.3. A mayor frecuencia AC __________ (menor/mayor) radiación electromagnética.

11.4. En una onda electromagnética, cuando el campo magnético es mínimo, el eléctrico será ____________ (mínimo/máximo).

11.5. ¿Qué ángulo forman el campo eléctrico con el magnético en una onda electromagnética?

11.6. ¿Qué posición relativa deberá tener la antena receptora respecto a la emisora?

11.7. Las antenas deberán situarse ___________ (paralelas/perpendiculares) al campo eléctrico de la señal electromagnética que desean recibir.

11.8. ¿Qué tres factores son necesarios para que se produzca EMI?

11.9. ¿Cuáles son los posibles modos de acoplamiento EMI?

11.10. ¿Qué tipo de bus de datos es más resistente a la EMI?

11.11. Pon cinco ejemplos de fuentes EMI externas a la aeronave producidas por el ser humano.

11.12. Pon dos ejemplos de equipos industriales de fuentes de EMI.

11.13. ¿Qué son los dispositivos PED?

11.14. Actualmente, más de un _________ % de las incidencias de vuelo registradas tienen su origen en las interferencias electromagnéticas.

11.15. ¿Cómo afectan las estructuras de composites al problema de la interferencia EMI?

11.16. La matriz más empleada en la fabricación de composites es la resina __________.

11.17. ¿Qué longitud deberá tener una antena para recibir de forma óptima una onda con una longitud de onda de 6 m?

11.18. ¿Qué longitud de onda tiene una señal de 400 MHz?

11.19. Una lámpara incandescente es una carga __________ (no lineal/lineal).

11.20. ¿Qué tipo de cargas provocan la aparición de armónicos?

11.21. Una lámpara fluorescente es una carga __________ (no lineal/lineal).

11.22. ¿Qué cuatro efectos principales tienen los armónicos sobre el sistema eléctrico?

11.23. Los armónicos más perjudiciales son los de ________ (menor/mayor) orden.

11.24. ¿Entre qué frecuencias opera el sistema de comunicaciones VHF?

11.25. Por orden de menor a mayor frecuencia, las bandas de comunicaciones son ELF, _____, _____, _____, _____, _____, _____, _____ y EHF.

11.26. ¿En qué banda de frecuencias opera el radar meteorológico?

11.27. ¿En qué consiste un cable apantallado?

11.28. Como norma, los campos HIRF son ___________ (internos/externos) a la aeronave.

11.29. ¿Qué tipos de emisiones producen las grandes antenas y torres de radiodifusión?

11.30. ¿A qué prueba se somete a las aeronaves para demostrar que son resistentes a entornos HIRF?

11.31. ¿En qué consiste el ensayo de inyección de corriente continua?

11.32. ¿Qué es una cámara anecoica?

11.33. En el contexto de la EMI, ¿qué es la EMC?

11.34. ¿En qué consiste un ensayo de EMC de nivel 2?

11.35. La precipitación estática provoca que la aeronave adquiera carga eléctrica __________ (negativa/positiva).

11.36. ¿Qué efectos negativos presenta la precipitación estática?

11.37. ¿Cómo se desprenden las aeronaves del exceso de carga adquirido por el fenómeno de la precipitación estática?

11.38. ¿Qué resistencia eléctrica tienen los descargadores de estática?

11.39. ¿Qué es el *electrical bonding* de la aeronave?

11.40. De media, los aviones comerciales reciben un impacto de rayo cada ________ horas de vuelo.

11.41. ¿Cuál es la causa de que las nubes se carguen eléctricamente?

11.42. La parte inferior de una nube adquirirá carga __________ (negativa/positiva).

11.43. El avance progresivo de las cargas negativas de una nube hacia la tierra se conoce como ________________.

11.44. ¿En qué momento se produce la mayor intensidad durante la caída de un rayo?

11.45. Durante la descarga de retorno, aparece un movimiento de cargas desde _________ hacia __________.

11.46. Aproximadamente el ______ % de los rayos se producen entre nubes.

11.47. La intensidad que puede alcanzar un rayo cuando cae a tierra es de ____ kA.

11.48. ¿En qué tipo de regiones es más probable que la aeronave sufra el impacto de un rayo?

11.49. Respecto a la posición de la aeronave con la nube, ¿cuándo es más probable sufrir el impacto de un rayo?

11.50. ¿Por encima de qué altitud de vuelo es muy improbable sufrir el impacto de un rayo?

11.51. En un avión a reacción, ¿dónde impactará el rayo en un primer momento?

11.52. La zona ______ tiene una baja probabilidad de que el rayo se quede «enganchado» mientras que la ______ la tiene alta.

11.53. ¿Cómo se denomina la zona de barrido del rayo, en donde impactan los *restrikes*?

11.54. En un helicóptero, ¿dónde impactará el rayo en un primer momento?

11.55. La descarga de retroceso de un rayo necesita unos _______ microsegundos para perforar una chapa de aluminio de ¼ de pulgada (6,35 mm).

11.56. La estructura ____________es la que está permanentemente ensamblada y que hace las veces de neutro en el sistema eléctrico (retorno de corriente).

11.57. ¿Qué dos tipos de daños producen los rayos en las aeronaves?

11.58. ¿Qué se añade al *radome* para mejorar su conductividad en caso de impacto de un rayo?

11.59. ¿Cuántos puntos de conexión a masa necesita la malla de apantallamiento?

11.60. El cable ____________ presenta una impedancia específica, lo que permite conocer la atenuación que produce por cada metro.

11.61. Para prevenir las interferencias, el ARINC 429 emplea un cable ______ ___________ y ___________.

11.62. Para minimizar la EMI se emplean filtros de paso ________.

11.63. ¿Qué frecuencias atenúan los filtros de ferrita?

UNIDAD 12

SISTEMAS TÍPICOS ELECTRÓNICOS-DIGITALES EN LAS AERONAVES

En esta unidad vamos a estudiar el funcionamiento y las características básicas de los principales sistemas de aviónica digitales embarcados en las aeronaves. Dicho de otra forma, vamos a estudiar las aplicaciones de los conceptos teóricos explicados en las unidades anteriores de esta obra. Los sistemas son:

- **ACARS:** *ARINC Communication and Addressing and Reporting System.*
- **EICAS:** *Engine Indicating and Crew Alerting System.*
- **FBW:** *Fly-By-Wire.*
- **FMS:** *Flight Management System.*
- **IRS:** *Inertial Reference System.*
- **ECAM:** *Electronic Centralized Aircraft Monitoring.*
- **EFIS:** *Electronic Flight Instrument System.*
- **GPS:** *Global Position System.*
- **TCAS:** *Traffic Alert and Avoidance Collision System.*
- **IMA:** Aviónica modular integrada.
- Sistemas de cabina.
- Sistemas de información.

Además se estudiarán los sistemas de autodiagnóstico BITE (*Built-In Test Equipment*) y los equipos automáticos de comprobación ATE (*Automatic Test Equipment*).

12.1. ACARS

El ACARS (*ARINC Communication and Addressing and Reporting System*) es un sistema de comunicaciones **tierra-aire** que permite la transmisión de datos en formato digital. Es algo así como una app de mensajería instantánea que conecta la aeronave con el control de tierra.

Tabla 12.1. Canales del ACARS

Frecuencia (MHz)	Zona de servicio
129,125	EE. UU., Canadá (adicional)
130,025	EE. UU., Canadá (secundario)
130,450	EE. UU., Canadá (adicional)
131,125	EE. UU. (adicional)
131,475	Japón
131,525	Europa (secundario)
131,550	EE. UU., Canadá, Australia (primario)
131,725	Europa (primario)
136,900	Europa (adicional)

Opera en el rango de **VHF** entre 129 MHz y 137 MHz (Tabla 12.1). De esta forma se pueden emplear los mismos equipos de transmisión-recepción y las mismas antenas que las utilizadas por el sistema de comunicaciones VHF de la aeronave. Además, si la aeronave dispone de un sistema SATCOM de comunicaciones vía satélite, el ACARCS puede operar a través de él. Lo mismo sucede con el sistema de comunicaciones HF.

nota

El sistema AIRCOM que se utiliza sobre todo en Australia es análogo al ACARS.

El ACARS surgió a finales de la década de los setenta ante la necesidad de descargar las saturadas frecuencias de comunicaciones tierra-aire. De esta forma, el control de tierra no precisa hablar con los pilotos para informarles de la puerta de embarque asignada, bastará con que les envíen un mensaje alfanumérico con esta información, a través del ACARS.

El ACARS también transmite mensajes de forma **automática.** Por ejemplo, algunas aeronaves transmiten un breve informe sobre los parámetros principales de los motores tras el despegue, que la compañía tendrá en cuenta a la hora de programar las **tareas de mantenimiento.** De esta manera, en tierra se tiene un control permanente del funcionamiento de la aeronave.

12.1.1. COMPONENTES

Los componentes esenciales del ACARS de un avión comercial a reacción como el Airbus A-320 o el Boeing B737 son los siguientes:

- **ACARS MU** (ACARS *Management Unit*): computadora que controla el funcionamiento del ACARS.
- **MCDU** (*Multipurpose Control & Display Unit*): interfaz del ACARS.
- **Impresora:** imprime el informe del ACARS.

En las siguientes líneas vamos a estudiar en detalle estos elementos.

ACARS MU

La unidad de gestión del ACARS MU (ACARS *Management Unit*) es el corazón del sistema. Se trata de una **computadora** que controla todo el proceso de transmisión y recepción. En **transmisión** (*transmission mode*), el ACARS MU puede realizar las siguientes funciones:

- **Transmitir de forma autónoma** al control de tierra, a través de la antena correspondiente, la información que le suministran los siguientes equipos:
  - **SDAC** (*System Data Acquisition Concentrator*).
  - **FWC** (*Flight Warning Computer*).
  - **DMU** (*Data Management Unit*).
  - **CFDIU** (*Centralized Fault Display Interface Unit*).
  - **FMGC** (*Flight Management and Guidance Computer*).

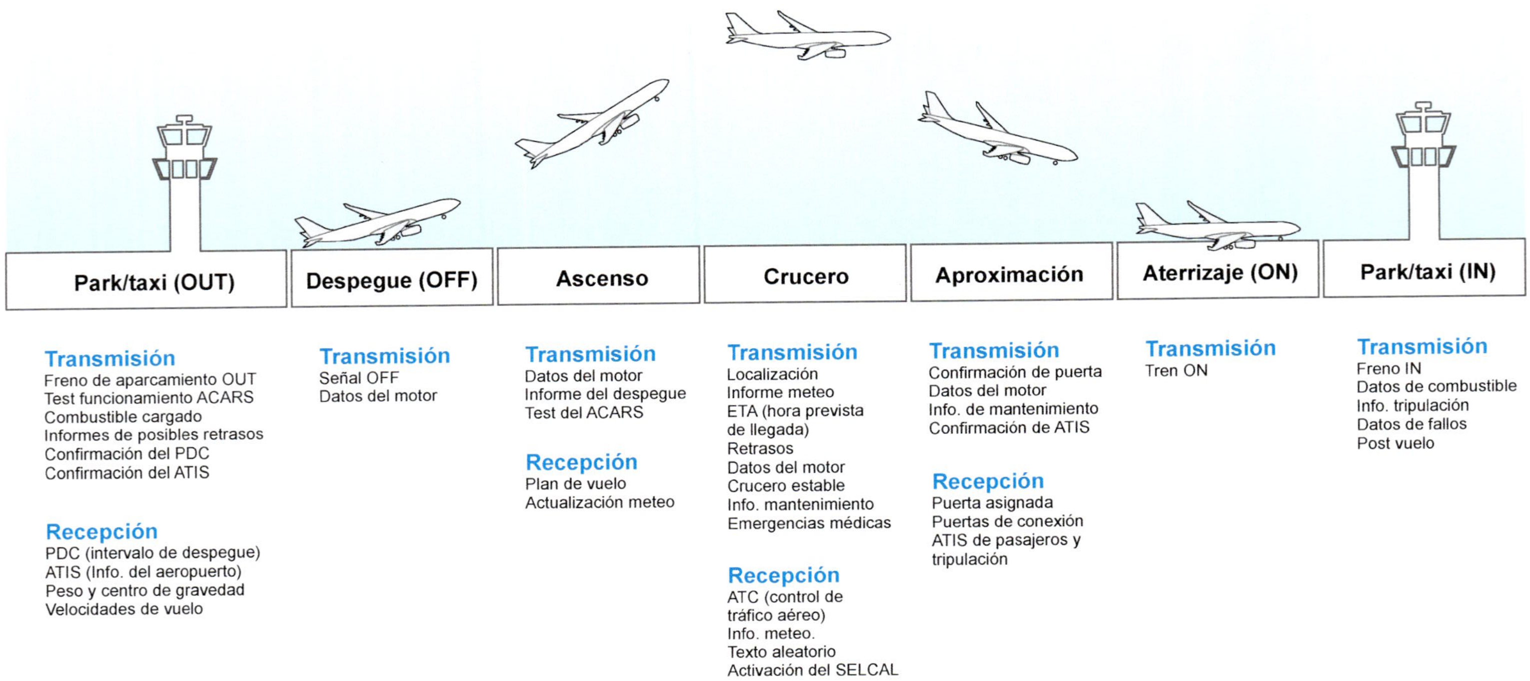

Figura 12.1. Información típica transmitida y recibida por el ACARS de la aeronave en función de la fase de vuelo.

Al recibir esta información, el control de tierra puede tener una visión bastante clara del funcionamiento de la aeronave.

- Transmitir información al control de tierra o al operador (aerolínea) de la **secuencia OOOI** (Out, Off, On, In) (Tabla 12.2 y Figura 12.1).
- **Transmisión manual** de texto por parte de los pilotos.

En **recepción** (*reception mode*), el ACARS MU se encarga de:

- **Gestionar la recepción** de la señal procedente de tierra, descodificarla y enviarla a la impresora o a la MCDU.
- Recibir **partes meteorológicos.**

Tabla 12.2. Secuencia OOOI

Instante OOOI	Acción	Condición
Gate Out	El avión abandona la puerta de embarque o su plaza de aparcamiento.	Desconexión del freno de estacionamiento.
Wheels Off	El avión despega.	El sensor del tren de aterrizaje (*weight on wheels* o similar) cambia a la posición *airborne*.
Wheels On	El avión toma tierra.	El sensor del tren de aterrizaje cambia a la posición *ground*.
Gate In	El avión alcanza la puerta de embarque o su plaza de aparcamiento.	Se acciona el freno de aparcamiento.

El piloto seleccionará qué antena emplear para la transmisión y recepción de los mensajes: HF, VHF o SATCOM.

La ACARS MU se encuentra en un *rack* en el centro de los equipos de la aeronave (Figura 12.2). Intercambia información con otras computadoras de la aeronave a través de un bus de datos.

La MU dispone de un sistema de autodiagnóstico **BITE** (*Built In Test Equipment*). Este sistema detecta los fallos de la MU, remitiéndolos a la computadora de mantenimiento, que los almacenará y los mostrará al personal de mantenimiento a través de la MCDU. El ACARS también puede transmitir estos fallos, o los de otros equipos de aviónica, al operador en tierra, que alertará a su personal de mantenimiento.

nota

Se denomina *transceiver* al equipo que controla la emisión y recepción de ondas de una antena (***trans**mitter-**receiver***).

Típicamente, el ACARS emplea uno de los ***transceiver*** **VHF** de la aeronave, los cuales tienen dos modos de funcionamiento:

- ***Radio mode***: se emplea para las transmisiones de voz normales del sistema de comunicaciones VHF.

- ***Data mode*:** se emplea para la transmisión de mensajes del ACARS. El *transceiver* conmutará entre un modo u otro a instancias del piloto o de forma automática (Figura 12.3). A través del panel de control de la radio **RMP** (*Radio Management Panel*) el piloto puede seleccionar el modo de funcionamiento del *transceiver* y la frecuencia utilizada.

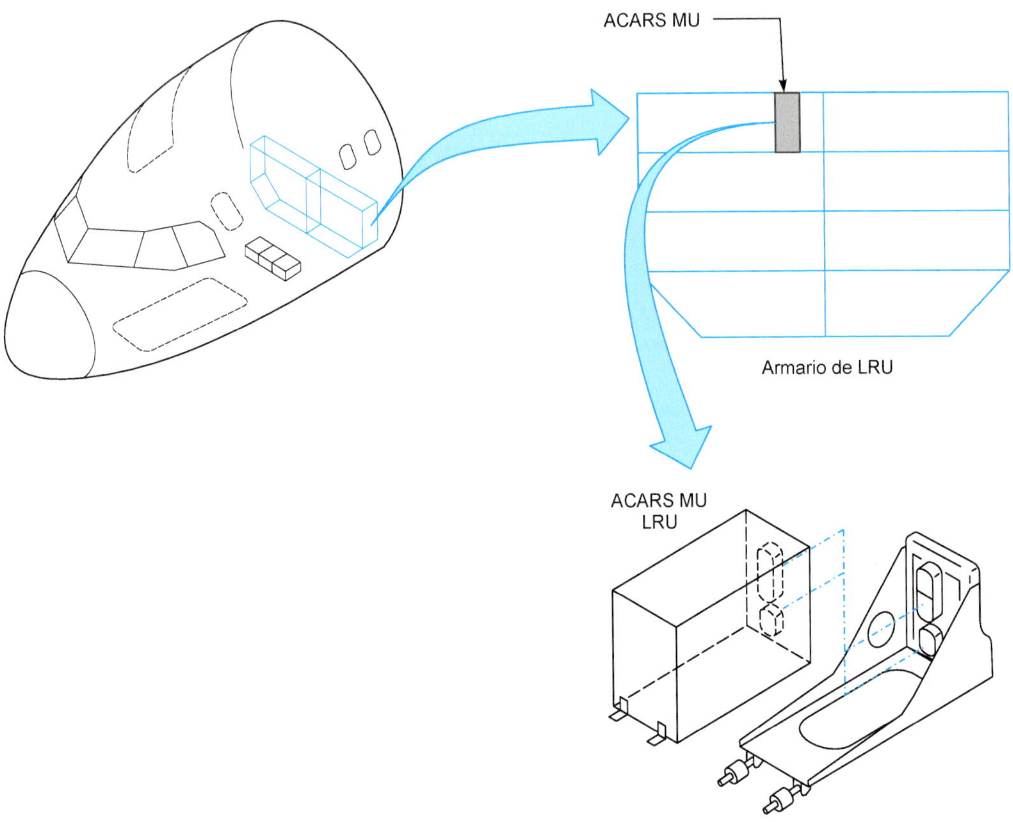

Figura 12.2. Situación del ACARS MU en un Airbus A-320.

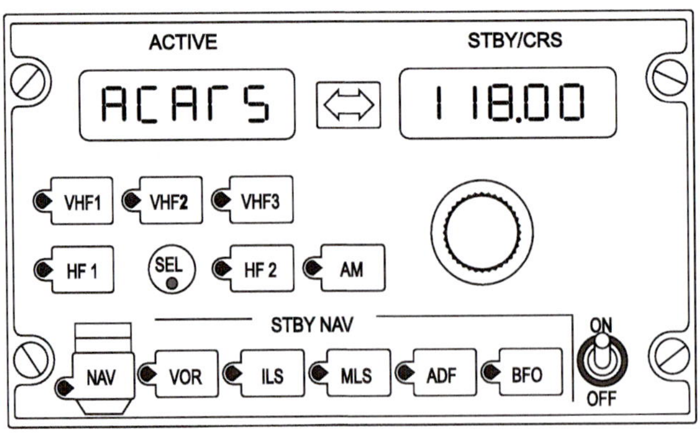

Figura 12.3. Panel de control de la radio RMP (*Radio Management Panel*) de un Airbus A-320.

Ahora bien, el ACARS es un sistema digital mientras que el *transceiver* VHF solo entiende de señales analógicas, que son las que transmitirá o recibirá a través de su antena. Para entender cómo el ACARS MU añade los datos digitales a una señal analógica es necesario repasar ciertos conceptos básicos sobre transmisión de radio.

Como hemos estudiado en la unidad anterior, cuando por un conductor eléctrico circula una corriente AC, este emite una onda electromagnética. Si la frecuencia de la señal eléctrica es baja, tan solo una parte de la energía se radia. Estas ondas de radio de baja frecuencia son muy vulnerables a las interferencias pero son capaces de sortear obstáculos como edificios o montañas. Por su parte, cuando la señal eléctrica es de alta frecuencia, la mayor parte de la energía se radia, por lo que resulta una transmisión más eficiente. Además, estas ondas de alta frecuencia son más direccionales y menos susceptibles de sufrir interferencias, por lo que se prefieren a las de baja. La mayor pega de las ondas de alta frecuencia es que emisor y receptor deberán estar en línea de visión, esto es, no podrá haber obstáculos entre ellas.

Imaginemos que el piloto quiere hablar con el control de tierra a través del sistema de comunicaciones. El piloto emite una onda de presión (sonido) al hablar, que el micrófono convierte en una señal eléctrica equivalente. Esta señal eléctrica es de baja frecuencia, por lo que no podemos transmitirla sin más, ya que el control de tierra sería incapaz de captarla. Lo que se hace es «montar» la onda de baja frecuencia proveniente del micrófono (**moduladora**) en otra de alta frecuencia producida por el *transceiver* (**portadora**), que se propagará fácilmente por la atmósfera hasta la antena receptora de tierra (Figura 12.4).

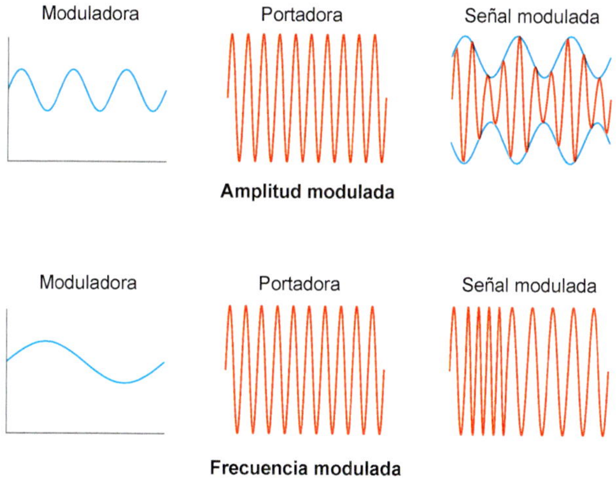

Figura 12.4. Moduladora, portadora y señal modulada.

La modulación puede ser de dos formas: amplitud modulada AM o frecuencia modulada FM. El sistema de comunicaciones VHF de a bordo emplea la técnica de amplitud modulada AM.

Para transmitir el mensaje, el ACARS MU genera una onda moduladora equivalente a los datos digitales que quiere emitir (Figura 12.5). La frecuencia de dicha moduladora puede ser de 1200 Hz (cambio de bit) o de 2400 Hz (repetición de bit), dependiendo del bit que se pretenda transmitir. En la Tabla 12.3 están recogidas las equivalencias entre cada bit transmitido y la acción solicitada.

Tabla 12.3. Alfabeto ISO del ACARS

Bits				b7 →	0	0	0	0	1	1	1	1
				b6 →	0	0	1	1	0	0	1	1
				b5 →	0	1	0	1	0	1	0	1
b4 ↓	b3 ↓	b2 ↓	b1 ↓		**0**	**1**	**2**	**3**	**4**	**5**	**6**	**7**
0	0	0	0	**0**	NUL	DEL	SP	Ø	@	P	‘	p
0	0	0	1	**1**	SOH	DC1	!	1	A	Q	a	q
0	0	1	0	**2**	STX	DC2	"	2	B	R	b	r
0	0	1	1	**3**	ETX	DC3	#	3	C	S	c	s
0	1	0	0	**4**	EOT	DC4	$	4	D	T	d	t
0	1	0	1	**5**	ENQ	NAK	%	5	E	U	e	u
0	1	1	0	**6**	ACK	SYN	&	6	F	V	f	v
0	1	1	1	**7**	BEL	ETB	'	7	G	W	g	w
1	0	0	0	**8**	BS	CAN	(	8	H	X	h	x
1	0	0	1	**9**	HT	EM	)	9	I	Y	i	y
1	0	1	0	**10**	LF	SUB	*	:	J	Z	j	z
1	0	1	1	**11**	VT	ESC	+	;	K	[	k	{
1	1	0	0	**12**	FF	FS	,	<	L	\	l	/
1	1	0	1	**13**	CR	GS	-	=	M	]	m	}
1	1	1	0	**14**	SOH	RS	.	>	N	^	n	-
1	1	1	1	**15**	SI	US	/	?	O	_	o	DEL

ACK	ACKNOWLEDGE	HT	HORIZONTAL TABULATION
BEL	BELL	LF	LINE FEED
BS	BACKSPACE	RAK	NEGATIVE ACKNOWLEDGE
CAN	CANCEL	NUL	NULL
CR	CARRIAGE RETURN	RS	RECORD SEPARATOR
DC	DEVICE CONTROL	SI	SHIFT-IN
DEL	DELETE	SO	SHIFT-OUT
DLE	DATA LINK ESCAPE	SOH	START OF HEADING
EM	END OF TRANSMISION	SP	SPACE
ESC	ESCAPE	STX	START OF TEXT
ETB	END OF TRANSMISSION BLOCK	SUB	SUBTITLE
ETX	END OF TEXT	SYN	SYNCHRONEUS IDLE
FF	FORM FEED	US	UNIT SEPARATOR
FS	FILE SEPARATOR	VT	VERTICAL TABULATION
GS	GROUP SEPARATOR		

Orden	1	2	3	4	5	6	7	8	9	10	11
Bit	0	1	0	0	1	1	1	0	0	1	1

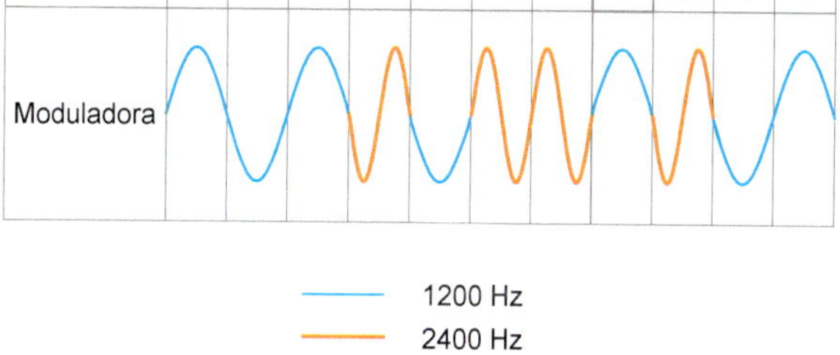

Figura 12.5. Codificación de la señal digital en una moduladora.

MCDU

El interfaz que emplean los pilotos para introducir datos en la ACARS MU es la MCDU (*Multifunction Control Display Unit*) que se encuentra en el panel de instrumentos. A través de la MCDU, los pilotos pueden configurar el ACARS, escribir y enviar mensajes alfanuméricos y leer la información que se envía desde el control de tierra ATC. Así mismo, pueden ver la información que el ACARS envía de forma automática.

Cuando la aeronave está en tierra, el personal de mantenimiento podrá acceder a los fallos detectados por el sistema BITE del ACARS empleando también la MCDU. En las Figuras 12.6 y 12.7 se pueden observar distintas pantallas del ACARS que puede mostrar la MCDU.

Figura 12.6. La información que envía el ACARS automáticamente al control de tierra ATC se representa en la MCDU.

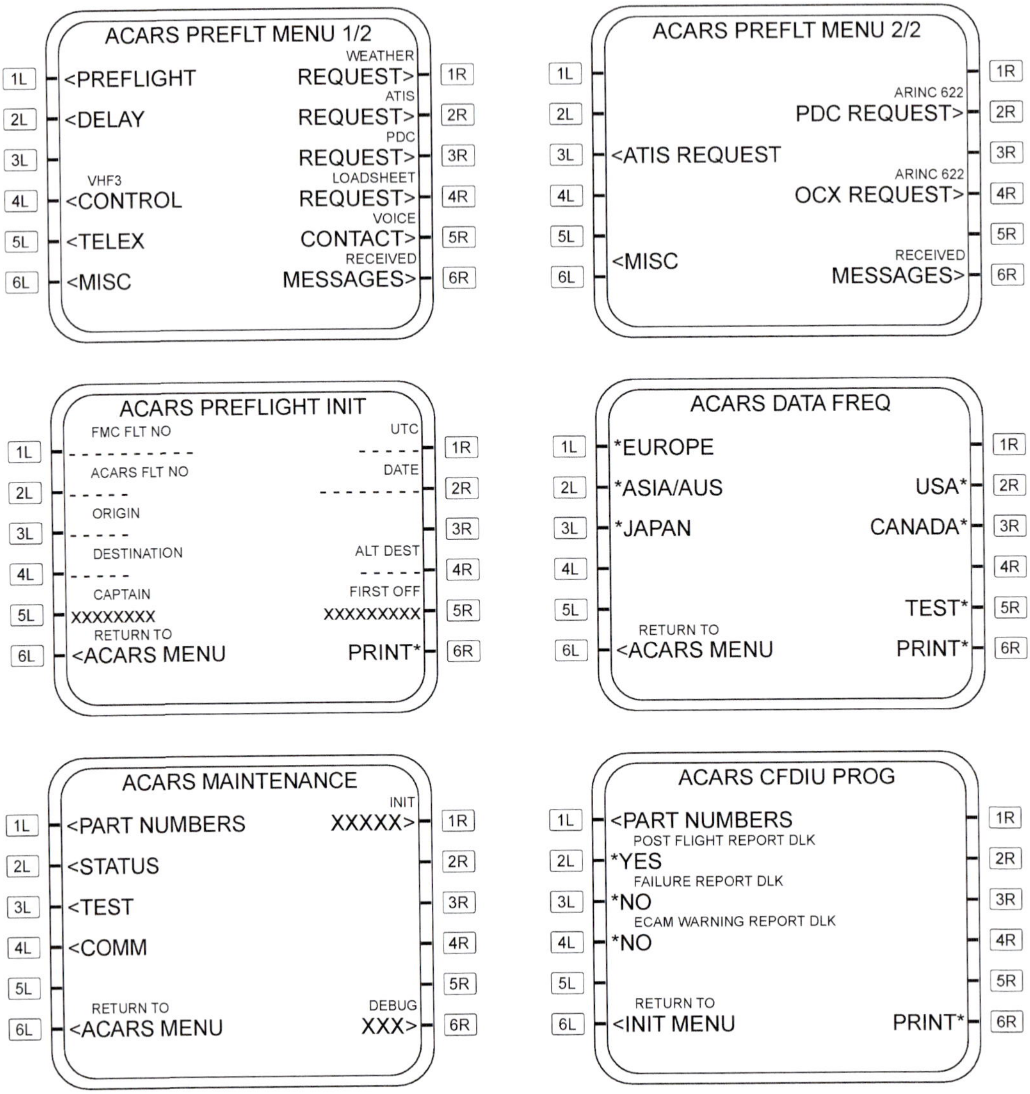

Figura 12.7. Ejemplos de distintas pantallas del ACARS en la MCDU de un Airbus A-320.

Impresora

La información que aparece en la MCDU se puede imprimir a través de la impresora que se encuentra en el pedestal de mandos, entre medias de los pilotos. La impresora recibe información de diversos sistemas de la aeronave, no solo del ACARS.

En el mundo digital en el que vivimos aún es práctico tener cierta información en papel. Los impresos se consultan de forma rápida y sencilla, por lo que cierta información conviene tenerla en este tipo de formato. La impresora es similar a la que imprime el tique de la compra en una tienda y, cada cierto tiempo, tendremos que reponer el rollo de papel que gasta.

12.1.2. RED TERRESTRE

El ACARS de la aeronave envía datos al control de tierra y este, a su vez, los reenvía al operador para que, por ejemplo, programe las tareas de mantenimiento o prepare el catering para el siguiente vuelo (Figura 12.8).

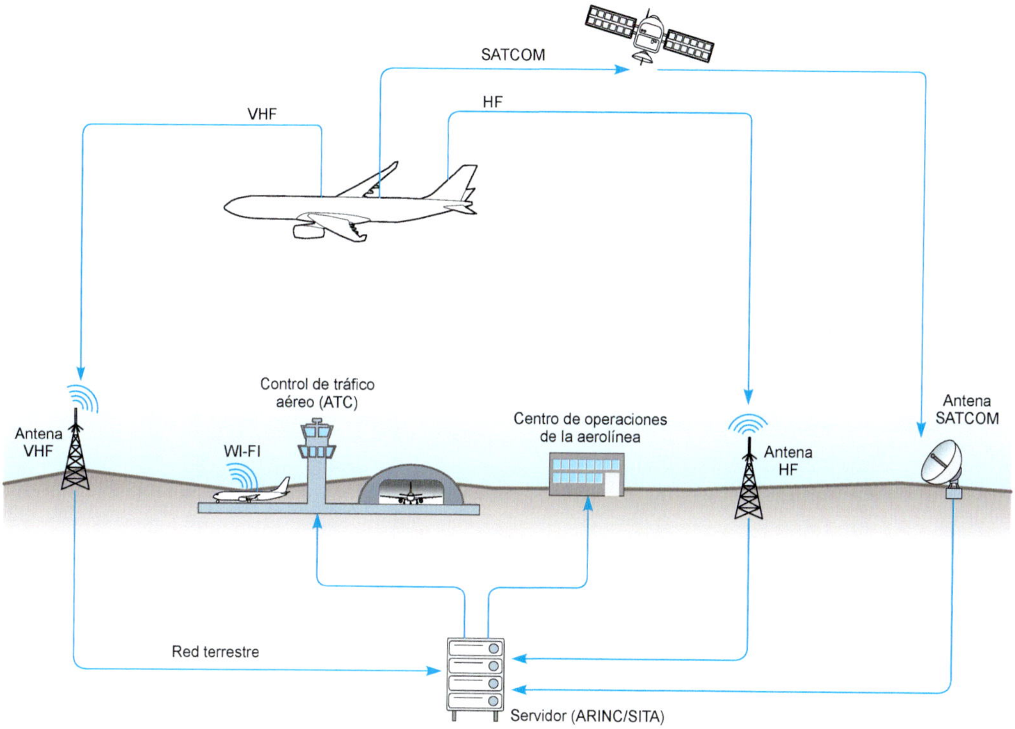

Figura 12.8. Red ACARS de tierra.

La red de tierra está gestionada por cuatro grandes operadores de comunicaciones aeronáuticas, en función de la zona del mundo donde opere la aeronave:

- **ARINC:** en Estados Unidos (131,55 MHz).
- **CANADIAN:** en Canadá (131,475 MHz).
- **JAPANESE:** en Japón (131,450 MHz).
- **SITA:** resto del mundo (131,725 MHz).

Estas redes de tierra están interconectadas, de tal manera que los datos son compartidos entre ellas, formando una red global. La aeronave se puede comunicar con esta red a través del sistema de comunicaciones HF, el VHF o el SATCOM. Podemos distinguir entre dos tipos de transmisiones:

- **Categoría A:** la aeronave puede transmitir o recibir datos desde cualquier antena VHF de la red de tierra que esté en línea de visión con ella.
- **Categoría B:** la aeronave puede transmitir o recibir datos de una única antena VHF de la red, que esté en línea de visión con ella.

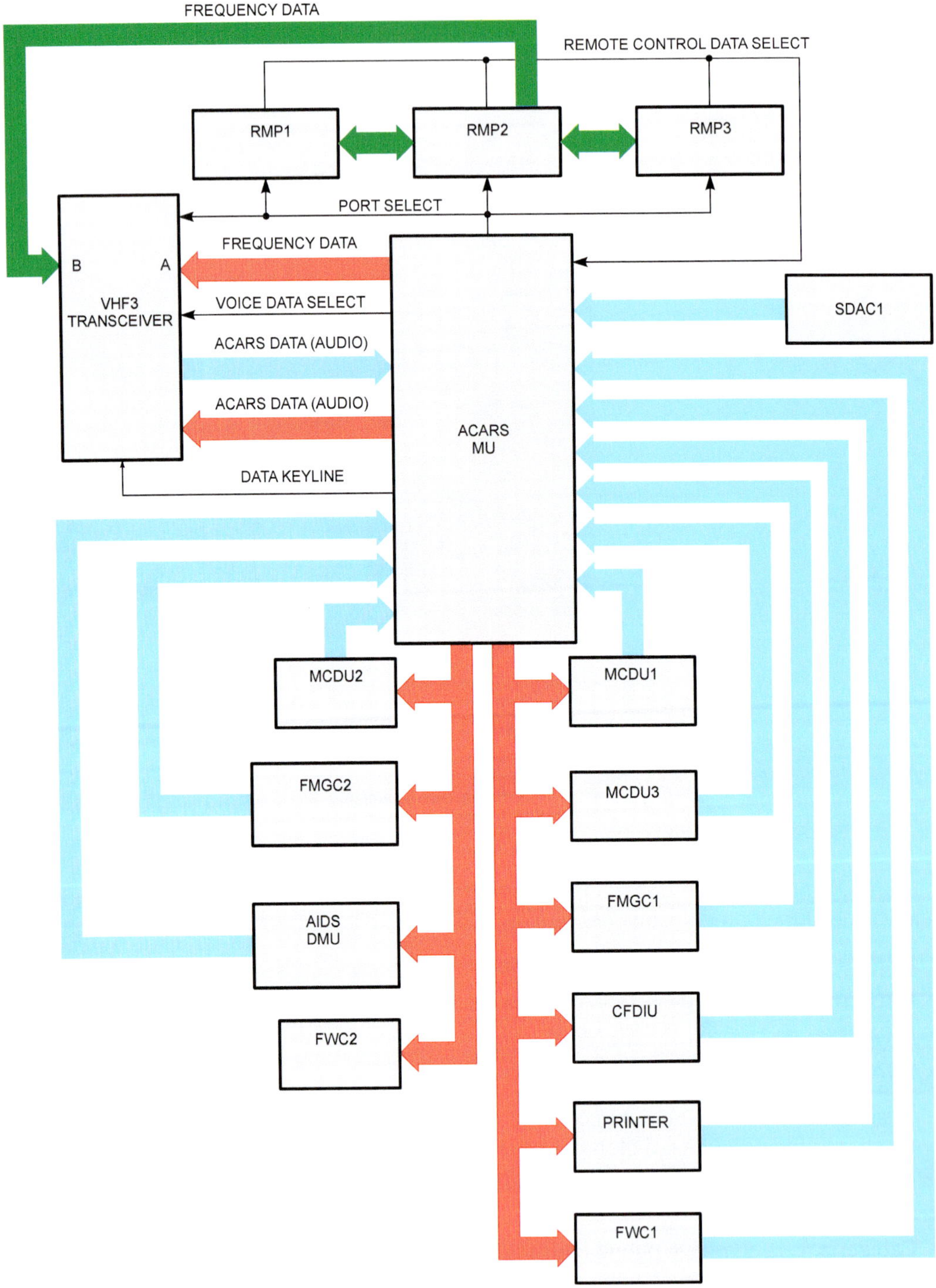

Figura 12.9. Diagrama de bloques del sistema ACARS de a bordo (Airbus A-320).

12.1.3. MENSAJE ACARS

El ACARS transmite mensajes con un máximo de 220 caracteres. En función del origen y destino del mensaje del ACARS, este puede operar de dos modos:

- ***Demand mode*:** en este modo, el ACARS de a bordo es el que inicia la comunicación con el control de tierra, enviando el mensaje correspondiente. Para ello, esperará hasta que el canal de comunicación seleccionado esté libre (VHF, HF, SATCOM o wifi en tierra) y transmitirá el mensaje. La estación de tierra responderá con un mensaje igual al enviado, para confirmar la recepción. Si el mensaje devuelto está incompleto o contiene errores, el ACARS reenviará el mismo. Después de seis intentos fallidos, el ACARS notificará a los pilotos el fallo en las comunicaciones del sistema.
- ***Pulled mode*:** en este caso, el ACARS responderá cuando sea «interrogado» desde tierra. Desde el control de tierra se le puede requerir a la aeronave que le reporte ciertos datos (altitud, fallos, ruta, etc.). La respuesta será normalmente automática, sin intervención de los pilotos.

En la Figura 12.10 se puede ver un ejemplo de un mensaje recibido por el ACARS de la aeronave. Con este mensaje, el control de tierra informa a los pilotos de cuál es la separación entre aeronaves durante el despegue PDC (*Pre-Departure Clearance*). No vamos a entrar en el significado concreto del mensaje, pero la figura nos sirve para hacernos una idea del mensaje transmitido.

```
ACARS BEGIN --12/03/18      14:38:02   .N604QX

12/03/18            14:38:09            VIEWED

FLIGHT ASQ4917/01 KATL KVS
PDC
ASQ4917  3524  KATL
CRJ7/L  P1230
280
KATL  NOVSS7  SARGE  DARED ./.
KVPS
EDCT
RNAV ACFT CLEARED VIA ASSIGNED RNAV SID
NON-RNAV EQUIPPED ACFT CLEARED VIA ATLB
CLIMB VIA SID
END OF MESSAGE

ACARS END
```

Figura 12.10. Ejemplo de un mensaje recibido por el ACARS de a bordo.

12.2. CPDLC

El CPDLC *(Controller Pilot Data Link Communications)* es un sistema de comunicaciones similar al ACARS que permite el intercambio de mensajes de texto entre el **control de tráfico aéreo ATC** *(Air Traffic Control)* y los pilotos, de forma bidireccional. Es una alternativa a la tradicional comunicación por voz para información no urgente, que descarga de trabajo tanto al control de tierra como a los pilotos. Por ejemplo, a través del CPDLC, el ATC puede requerir un cambio de altitud o velocidad de vuelo para mantener la separación con las aeronaves cercanas.

Así mismo, el CPDLC ayuda a evitar problemas de comunicación entre al ATC y los pilotos, que en ocasiones pueden malinterpretar los mensajes de voz. En este sentido, los mensajes de texto son más fiables, menos ambiguos. Además, el CPDLC facilita la automatización en la transmisión de información, permitiendo a la tripulación, o al ATC, centrase en otras tareas.

Es importante subrayar que el CPDLC se emplea en exclusividad para comunicarse con el ATC, dejando al ACARS para contactar con el centro de operaciones (operador) o recibir información meteorológica.

Los mensajes del CPDLC se muestran en las pantallas DCDU (*Datalink Control an Display Unit*), situadas en la parte central del panel principal, justo encima de las MCDU. En los laterales de estas pantallas hay una serie de botones para controlar los principales parámetros y opciones del sistema.

Este sistema de transmisión de datos *(datalink)* está englobado en lo que se conoce como **FANS** *(Future Air Navigation System)*, el cual también incluye al ADS-C *(Automatic Depenent Surveillance-Contract)* y el ADS-B *(ADS-Broadcast)*, que permiten conocer la ubicación de la aeronave de forma permanente gracias al GPS de a bordo. Para esta transmisión se utilizan las antenas VHF y SATCOM (satélites inmarsat e Iridium).

nota

A principios de la década de los noventa del siglo XX, Boeing desarrolla el FANS-1, estableciendo un canal de datos tierra-aire alternativo al ACARS. Poco después, Airbus hace lo propio con el FANS-A. Como ambos sistemas son esencialmente iguales, se les denomina de forma genérica FANS-1/A.

12.3. EIS-AIMS

Tal y como hemos estudiado en la Unidad 1, las aeronaves modernas disponen de cabinas tipo *full-glass*, en donde la información se muestra a los pilotos a través de varias pantallas (Figura 12.11). Estas pantallas se denominan genéricamente **DU** (*Display Unit*). Este sistema, que Airbus denomina **EIS** (*Electronic Instrument System*) y Boeing **AIMS** (*Aircraft Information Management System*), se divide a su vez en dos:

- **EFIS:** muestra información relativa al vuelo y de navegación a través de las pantallas PFD y ND.
- **ECAM-EICAS:** muestra información de los motores, los sistemas de a bordo y de los fallos detectados, a través de las pantallas EWD y SD.

En este apartado vamos a profundizar en estos sistemas digitales de gestión y presentación de información.

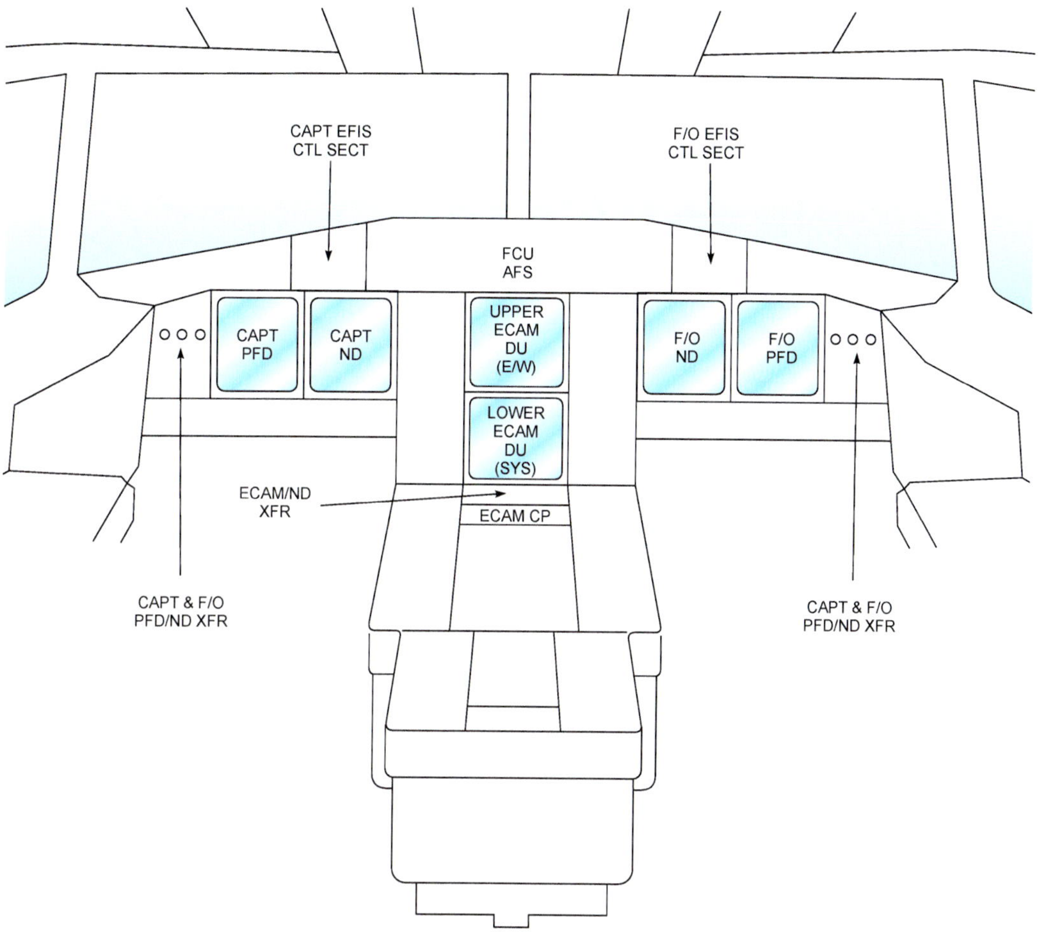

Figura 12.11. Elementos del EIS en la cabina de un Airbus A-320.

12.3.1. EFIS

El sistema electrónico de instrumentación de vuelo EFIS (*Electronic Flight Instrument System*) proporciona a los pilotos la información referente a la actitud del avión y la navegación. Tanto el AIMS de Boeing como el EIS de Airbus disponen de EFIS. Así mismo, otros fabricantes como Bombardier o Embrear también disponen de este sistema. Cada puesto de pilotaje tiene dos DU (Figura 12.12):

- **PFD** (*Primary Flight Display*): en esta pantalla se centraliza la información del horizonte artificial, del inclinómetro y coordinador de giro, del ILS, del radioaltímetro, del sistema de prevención de colisiones TCAS, del anemómetro, del variómetro y el altímetro. En definitiva, en esta pantalla se muestra información acerca de la **actitud** del avión.
- **ND** (*Navigation Display*): en la pantalla ND se representa la información de rumbo, radioaltímetro, radar meteorológico WXR y navegación ADF, VOR, GPS e ILS. Es una evo-

lución del EHSI. El ND tiene tres modos de presentar la información: ARC, ROSE y PLAN. Las pantallas más modernas son capaces incluso de representar el terreno que sobrevuela la aeronave en tres dimensiones.

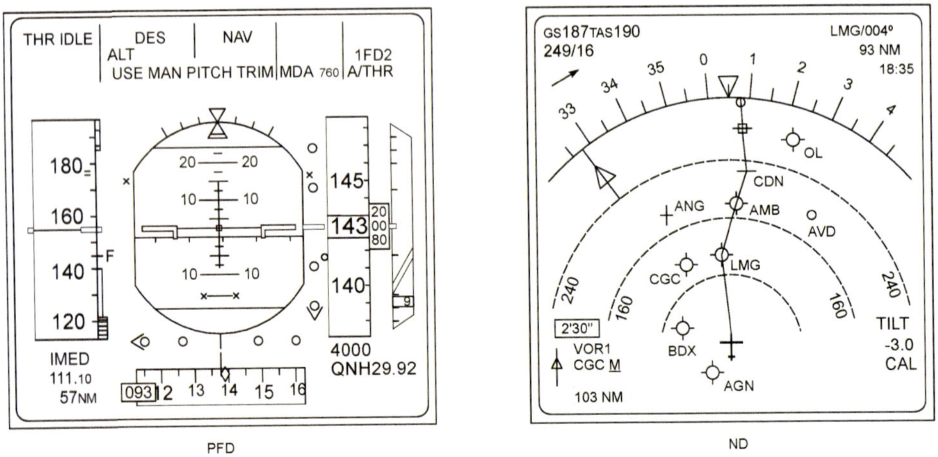

Figura 12.12. Pantallas del EFIS (PFD y ND).

Las pantallas del EFIS (y las del ECAM-EICAS) están controladas por tres computadoras de gestión de pantalla **DMC** *(Display Management Computer)* situadas en el compartimento de aviónica (Figura 12.13). Cada DMC es capaz de soportar el funcionamiento de una PFD, una ND y una de las pantallas del ECAM. De este modo, el fallo de una de las tres DMC no afecta lo más mínimo a la información que el sistema presenta a los pilotos (Figura 12.14).

Las DMC reciben información de los siguientes dispositivos:

- **ADIRU** (*Air Data Inertial Reference Unit*): proporciona datos de aire (presión, velocidad, altitud barométrica, etc.) e inerciales desde los acelerómetros.
- **VOR** (*VHF Omnidirectional Range*): sistema de radionavegación.
- **DME** (*Distance Measuring Equipment*): sistema de medida a una estación de tierra VOR-DME.
- **FMGC** (*Flight Management Guidance Computer*): computadora que controla el sistema de piloto automático.
- **ILS** (*Instrument Landing System*): sistema de aterrizaje con baja visibilidad mediante la instrumentación.
- **WXR** (*Weather Radar*): radar meteorológico.
- **TCAS** (*Traffic Alert and Collision Avoidance System*): sistema para prevenir colisiones con otros aviones durante el vuelo.
- **Otros dispositivos:** las DMC también reciben datos de otros sistemas relacionados con la navegación y la actitud del vuelo de la aeronave.

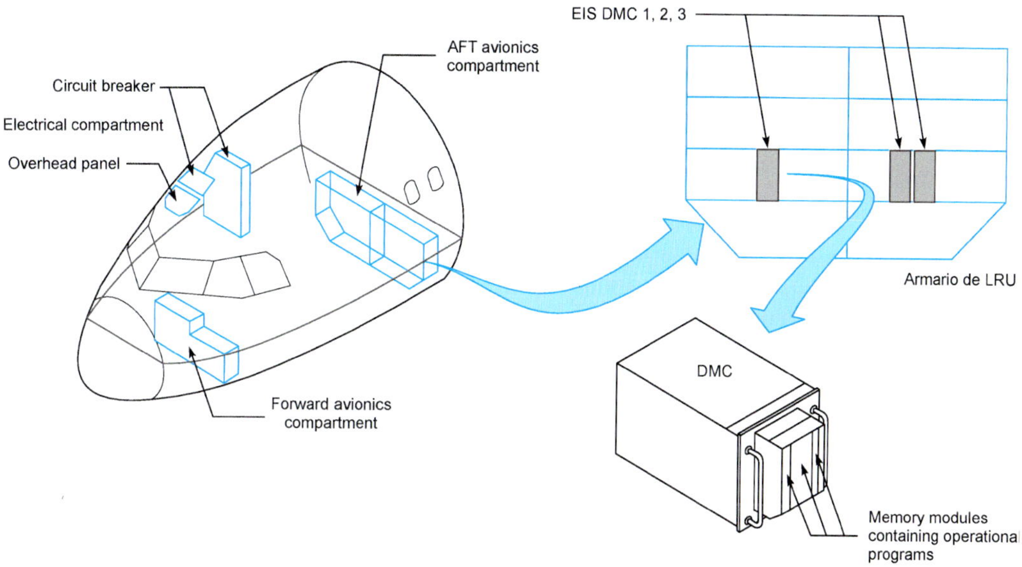

Figura 12.13. Localización de las DMC del EIS en el compartimento de aviónica de la aeronave (Airbus A-320).

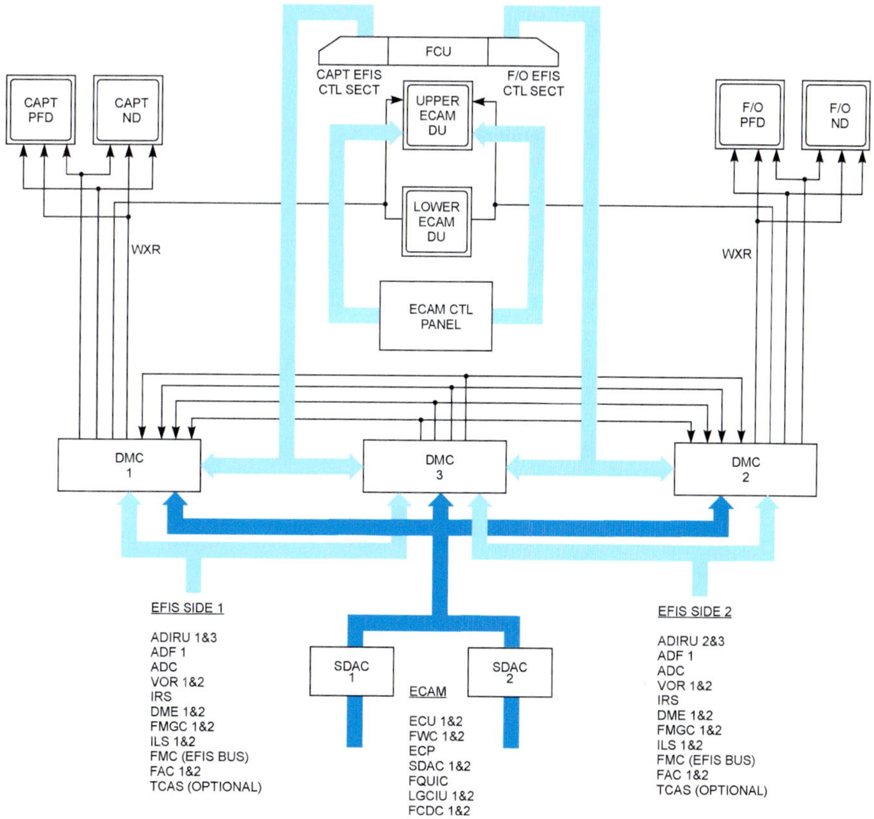

Figura 12.14. Diagrama de bloques del EIS de un Airbus A-320.

nota

La documentación de mantenimiento del EIS aparece en el ATA 31 (*Indicating/Recording System*).

La configuración de las pantallas del EFIS se controla desde el panel de control del EFIS (**EFIS *control section***). En el panel antideslumbrante de la cabina se dispone de dos de estos paneles: uno del lado del piloto y otro del lado del copiloto. Con ellos se puede seleccionar cómo se muestra la información en las pantallas.

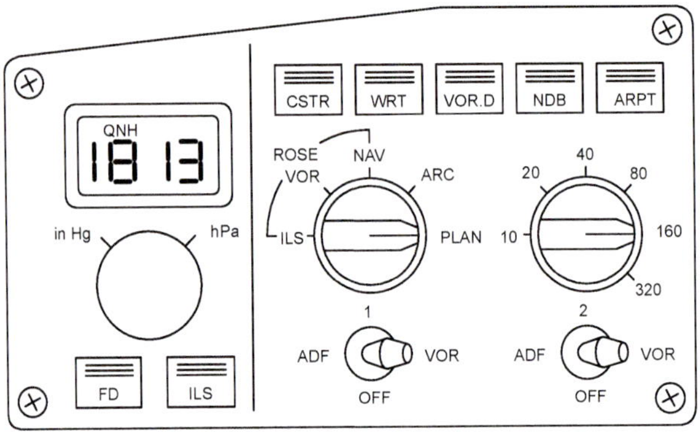

Figura 12.15. Panel de control del EFIS (*EFIS control section*).

12.3.2. EICAS-ECAM

El **EICAS** (*Engine Indicating and Crew Alerting System*) muestra a los pilotos, a través de dos pantallas, la instrumentación relativa a los motores de la aeronave, a los sistemas de a bordo y los fallos que aparezcan en estos. El **ECAM** (*Electronic Centralized Aircraft Monitoring*) es un sistema desarrollado por Airbus análogo al EICAS, diseñado por Boeing.

El EICAS/ECAM muestra información relativa a la temperatura y presión del aceite de los motores, r. p. m. del motor, presión diferencial de la cabina, tensión e intensidad del sistema eléctrico, nivel y presión de combustible y líquido hidráulico, etc. Tanto el EICAS como el ECAM informan a los pilotos a través de dos pantallas (Figura 12.16) situadas en la parte central del panel principal:

- **E/WD** (*Engine/Warning Display*): es la pantalla situada en la parte superior (**pantalla primaria**). En ella se representan los datos propios de los motores como la relación de compresión, velocidad N1 y N2 de la turbina, temperatura de los gases de escape EGT, temperatura total del aire, cantidad de combustible disponible, modo de funcionamiento del motor, etc. Además, en la parte inferior izquierda de la pantalla aparecerán los fallos detectados por el avión, ordenados por orden de importancia y coloreados según su gravedad. En esta misma zona de la pantalla también se pueden mostrar las listas de comprobaciones de despegue y aterrizaje (TO *checklist* y LDG *checklist*).

- **SD** (*System Display*): es la pantalla situada en la parte inferior, en donde se representan los datos de los sistemas de a bordo (**pantalla secundaria**). Los pilotos podrán elegir qué sistema ver en cada momento, seleccionando la página correspondiente: motores (ENG), presión de cabina (PRESS), eléctrico (ELEC), hidráulico (HYD), combustible (FUEL), puertas (DOOR), tren de aterrizaje (WHEEL) o mandos de vuelo (F/CTL). Además de estas presentaciones, durante el vuelo de crucero se mostrará de forma automática la página *cruise*, que muestra datos de diversos sistemas.

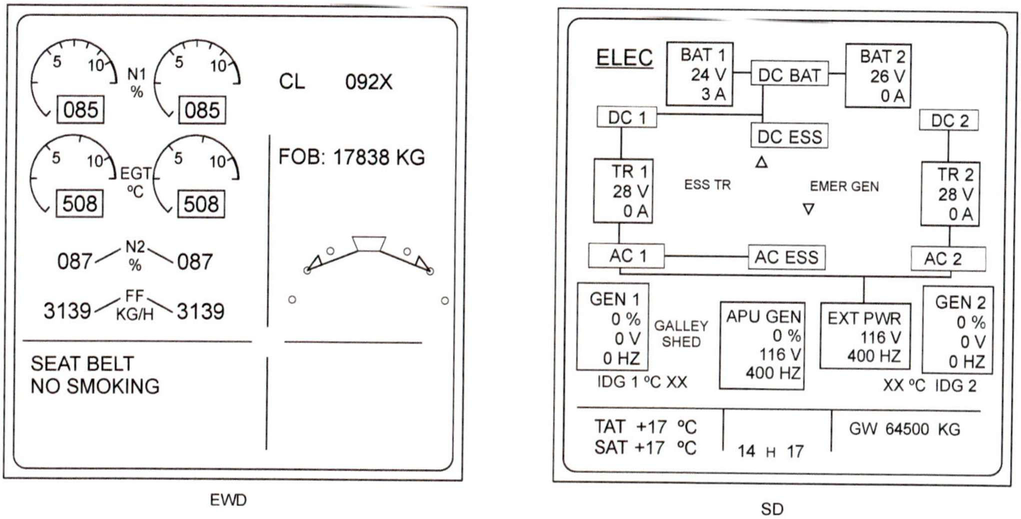

Figura 12.16. Pantallas del ECAM-EICAS (EWD y SD).

Si la aeronave detecta, a través del sensor oportuno, que la presión del sistema hidráulico es demasiado baja, aparecerá el mensaje correspondiente en el E/WD y mostrará inmediatamente la página de este sistema en la pantalla SD, en donde se obtendrá información más detallada del fallo. En el sistema EICAS de Boeing, la pantalla SD también se denomina pantalla multifunción **MFD** (*Multi-Function Display*), debido a la diversa información que puede representar.

El funcionamiento de las pantallas se gestiona desde las tres DMC estudiadas en el apartado anterior. Las DMC reciben información de dos **SDAC** (*System Data Acquisition Concentrators*), que a su vez reciben información de diversas computadoras y sensores de a bordo: ADIRU, ADC, IRS, FMGC, TCAS, etc. En cierto modo, las DMC se encargan de convertir los datos provenientes de estos sistemas en gráficos que puedan ser representados en las DU de la cabina.

Las SDAC también envían información a la computadora de alertas de vuelo **FWC** (*Flight Warning Computer*). Las FWC se encargan de generar los mensajes de fallo que se muestran en las pantallas del ECAM, además de los avisos acústicos correspondientes. Son por tanto una parte esencial del sistema EIS.

Las pantallas del ECAM se configurarán mediante el panel de control del ECAM (Figura 12.17). Gracias a este panel se puede seleccionar qué información se muestra en la SD y qué DMC opera en cada caso.

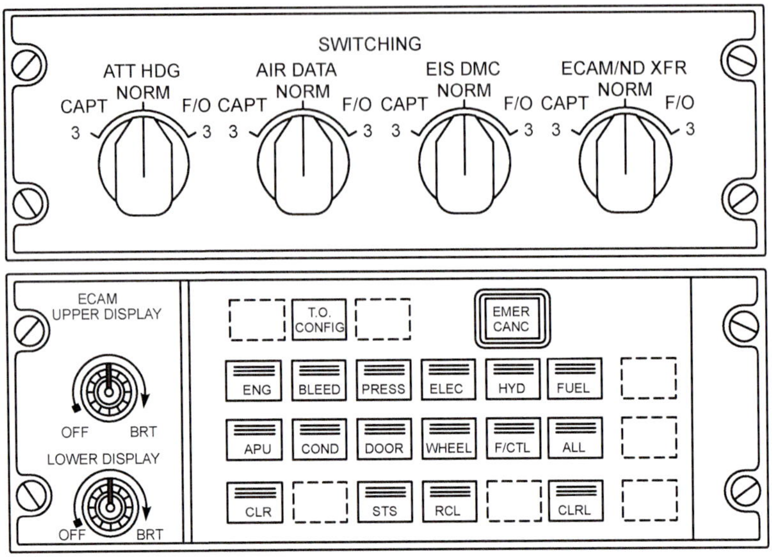

Figura 12.17. Panel de control del ECAM (*ECAM control panel*) de un Airbus A-320.

12.4. CFDS-CFDIU (BITE)

La mayoría de las computadoras de a bordo disponen de sistemas de autodiagnóstico BITE (*Built-In Test Equipment*). Estos sistemas monitorizan de forma constante a las computadoras, detectando la mayoría de fallos que se producen. Cuando el BITE de una computadora detecta una anomalía, la almacena en una memoria no volátil propia y da parte a la **CFDIU** (*Centralized Fault Display Interface Unit*), que recoge los fallos de todos los BITE de todas las computadoras de la aeronave. A través de la MCDU, la tripulación y el personal de mantenimiento pueden acceder a los fallos acontecidos en el último vuelo o durante los 64 vuelos anteriores. La unión de los BITE con la CFDIU se denomina **CFDS** (*Centralized Fault Display System*). Así pues: CFDS = CFDIU + BITE.

Esta forma de detectar y almacenar los fallos acelera notablemente las tareas de mantenimiento, ya que nos ahorramos mucho tiempo en inspecciones y los correspondientes diagnósticos. Además, puesto que los BITE supervisan el funcionamiento de los sistemas de a bordo en tiempo real, la mejora en seguridad es considerable.

El CFDS puede operar mediante dos modos distintos:

- ***Normal mode***: en este modo, la CFDIU escanea todas las computadoras a las que está conectada y memoriza los fallos que le reportan. En vuelo, el CFDS opera siempre en este modo.
- ***Menu mode***: en este modo, la CFDIU solo puede «dialogar» con una sola computadora cada vez. Así, puede acceder al BITE de esa computadora, para comprobar los fallos almacenados durante los vuelos anteriores y para realizar diversos test de funcionamiento. Este modo solo puede utilizarse cuando el avión está en tierra, siendo el que más nos interesa desde el punto de vista del mantenimiento.

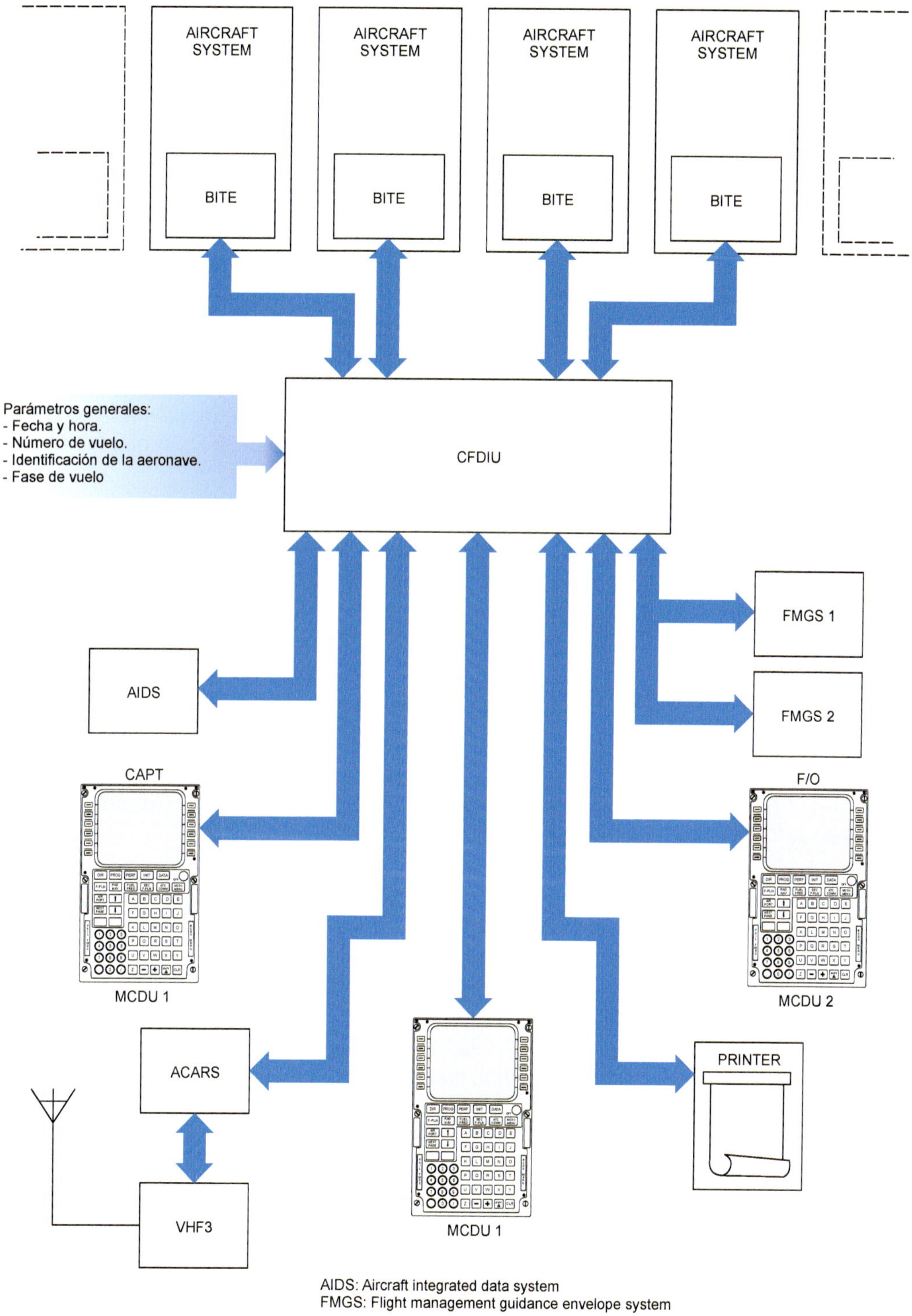

Figura 12.18. Diagrama de bloques del CFDS (Airbus A-320).

Con la información recogida, el CFDS genera los siguientes informes:

- **LAST/CURRENT LEG REPORT** (informe sobre el último/actual trayecto): durante el vuelo se elabora el denominado CURRENT LEG REPORT, que se convierte en el LAST LEG REPORT una vez que la aeronave toma tierra y aparca. En este informe se recogen los **mensajes de fallo** generados durante el vuelo, las comprobaciones realizadas por el sistema tras detectarse el fallo, el ATA afectado, la fase del vuelo y la hora GMT a la que se ha producido. La CFDIU es capaz de memorizar hasta 40 líneas de fallos cada vez.
- **LAST/CURRENT LEG ECAM REPORT** (informe del ECAM sobre el último/actual trayecto). Este informe recoge las **alertas** (*warning messages*) que han aparecido en la EWD del ECAM durante el último vuelo, el ATA afectado, la fase de vuelo y la hora GMT a la que ha aparecido el mensaje. LA CFDIU puede memorizar hasta 40 líneas de mensajes de alerta cada vez.
- **POST FLIGHT REPORT** (informe posvuelo): este informe es la suma de los dos anteriores y solo podrá ser impreso en tierra. De esta manera el personal de mantenimiento puede comparar los fallos detectados con las alertas aparecidas en el EWD, lo que facilita sus tareas enormemente.

nota

La hora GMT *(Greenwich Mean Time)* es la hora local en el meridano de Greenwich (0º).

El sistema CFDS clasifica los fallos detectados en tres categorías:

- **Clase 1:** estos fallos se comunican a la tripulación de forma automática a través de las pantallas del ECAM o de otros medios visuales o acústicos. Son fallos graves, que deberán ser resueltos antes del próximo vuelo si la MEL (*Minimum Equipment List*) no especifica otra cosa (GO, GO IF, NO GO).
- **Clase 2:** estos fallos se indican al personal de mantenimiento cuando estos acceden a la CFDS a través de la MCDU. La tripulación también puede consultar manualmente estos fallos a través de la página de estado del ECAM. La aeronave podrá volar con estos fallos pero se deberán solucionar lo antes posible (dentro de los 10 días siguientes, por ejemplo). Así pues, son fallos importantes pero no excesivamente graves.
- **Clase 3:** estos fallos, al igual que los de clase 2, se indican al personal de mantenimiento a través de la MCDU. En este caso, la tripulación no tiene acceso a estos fallos. La aeronave podrá volar durante un tiempo indefinido con los fallos, que se solucionarán a conveniencia del operador (compañía aérea).

El BITE de una computadora puede detectar fallos propios o de otras computadoras a las que esté conectado. Decimos que el fallo detectado es **interno** cuando el sistema que ha fallado detecta su propio fallo. Ahora bien, supongamos que la parte del sistema que no funciona correctamente es su propio BITE, en este caso es probable que no comunique ningún fallo a la CFDIU. Para detectar este tipo de anomalías, los BITE de los sistemas que estén interconectados a través de un bus común se «vigilarán» los unos a los otros, lo que les permite detectar fallos **externos.** De esta forma un mismo fallo puede ser detectado por el BITE interno del sistema y además por otros BITE de los sistemas externos (Figura 12.21).

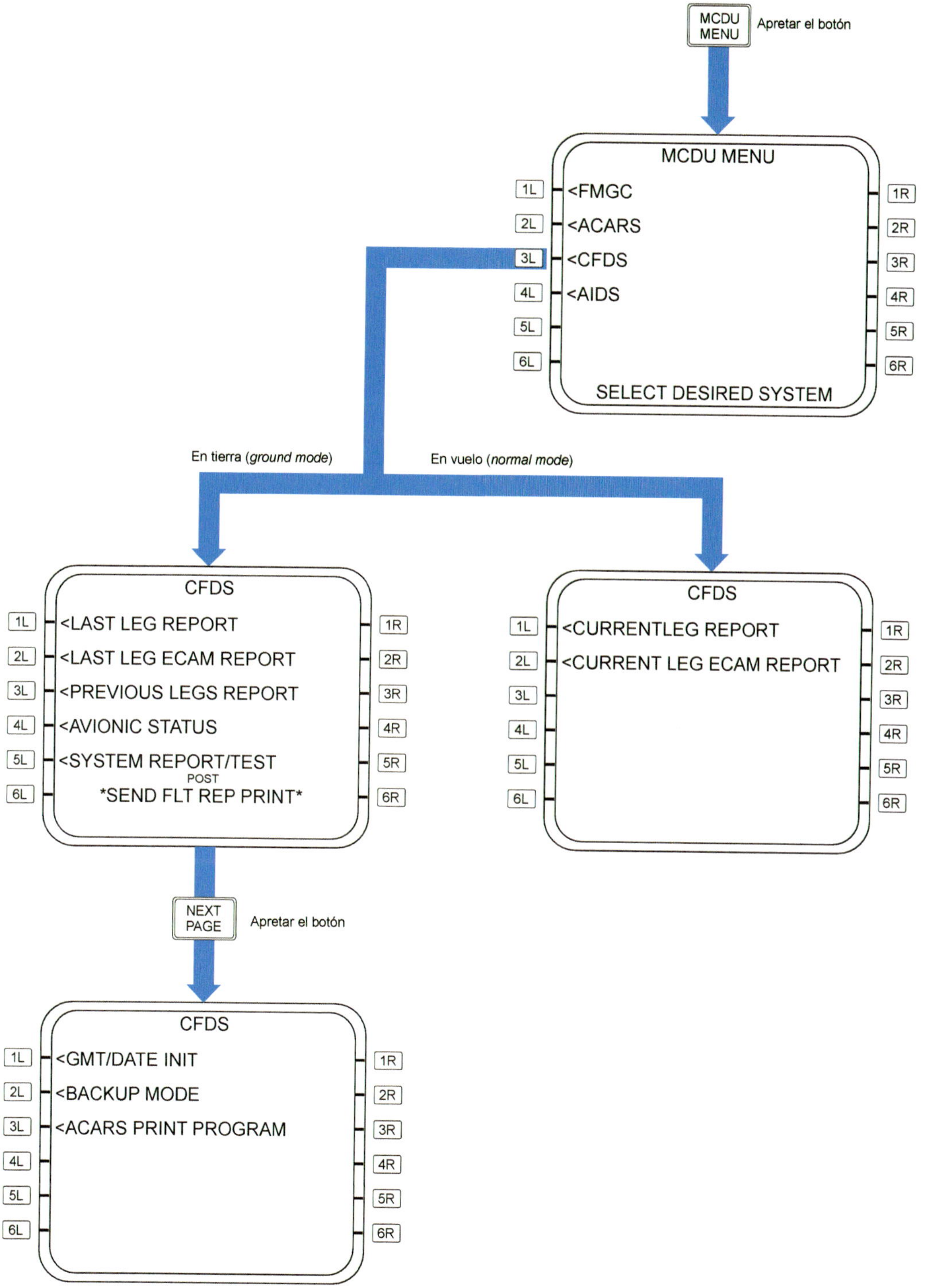

Figura 12.19. Acceso a la información del CFDS a través de la MCDU dependiendo del modo de funcionamiento.

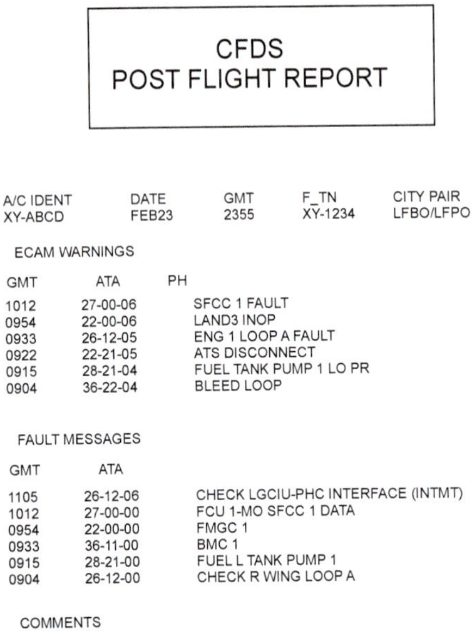

CFDS
POST FLIGHT REPORT

A/C IDENT	DATE	GMT	F_TN	CITY PAIR
XY-ABCD	FEB23	2355	XY-1234	LFBO/LFPO

ECAM WARNINGS

GMT	ATA	PH	
1012	27-00-06		SFCC 1 FAULT
0954	22-00-06		LAND3 INOP
0933	26-12-05		ENG 1 LOOP A FAULT
0922	22-21-05		ATS DISCONNECT
0915	28-21-04		FUEL TANK PUMP 1 LO PR
0904	36-22-04		BLEED LOOP

FAULT MESSAGES

GMT	ATA	
1105	26-12-06	CHECK LGCIU-PHC INTERFACE (INTMT)
1012	27-00-00	FCU 1-MO SFCC 1 DATA
0954	22-00-00	FMGC 1
0933	36-11-00	BMC 1
0915	28-21-00	FUEL L TANK PUMP 1
0904	26-12-00	CHECK R WING LOOP A

COMMENTS

Figura 12.20. Informe posvuelo impreso proporcionado por el CFDS.

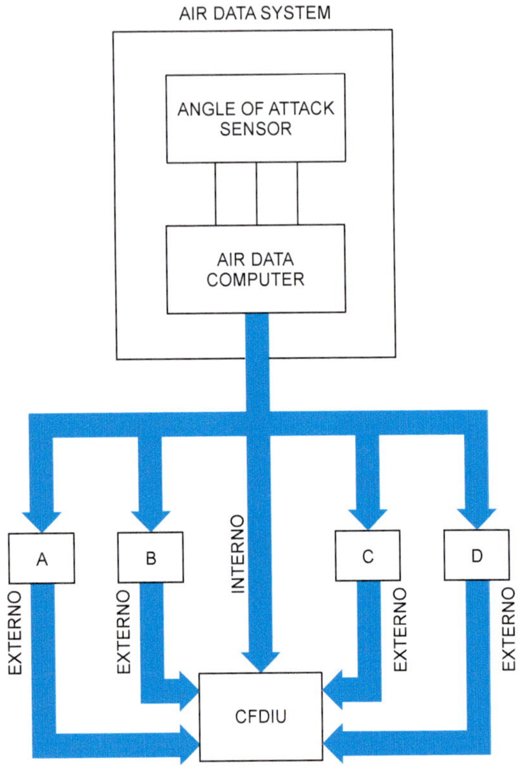

Figura 12.21. Detección de fallos mediante BITE interno y externo.

12.5. *FLY-BY-WIRE*

Tradicionalmente, los mandos de vuelo de las aeronaves actúan sobre las superficies de control a través de un sistema de cables y poleas. En las aeronaves pequeñas, las poleas actúan directamente sobre las superficies de control (Figura 12.22). En las aeronaves de mayor tamaño, las fuerzas aerodinámicas son tan elevadas que se necesitaría un esfuerzo sobrehumano para mover las superficies de control directamente, por lo que es preciso ayudarse de actuadores hidráulicos para este cometido (Figura 12.23). En este caso, el sistema de cables y poleas simplemente transmite el movimiento deseado desde los mandos de vuelo, situados en la cabina, hasta la servoválvula de control del actuador hidráulico correspondiente.

En el año 1988, la compañía Airbus lanzó el A-320, siendo el primer avión civil en equipar un sistema de mandos de vuelo electrónicos ***fly-by-wire*** (**FBW**). En este sistema se sustituyen los cables y poleas por un conductor eléctrico, como puede ser un bus de datos ARINC 429. La señal eléctrica será la que comande la servoválvula del actuador hidráulico, que finalmente moverá la superficie de control (Figura 12.24).

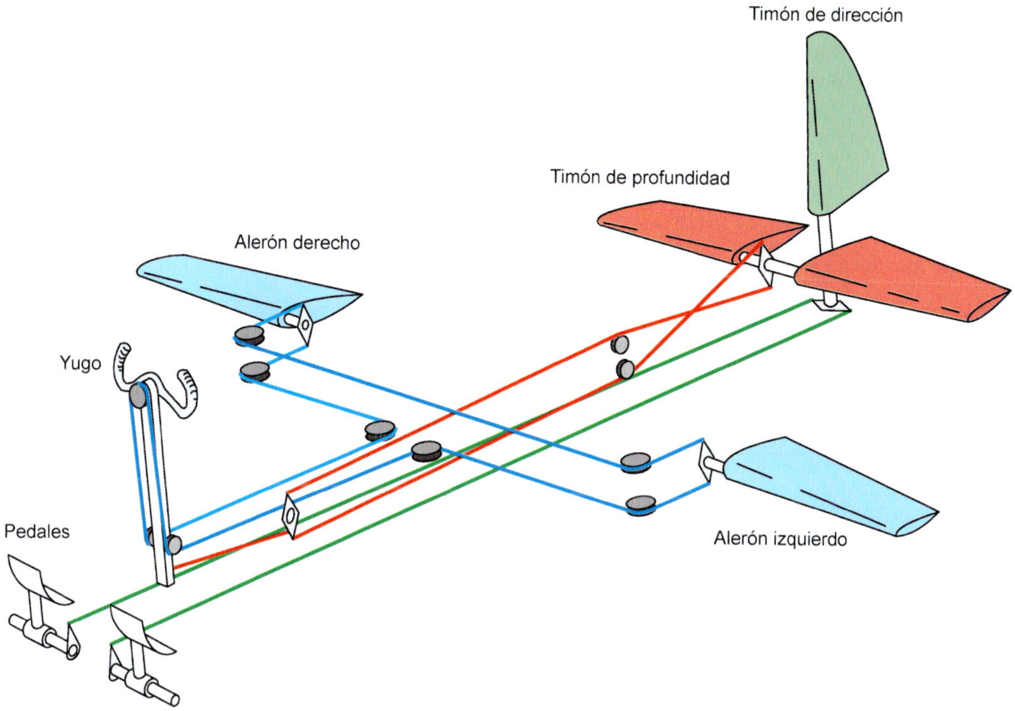

Figura 12.22. Mandos de vuelo mediante cables y poleas de un avión ligero.

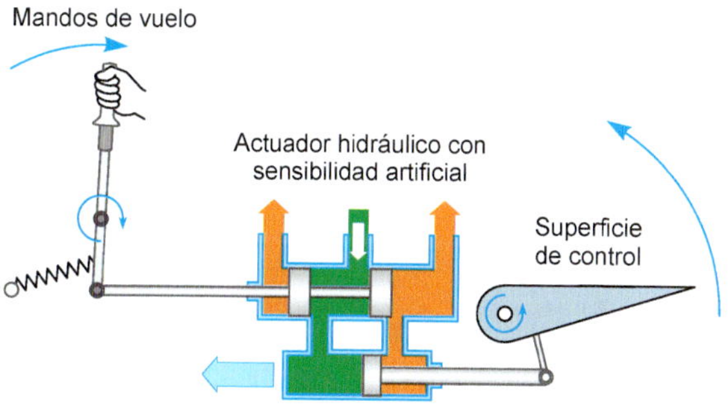

Figura 12.23. Esquema de funcionamiento de los mandos de vuelo tradicionales asistidos hidráulicamente.

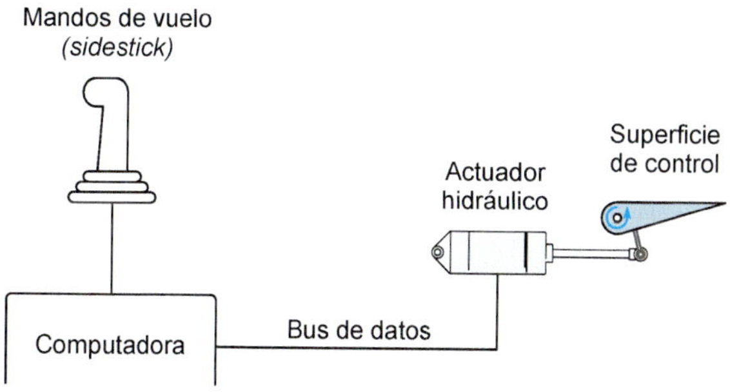

Figura 12.24. Esquema elemental del FBW.

El sistema *fly-by-wire* es considerablemente **más ligero** que el sistema tradicional de cable de acero y poleas, lo que supone un menor consumo de combustible y un aumento en la carga de pago. Tenemos que tener en cuenta que un menor consumo no solo implica unos menores costes de operación, también supone una disminución en las emisiones de CO_2 (huella de CO_2).

En el FBW, el piloto ya no actúa directamente sobre la superficie de control, sino que lo hace a través de las computadoras del **AFS** (*Auto-Flight System*). El AFS está compuesto por dos computadoras:

- **FMGC** (*Flight Management and Guidance Computer*): se encarga de controlar el rumbo de la aeronave mediante el piloto automático AP (*Autopilot*), el director de vuelo FD (*Flight Director*) y el control automático de empuje A/THR (*Autothrust*).
- **FAC** (*Flight Augmentation Computer*): controla el amortiguador de guiñada (*yaw damper*), el timón de dirección y que la aeronave no supere su evolvente de vuelo.

Además de la señal proveniente de los mandos de vuelo, estas computadoras reciben datos desde los sistemas de navegación, los acelerómetros y giróscopos de a bordo, datos de aire, empuje de los motores, etc. Con toda esta información, la computadora decide cómo situar las superficies de mando o el empuje que proporciona cada motor, y de esa manera corresponder a la orden que da el piloto a través de los mandos de vuelo.

Las computadoras son conocedoras de los límites de la aeronave, ya que en su software se ha introducido la **evolvente de vuelo.** Así pues, a pesar de que el piloto mueva bruscamente los mandos solicitando un viraje brusco, las computadoras ordenarán que las superficies de control se muevan suavemente, realizando el viraje de forma óptima. Para realizar este viraje óptimo, las computadoras actuarán sobre los alerones para alabear la aeronave y cambiar de dirección, pero también sobre los motores, que darán más empuje para evitar la pérdida de altitud. De esta forma, el FBW mejora la precisión, la seguridad y el confort del vuelo.

nota

La evolvente o envolvente de vuelo es una curva que define los límites aerodinámicos y estructurales de una aeronave en función de la velocidad de vuelo y el factor de carga (esfuerzos estructurales).

Otra virtud del FBW es que es prácticamente idéntico de una aeronave a otra. Así pues, el sistema que equipa un avión regional como el Bombardier CRJ-1000 es prácticamente igual que el que dispone el gran Airbus A-380. Esta circunstancia facilita enormemente el mantenimiento y disminuye los tiempos y costes de formación de los técnicos y los pilotos, a la hora de cambiar de un modelo de avión a otro.

En sus aviones con FBW, Airbus ha sustituido el tradicional yugo de mando («cuernos») por un ***sidestick.*** Este mando ergonómico controla el alabeo y el cabeceo del avión. Situado en la consola lateral, libera espacio entre las piernas de los pilotos, que ganan en confort. Boeing, por su parte, sigue apostando por el tradicional yugo en sus aviones con FBW como el B777 o el B787. Para que el piloto no pierda la sensación de control sobre la aeronave, los mandos de vuelo disponen de sistemas de **sensibilidad artificial,** que proporcionan un *feedback* que facilita el trabajo de pilotaje.

Para aumentar la fiabilidad del FBW, la aeronave consta de múltiples **redundancias.** Puesto que el FBW es un sistema netamente eléctrico, será necesario alimentarlo de forma continua. Para garantizar el suministro, el A-320 cuenta con dos generadores principales, un generador auxiliar en el APU (unidad de potencia auxiliar), un aerogenerador movido por aire de impacto (RAT – *Ram Air Turbine*) y dos baterías de 24 V y 23 Ah cada una. En total, el FBW se puede alimentar desde seis fuentes de energía distintas, lo que hace que el fallo de suministro sea muy improbable, remoto.

En un A-320, el FBW controla el cabeceo y el alabeo a través de dos computadoras bien diferenciadas (Figura 12.25):

- **ELAC** (*Elevator Aileron Computer*): el A-320 dispone de dos de estas computadoras, que pueden controlar la aeronave en los dos ejes (cabeceo y alabeo).
- **SEC** (*Spoiler Elevator Computer*): el A-320 dispone de tres de estas computadoras. También pueden controlar la aeronave en dos ejes (cabeceo y alabeo), pero lo hacen con un hardware y un software distintos que las ELAC, por lo que es poco probable que fallen por el mismo motivo.

Así pues, el A-320 tiene cinco computadoras disponibles para controlar el cabeceo y alabeo, aunque solo precisa de una para funcionar correctamente. Como el resto de componentes de la aeronave, estas computadoras han sido diseñadas, construidas, probadas y certificadas bajo las más estrictas normas de calidad, lo que las hace tener una **fiabilidad** extraordinaria. La fiabilidad de cada computadora y las redundancias hacen que la probabilidad de fallo de todas las computadoras durante un vuelo sea de menos de uno entre un billón. Además, el A-320 dispone de un control de guiñada tradicional y un control hidromecánico alternativo de cabeceo, que permite mantener el control de la aeronave en caso de fallo total del sistema eléctrico y de las computadoras. Los aviones más modernos, como el Airbus A-380 y el Boeing B787 tienen un sistema de mandos de vuelo totalmente eléctrico (*Full* FBW), no necesitan estos mandos mecánicos alternativos «de guarda».

Las computadoras relacionadas con el FBW están supervisadas por sus correspondientes **BITE,** que detectarán los fallos del sistema. Tal y como hemos estudiado en el apartado anterior, el CFDS memorizará los fallos detectados y los mostrará a la tripulación o al personal de mantenimiento a través de la MCDU, según corresponda.

Actualmente, la industria trabaja en el desarrollo de un sistema de mandos de vuelo con transmisión a través de fibra óptica denominado ***fly-by-light*** (FBL) (Figura 12.28). Este sistema tiene las siguientes ventajas:

- **Ancho de banda:** un solo bus de fibra óptica es capaz de transmitir mayor caudal de datos que varias decenas de buses de cobre. De esta forma, se puede reducir el cableado necesario a bordo con el ahorro en peso y volumen que esto supone.
- **Degradación de la señal:** la señal eléctrica se degrada rápidamente con la distancia de transmisión. La señal óptica es menos susceptible a esta atenuación, por lo que resulta un sistema más eficiente.
- **Durabilidad:** durante su funcionamiento, los cables de cobre se calientan, lo que degrada su aislante, y son susceptibles de corroerse en ambientes húmedos. Los buses de fibra óptica no sufren calentamientos ni se corroen.

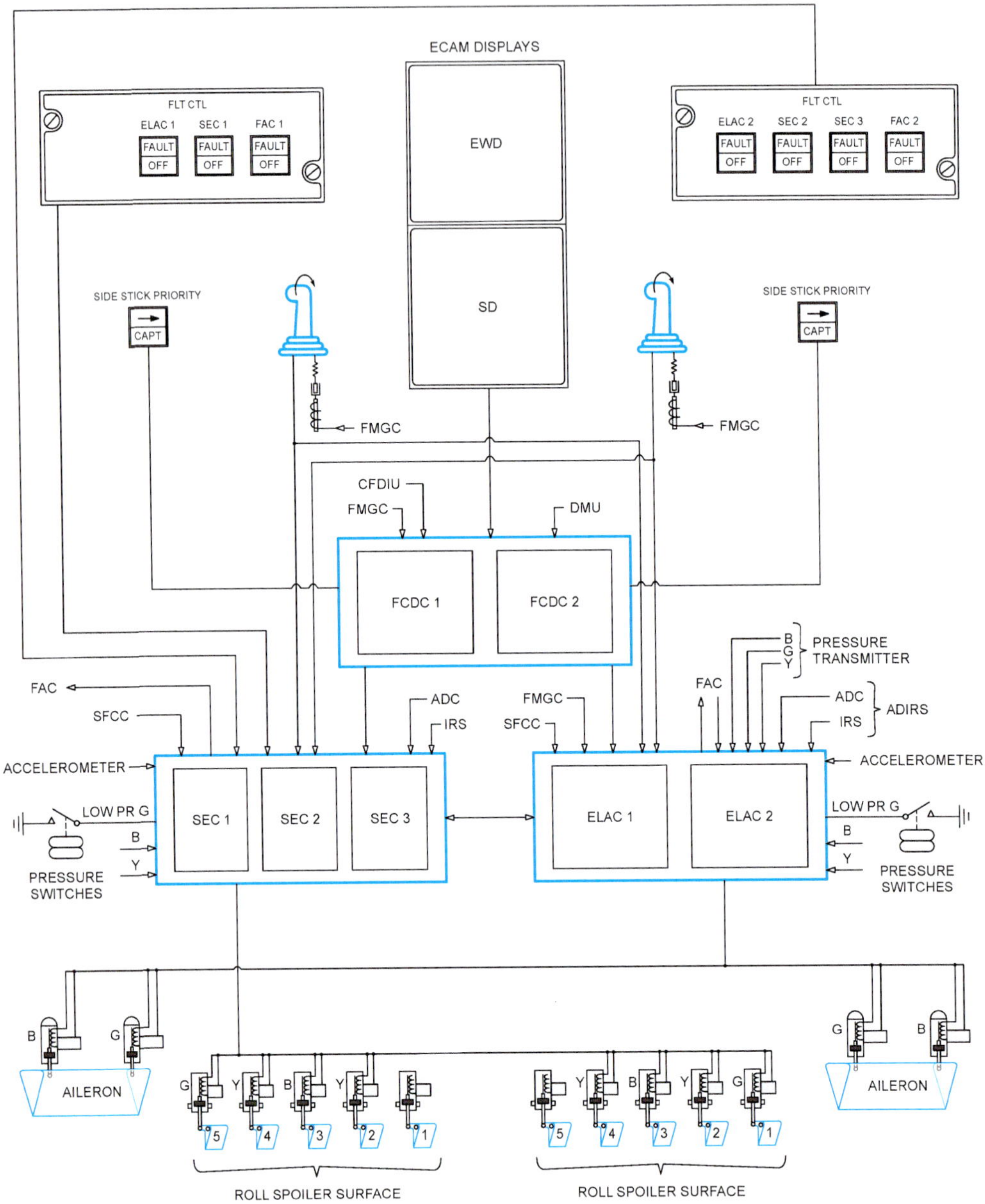

Glosario			
Acrónimo	**Significado**	**Acrónimo**	**Significado**
ADC	Air data computer	FAC	Flight augmentation computer
ADIRS	Air data/inertial reference system	FCDC	Flight control data computer
CFDIU	Centralized fault display interface unit	FMGC	Flight management and guidance computer
DMU	Data management unit	IRS	Inertial reference system
ECAM	Electronic centralized aircraft monitoring	LAF	Load alleviation function
EFCC	Electronic flight control computer	LVDT	Linear variable differential transducer
EFCS	Electrical flight control system	RVDT	Rotary variable differential transducer
ELAC	Elevator aileron computer	SEC	Spoiler elevator computer
		SFCC	Slat flap control computer

Figura 12.25. Diagrama de bloques del control de alabeo de un Airbus A-320 (*fly-by-wire*).

- **Coste:** las materias primas con las que se fabrican los cables de fibra óptica son considerablemente más baratas que el cobre. Aunque hoy en día los procesos de fabricación de la fibra óptica son relativamente caros, la previsión es que en los próximos años el coste de estos procesos no pare de bajar, mientras que el coste del cobre no pare de subir.
- **Inmunidad electromagnética:** los buses de fibra óptica son inmunes a las interferencias electromagnéticas, por no ser conductores eléctricos.

El FBL se está probando en diversos aviones y helicópteros experimentales para madurar esta tecnología. El avión Kawasaki P1 (2013) es el primer avión fabricado en serie con FBL.

La siguiente evolución del sistema de mandos de vuelo es suprimir los conductores, ya sean de cobre o de fibra óptica, y transmitir la información mediante una red LAN inalámbrica (***fly-by-wireless***). Esta tecnología aún está dando sus primeros pasos, pero seguramente se utilice en los aviones y helicópteros del futuro. La ventaja de este método es clara, las ondas de radio ni pesan ni ocupan espacio en la aeronave.

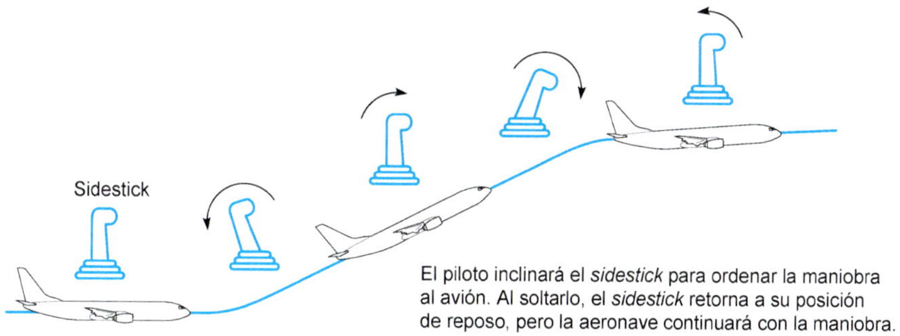

Figura 12.26. Funcionamiento del control de vuelo mediante *sidestick* en un avión Airbus.

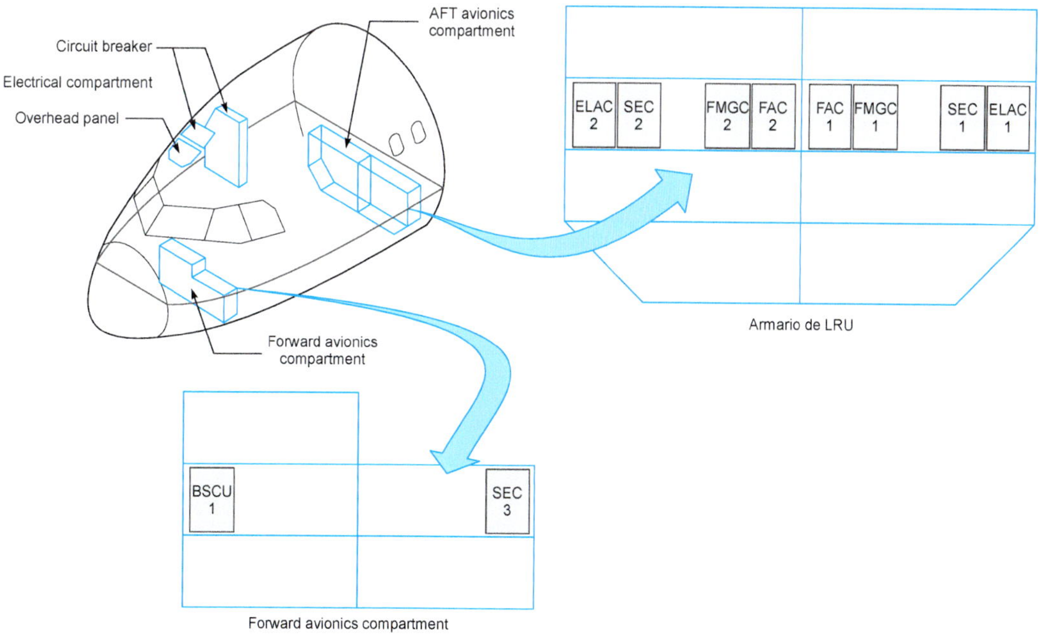

Figura 12.27. Situación de las computadoras que controlan el vuelo de un avión Airbus A-320 (AFS).

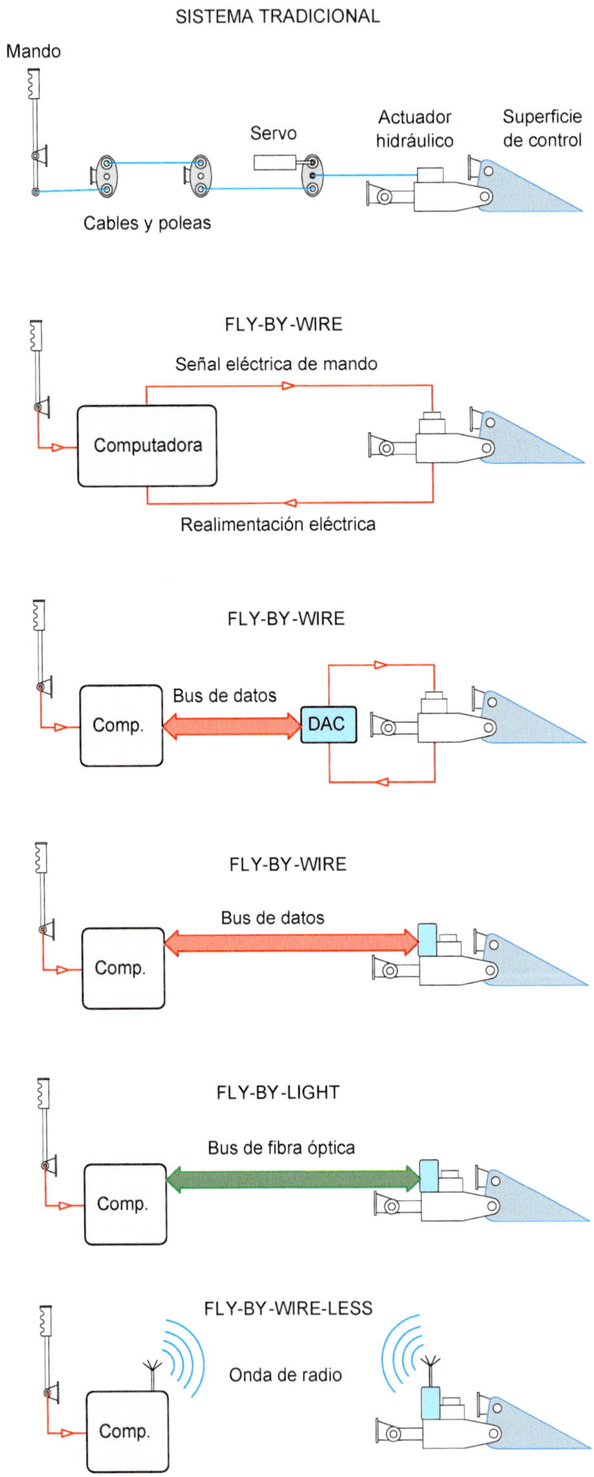

Figura 12.28. Presente, pasado y futuro de los sistemas de mando de vuelo de las aeronaves.

12.6. FMS-AFS

El sistema de gestión del vuelo **FMS** (*Flight Management System*) de Boeing o el **AFS** (*Auto-Flight System*) de Airbus, controla de forma automática diversas tareas que antaño eran supervisadas por los pilotos, descargando a estos de trabajo y permitiéndoles centrarse en otras funciones. El sistema gestiona el rumbo, la actitud del avión y diversos sistemas que permiten operar la aeronave de forma óptima, ajustando su funcionamiento constantemente, en tiempo real, con una precisión inalcanzable para el ser humano. Operar la aeronave de la mejor forma posible tiene importantes beneficios: ahorro de combustible, mayor puntualidad en los vuelos, se alarga la vida de los componentes del motor, etc. Estas mejoras derivan en definitiva en un aumento de la seguridad del vuelo y una mayor rentabilidad de la aeronave, que es en definitiva lo que busca el operador. Las funciones básicas del sistema son:

- **Piloto automático:** controla de forma automática el rumbo de la aeronave. A través de la MCDU los pilotos indican al FMS-AFS el origen y el destino del vuelo para que este, de forma automática, guíe la aeronave a través del cielo. Para realizar esta tarea, el FMS-AFS recibe información desde los sistemas de navegación (VOR, ADF, GPS, DME, IRS, etc.) y actúa sobre las superficies de control (alerones, spoilers, timones, etc.). En otras palabras, el FMS se encarga del guiado de la aeronave.
- **Control de actuaciones:** ayuda a estabilizar la aeronave y a optimizar la trayectoria de vuelo actuando sobre las superficies de control y el empuje de los motores, para que la aeronave opere siempre dentro de la evolvente de vuelo. El FMS-AFS también recibe datos de aire (velocidad relativa, presión, altitud barométrica, etc.) para controlar la velocidad de la aeronave.
- **Indicación:** el FMS-AFS informará a los pilotos de las anomalías que se detecten a través de las correspondientes *warning lights* o de las pantallas del ECAM.

12.6.1. PARTES DEL SISTEMA

El corazón del sistema FMS (Boeing) es la computadora **FMC** (*Flight Management Computer*). La aeronave dispondrá de dos FMC a bordo que intercambian y comparan información constantemente (*crosstalk*), para asegurar un correcto funcionamiento del sistema. En un momento determinado, cada sistema embarcado será gestionado solo por una de las FMC, en ningún caso por las dos a la vez. Ahora bien, las dos FMC son totalmente intercambiables y, en caso de fallo de una de ellas, la otra será capaz de gestionar todos los sistemas a cargo del FMS.

El sistema AFS de Airbus se divide a su vez en dos subsistemas:

- **FMGS** (*Flight Management and Guidance System*): se encarga de la gestión del piloto automático (AP – *Autopilot*), del director de vuelo (FD – *Flight Director*), del sistema de control del empuje de los motores (A/THR – *Autothrust*), de los sistemas de navegación y de la presentación de la información del sistema a través de las pantallas del EIS. El Airbus A-320 equipa dos computadoras **FMGC** intercambiables, conectadas mediante un bus ARINC 429.
- **FAC** (*Flight Augmentation Computer*): se encarga de la gestión del amortiguador de guiñada (*yaw damper*) así como del timón de dirección y de controlar que el avión permanece dentro de la evolvente de vuelo. Además, integra la función BITE del AFS. El Airbus A-320 equipa dos computadoras FAC intercambiables, conectadas mediante un bus ARINC 429.

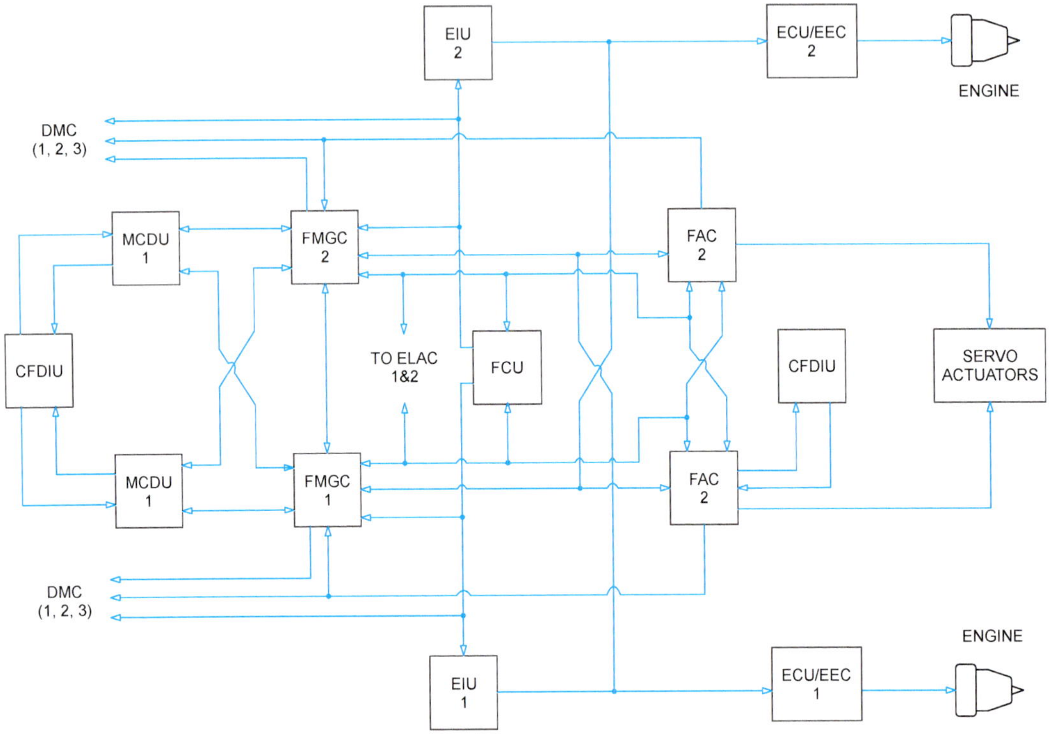

Figura 12.29. Diagrama de bloques del AFS de un Airbus A-320.

Las computadoras, que se alojan en el centro de equipos de la aeronave (Figura 12.27) están conectadas entre sí y con el resto de dispositivos del sistema a través de un bus de datos.

Las **MCDU** actúan como interfaz del sistema. Antes de despegar, los pilotos introducen en las computadoras del FMS-AFS su localización (longitud y latitud) y el plan de vuelo a través de las teclas de la MCDU. Las computadoras calcularán la ruta ideal hasta el destino basándose en los datos geográficos que tienen almacenados y en la información que reciben de los sistemas de navegación. Los pilotos deberán dar el visto bueno al plan de vuelo propuesto por el FMS-AFS, que proporcionarán una serie de puntos de paso que se visualizarán en la pantalla ND del **EFIS** y generarán las líneas del director de vuelo en la PFD. El sistema también tiene en cuenta las condiciones climatológicas y el tráfico aéreo, actualizándose constantemente.

Los pilotos pueden configurar diversas opciones de vuelo como el ritmo de ascenso, configuración de empuje de los motores, relación de presión del motor EPR, velocidad relativa, ritmo de descenso, etc. No obstante, las compañías aéreas suelen establecer una configuración estándar que les permita cumplir con sus objetivos de consumo de combustible y durabilidad de los componentes de la aeronave. De esta forma los pilotos solo configurarán aquellos puntos que le pida el FMS-AFS, el cual proporcionará un plan de vuelo óptimo, entre los cientos de los que dispone. Las computadoras disponen de una conexión para la carga de datos sobre nuevos aeropuertos, variaciones en las rutas, cambios en el equipamiento de a bordo, nuevas estaciones de radionavegación de tierra, etc. Habitualmente, las bases de datos del FMS-AFS se deberán actualizar cada 28 días.

A través de la MCDU el personal de mantenimiento podrá acceder a los fallos detectados por el BITE de los distintos elementos que forman el sistema FMS-AFS, tal y como se ha explicado anteriormente en el apartado de la CFDIU.

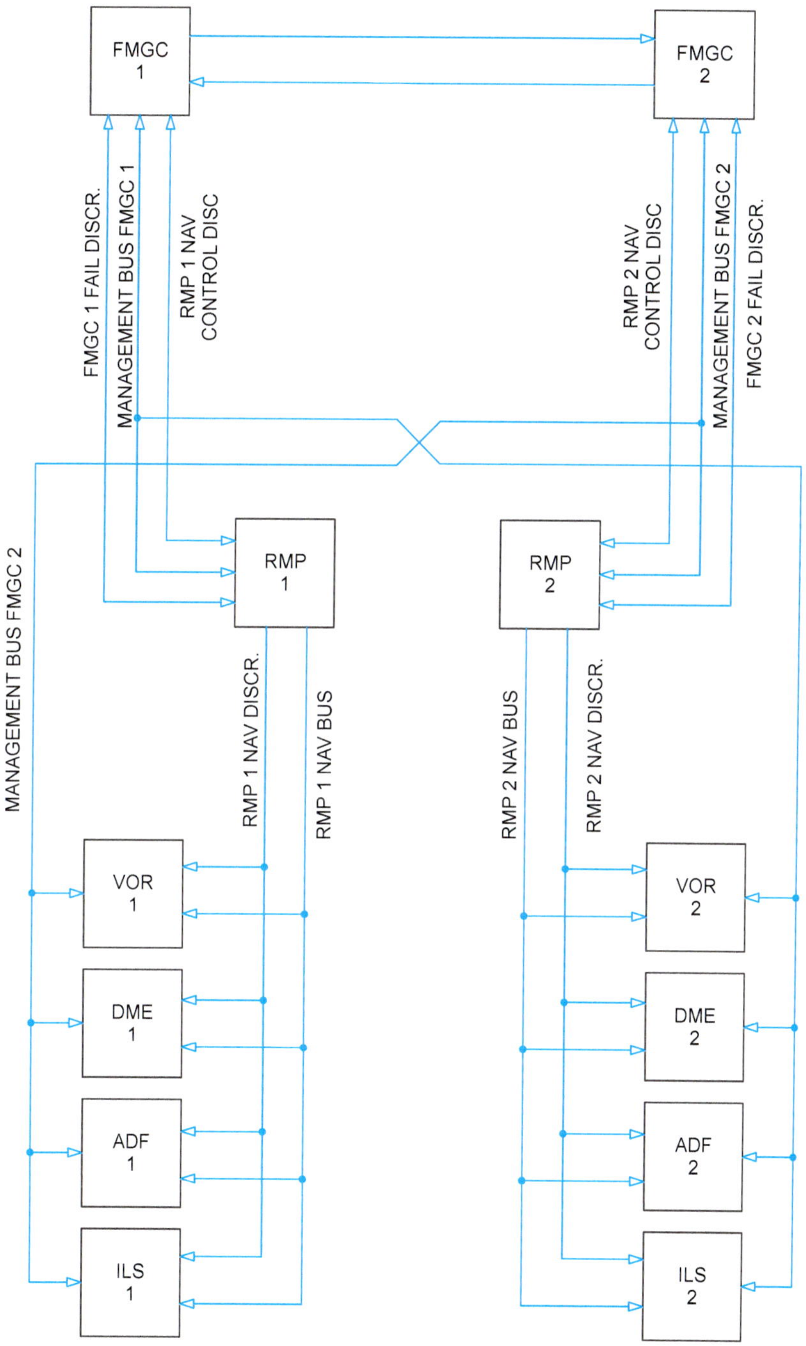

Figura 12.30. Diagrama de bloques de los sistemas de navegación que envían datos a la FMGC (Airbus A-320).

12.7. IRS

Siempre que sea posible, las aeronaves emplean sistemas de radionavegación para seguir la ruta establecida. Los sistemas más habituales son el VOR (*VHF Omnidirectional Range*) y el ADF (*Automatic Direction Finder*). Estos dos sistemas se basan en una red de estaciones de tierra que emiten unas ondas de radio características que serán captadas por las antenas de la aeronave. Los equipos de navegación VOR y ADF de a bordo interpretarán la señal recibida, indicando a los pilotos la dirección en la que se encuentran estas estaciones. Mediante una sencilla triangulación se podrá determinar la posición de la aeronave respecto al suelo. Lo más habitual será volar de una estación a otra, como si estas fueran puntos de paso.

Ahora bien, cuando las aeronaves vuelan sobre el océano, o cualquier otra zona de la tierra donde no existen estaciones VOR o ADF, estos sistemas de radionavegación resultan inútiles. Es entonces cuando el sistema de navegación inercial **IRS** (*Inertial Reference System*) entra en acción.

El IRS es un sistema de navegación basado en el funcionamiento de giróscopos y acelerómetros, no en ondas de radio. El IRS se basa en las **leyes de Newton:**

- **Primera Ley** (ley de la inercia): «todo cuerpo permanece en su estado inicial de reposo o movimiento rectilíneo uniforme a menos que sobre él actúe una fuerza externa neta no nula». Dicho de otro modo, cuando un cuerpo se acelera, frena o cambia la dirección de su movimiento, es debido a la acción de una fuerza. Cuanto mayor sea la aceleración, deceleración o giro producido, y mayor sea la masa, mayor será la inercia.
- **Segunda Ley** (ley de la fuerza): «la aceleración a producida por una fuerza F sobre una masa m es directamente proporcional al valor de la fuerza e inversamente proporcional al valor de la masa». El resultado es la conocida expresión:

$$F = m \cdot a$$

- **Tercera Ley** (principio de acción y reacción): «para cada acción, existe una reacción igual y de sentido opuesto». Esto lo puedo comprobar si empujo una pared con la mano: soy yo el que empuja, el que realiza la fuerza, pero a la vez siento en la palma de la mano la presión o fuerza de reacción que presenta la pared.

La aplicación de estas leyes para el caso concreto IRS del avión será:

- **Primera ley** (inercia): si la aeronave tiene un vuelo rectilíneo, nivelado y a velocidad constante, la fuerza neta aplicada sobre esta será nula, ya que la sustentación es igual al peso y la resistencia aerodinámica es igual al empuje de los motores. La primera ley nos dice que cualquier cambio en el rumbo o en la velocidad de vuelo es causado por la aparición de una fuerza.
- **Segunda ley** (de la fuerza): la fuerza que ha originado el cambio de rumbo provoca una aceleración, por ejemplo hacia la derecha. Esta aceleración es directamente proporcional a la fuerza e inversamente proporcional a la masa de la aeronave.
- **Tercera ley** (acción y reacción): si la aceleración que ha sufrido la aeronave provoca que guiñe hacia su derecha, dentro de la aeronave notaremos una fuerza de igual valor pero que nos empuja hacia la izquierda: es la reacción. Colocando un acelerómetro dentro de la aeronave podremos medir la aceleración provocada por esta fuerza de reacción, que será igual, pero de sentido contrario, a la aceleración sufrida por la aeronave.

A la vez que medimos la aceleración, medimos el tiempo durante el cual se está aplicando la fuerza. Para que la aeronave retome el rumbo original, simplemente se la deberá someter a una aceleración igual y de sentido contrario durante el mismo tiempo. Esto es el fundamento físico del IRS.

Los sistemas de navegación inercial IRS disponen de acelerómetros para calcular la aceleración lineal y giróscopos para medir la aceleración angular. Ambos sensores envían datos a la computadora del IRS que calcula de forma constante la desviación producida y la transmite al FMS-AFS para corregir la ruta y la velocidad de vuelo. Se dispone de una pareja acelerómetro-giróscopo en cada eje de la aeronave (cabeceo, alabeo, guiñada).

Airbus denomina a su sistema de navegación inercial **ADIRS** (*Air Data/Inertial Reference System*). El ADIRS está compuesto a su vez por tres ADIRU (*Air Data/Inertial Reference Unit*) situadas en el centro de aviónica del avión y por los instrumentos *standby* situados en cabina. Cada ADIRU está compuesta por dos segmentos:

- **ADR** (*Air Data Reference*): proporciona datos de aire al sistema. Recibe datos desde las tomas de estática, sondas pitot, sensor de la temperatura total del aire y sensores del ángulo de ataque (Figura 12.31). Cuenta también con un altímetro y un anemómetro de guarda (*standby*).

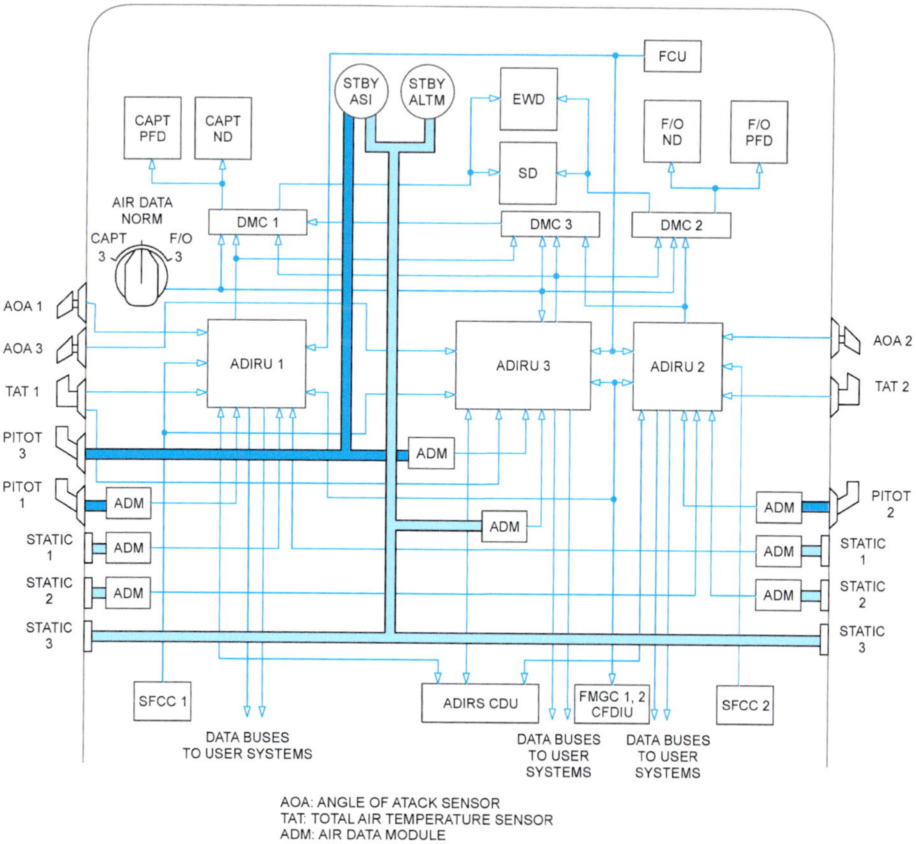

Figura 12.31. Diagrama de bloques del segmento ADR de un sistema de navegación inercial IRS (Airbus A-320).

- **IR** (*Inertial Reference*): proporciona datos sobre la actitud (cabeceo, alabeo y guiñada), rumbo, velocidad respecto a tierra y posición actual. Los datos recibidos desde acelerómetros y giróscopos se envían al AFS, para que la FAC y la FMGC actúen corrigiendo el rumbo (Figura 12.32). Cuenta también con un horizonte artificial y una brújula de guarda (*standby*).

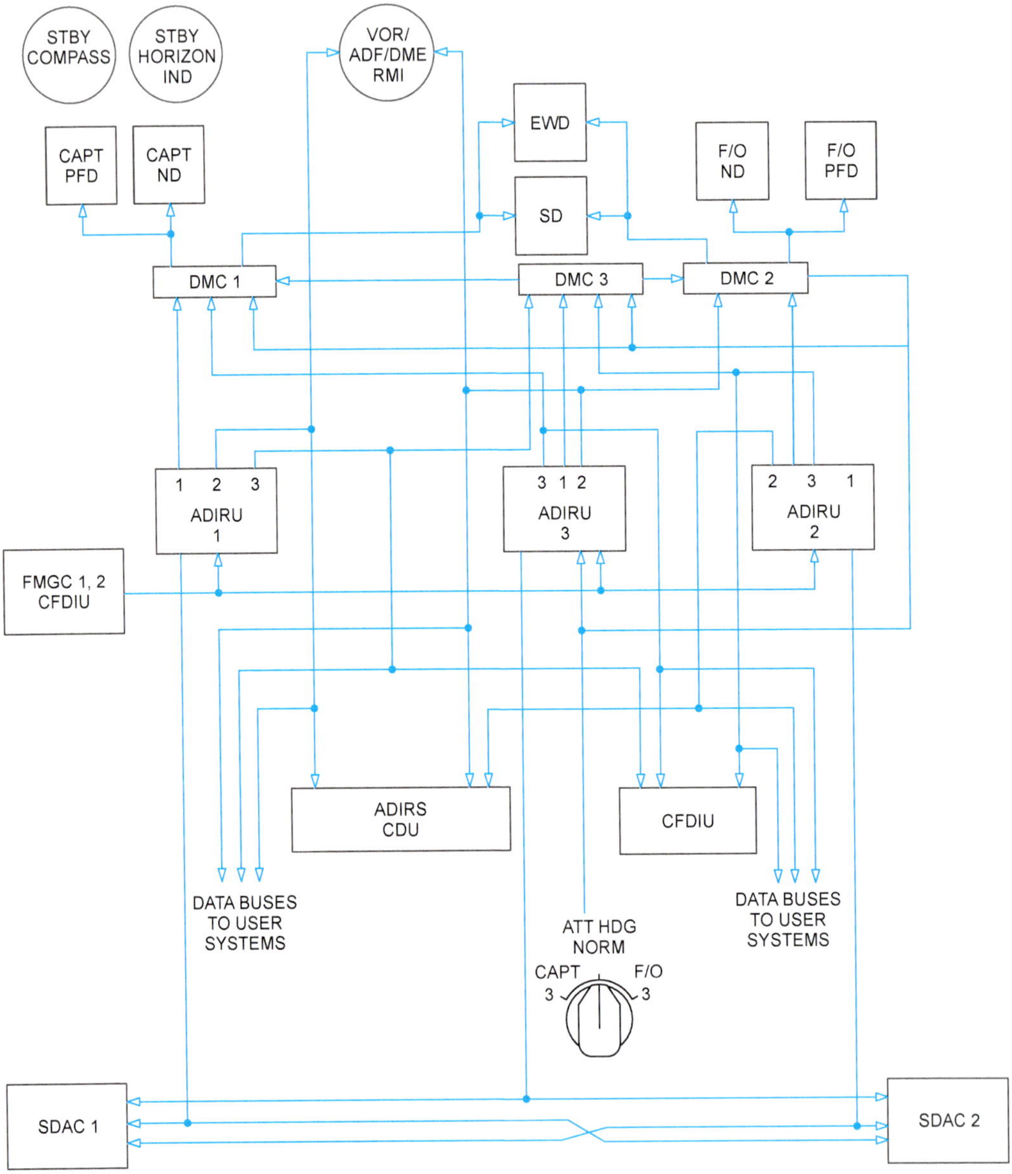

Figura 12.32. Diagrama de bloques del segmento IR de un sistema de navegación inercial IRS (Airbus A-320).

Los ADIRU se comunican con otras computadoras y transmiten información a las pantallas a través de un bus de datos (ARINC 429 en el Airbus A-320). Además, como otras computadoras que hemos estudiado, disponen de sistema de autodiagnóstico BITE, que remite los fallos detectados a la CFDS.

Hoy en día se emplean **giróscopos láser** y acelerómetros electrónicos fijados directamente a la estructura de la aeronave (*strapdown systems*). Estos dispositivos no tienen partes móviles y son más precisos que los giróscopos y acelerómetros tradicionales. Con la información de estos modernos sensores, la computadora es capaz de recalcular su estado con una frecuencia de 2000 Hz.

La mayoría de los giróscopos utilizados actualmente se basan en el **interferómetro láser,** según el efecto Sagnac (Figura 12.33). En estos giróscopos, dos haces de luz láser recorrerán un anillo de fibra óptica (o un tubo relleno de helio o neón) en sentidos contrarios. Si el giróscopo permanece estático, ambos haces llegan al receptor al mismo tiempo, puesto que la velocidad de la luz y la distancia a recorrer es la misma en ambos casos. Ahora bien, si giramos un cierto ángulo el giróscopo, uno de los haces llegará antes al receptor, puesto que recorre una distancia menor. En función del sentido del giro llegará antes al fotorreceptor un haz de luz o el otro. No obstante, el tiempo transcurrido desde que el receptor capta el primer haz hasta que percibe el segundo es tan bajo, que nos resulta imposible medirlo directamente. Para vencer este inconveniente, lo que realmente capta el fotorreceptor es el patrón de interferencia entre ambos haces (interferómetro), de tal forma que cuando la aeronave permanece estática, el patrón también permanece estático y, cuando la aeronave gira a izquierda o derecha, el patrón se moverá a izquierda o derecha, respectivamente. Así mismo, la velocidad de movimiento del patrón hacia uno u otro lado indicará la velocidad del giro de la aeronave (Figura 12.34). El fotorreceptor captará este movimiento y enviará esta información a la computadora correspondiente para que el IRS actúe.

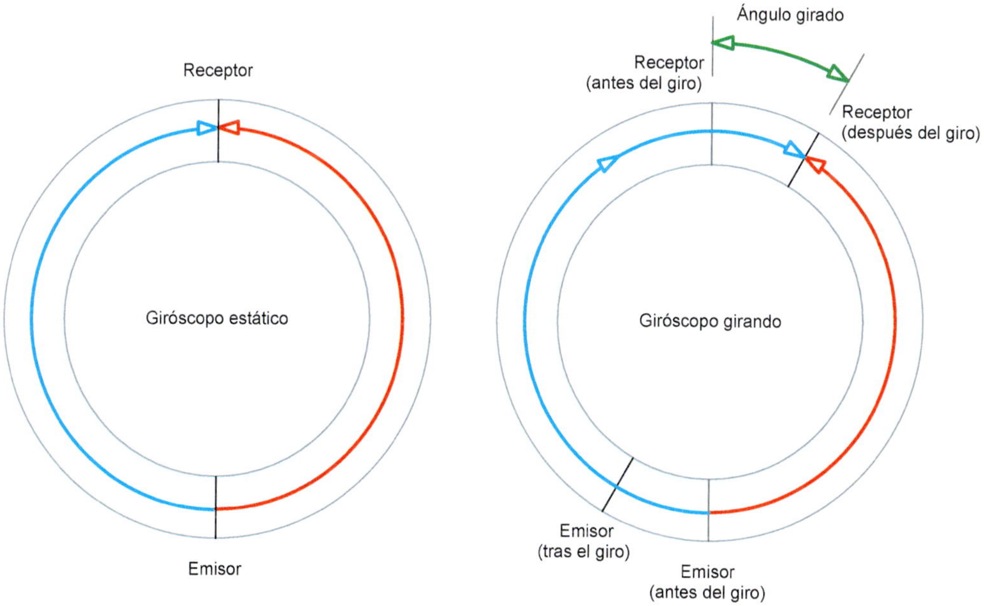

El haz de luz de color rojo recorre menos distancia que el azul cuando el giróscopo gira hacia la derecha, por lo que llegará antes al receptor

Figura 12.33. Aplicación del efecto Sagnac al giróscopo láser.

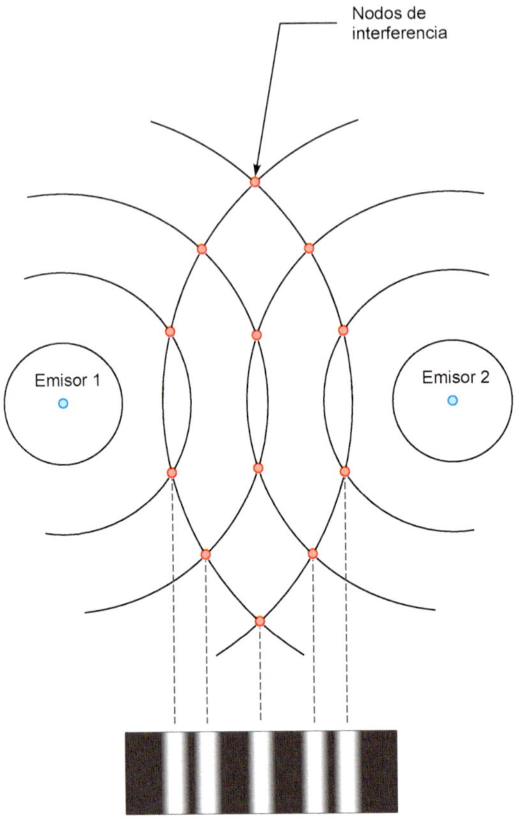

Figura 12.34. Patrón de interferencias que capta el receptor del interferómetro.

En los giróscopos láser de anillo **RLG** (*Ring-Laser Gyro*) empleados en las aeronaves la luz recorre un camino triangular (Figura 12.35). Esto es porque resulta más sencillo guiar la luz en trayectorias rectilíneas que circulares. Estos giróscopos constan de un cátodo que emite fotones y dos ánodos que los atraen hacia sí, según dos caminos distintos. En función de si el giróscopo permanece estático o si está girando sobre su eje, el patrón de interferencia que capta el fotorreceptor será fijo o se moverá a un lado o a otro, respectivamente.

El otro tipo de giróscopo que se emplea actualmente es el «microelectromecánico» **MEMS** (*Micro-Electro-Mechanical System*). Este giróscopo se basa en diminutos cristales piezoeléctricos cuya deformación depende de si el giróscopo se mueve o permanece estacionario. Constituido por semiconductores de estado sólido, carece de partes móviles y es compacto y ligero.

Una de las características fundamentales del IRS es su **precisión.** Como cualquier otro instrumento de medida, los giróscopos y los acelerómetros tienen una resolución determinada. De esta forma, si una ráfaga desvía el morro de la aeronave 4,27° hacia la derecha, un giróscopo con una resolución de un grado informará a la computadora de un cambio de dirección de 4°. Por tanto, tendremos un error de 0,27°. Este error puede parecer insignificante, pero en un trayecto de 2000 km supone una desviación de 9,42 km. Para evitar estas desviaciones, el IRS conecta con el sistema de navegación GPS de forma periódica para corregir y actualizar la ruta.

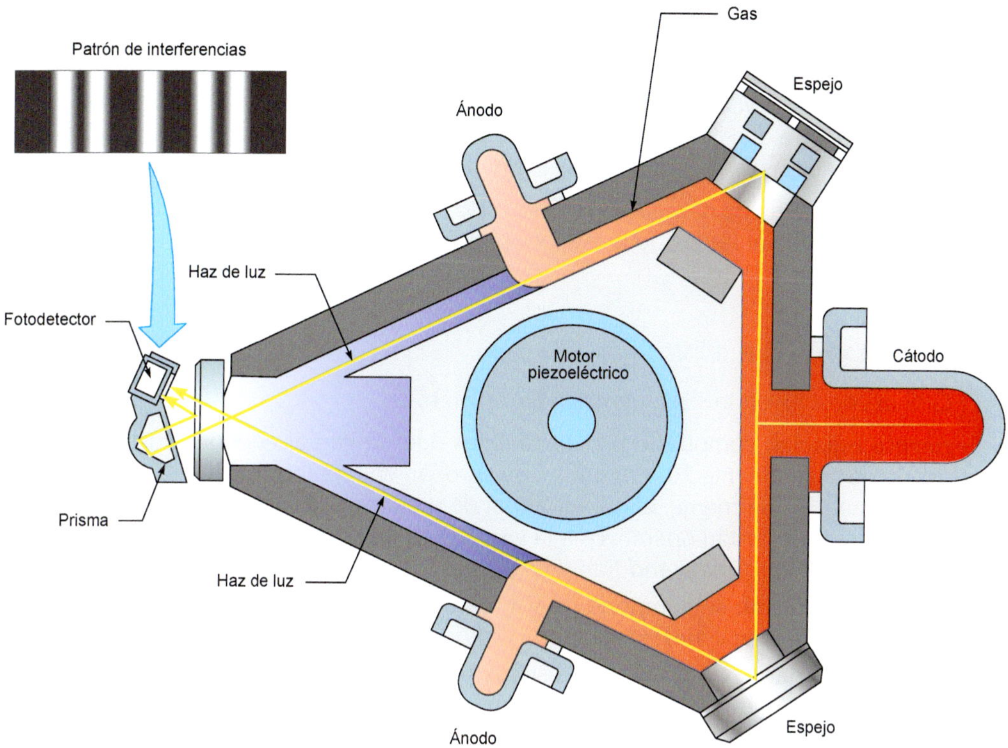

Figura 12.35. Giróscopo láser de anillo RLG empleado por el IRS de a bordo.

12.8. GNSS

Los sistemas de navegación por satélite GNSS *(Global Nanigation Satellite System)* permiten conocer la posición y velocidad de una aeronave en cualquier parte del planeta. Los sistemas GNSS más representativos son el GPS estadounidense, el GLONASS ruso, el GALILEO europeo y el BeiDou chino. Los GNSS deben cumplir cuatro condiciones:

El rendimiento de los GNSS se evalúa mediante cuatro criterios:

- **Precisión:** la diferencia entre la posición, velocidad o tiempo indicado por el sistema no debe alejarse apenas de la real.
- **Integridad:** El sistema deberá ser fiable y, en el caso de que los datos de posicionamiento sean erróneos, activar la alarma correspondiente.
- **Continuidad:** El sistema deberá funcionar sin corte o interrupciones.
- **Disponibilidad:** El sistema deberá proporcionar información precisa, íntegra y continua durante el máximo tiempo posible.

En este libro estudiaremos en detalle el sistema GPS, por ser el más extendido y representativo de los GNSS. El resto de sistemas GNSS (GLONASS, Galileo, BeiDou) tienen un funcionamiento similar.

El sistema de posicionamiento global GPS (*Global Positioning System*) es un sistema de navegación que utiliza la señal que proporcionan una serie de satélites que orbitan alrededor de la Tierra. Puesto en marcha por el Departamento de Defensa de los Estados Unidos de América a principios de la década de los noventa, se ha vuelto muy popular en nuestros días, no solo para la navegación aérea sino también para la marítima y la terrestre. Actualmente, la mayoría de nosotros llevamos en nuestro bolsillo un *smartphone* con GPS integrado, siendo parte de nuestro día a día. En la aeronave, el GPS no solo es capaz de informar de la posición de la misma, también puede indicar la velocidad de vuelo respecto al terreno.

El GPS es un sistema de navegación global, esto quiere decir que cubre todas las regiones del planeta, océanos incluidos, lo que supone una ventaja respecto a los sistemas de navegación ADF o VOR.

12.8.1. CONSTITUCIÓN

El GPS lo constituyen tres segmentos (Figura 12.36):

- **Segmento espacial:** compuesto por 24 satélites que orbitan alrededor de la Tierra a una distancia de exactamente 10 898 millas. Se agrupan en 6 planos orbitales, con 4 satélites en cada plano. Actualmente, el número total de satélites en la «constelación» del GPS es de 31, pero solo 24 están operativos a la vez. La red de satélites se conoce como **Navstar** (*Navigation Satellite Timing and Ranging*).
- **Segmento de control:** se compone de varias estaciones terrestres, coordinadas por una central, que gestionan y ajustan de forma periódica el funcionamiento del sistema.
- **Segmento de usuario:** es la parte del sistema que está en la aeronave. Recibe la señal de varios satélites y determina la posición. La antena del GPS se encontrará en la parte superior del fuselaje.

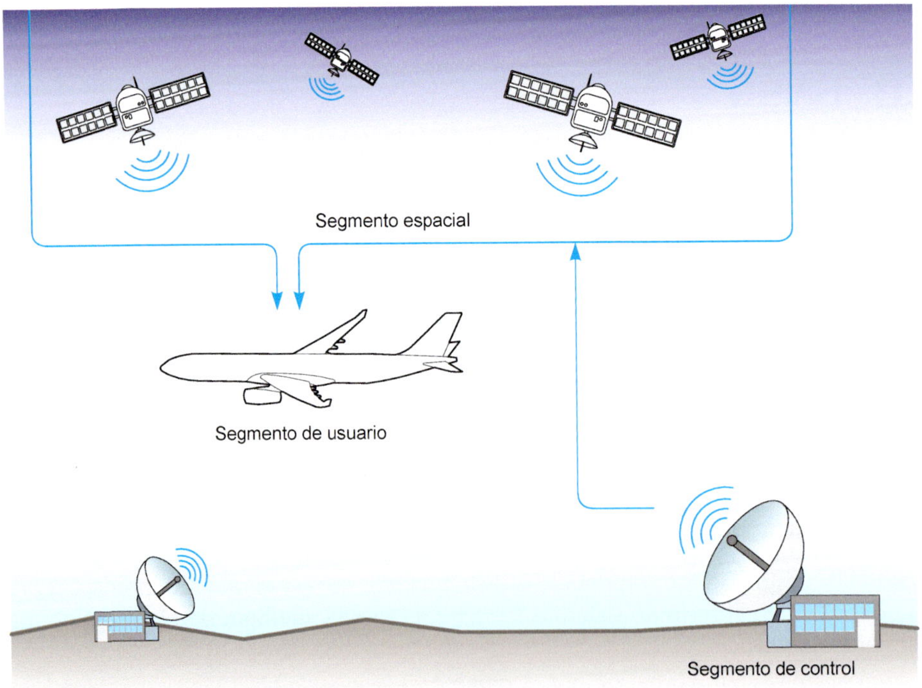

Figura 12.36. Constitución de un sistema de navegación GPS.

12.8.2. FUNCIONAMIENTO

Para determinar nuestra posición en el espacio con precisión y sin ambigüedades bastará con conocer la distancia a cuatro puntos cuya posición sea conocida (Figura 12.37). Los cuatro puntos serán cuatro satélites del sistema, de los que conocemos su posición en cada momento. Cada satélite está continuamente emitiendo dos señales:

- **Señal de almanaque:** cada satélite tiene un reloj atómico de cesio inherentemente preciso. Ahora bien, los relojes del receptor pueden estar adelantados o atrasados, lo que provocaría un error inadmisible a la hora de determinar la posición. La señal de almanaque contiene información sobre la fecha y hora exactas, para que el receptor de a bordo se configure para recibir la señal de efemérides.
- **Señal de efemérides:** tras enviar la señal de almanaque, el satélite emitirá una señal digital codificada característica de ese momento y ese satélite, denominada señal de efemérides. Midiendo el tiempo que emplea esta señal en recorrer el espacio que separa el satélite del receptor de a bordo, podremos calcular la distancia que los separa, ya que la velocidad de propagación es conocida (velocidad de la luz).

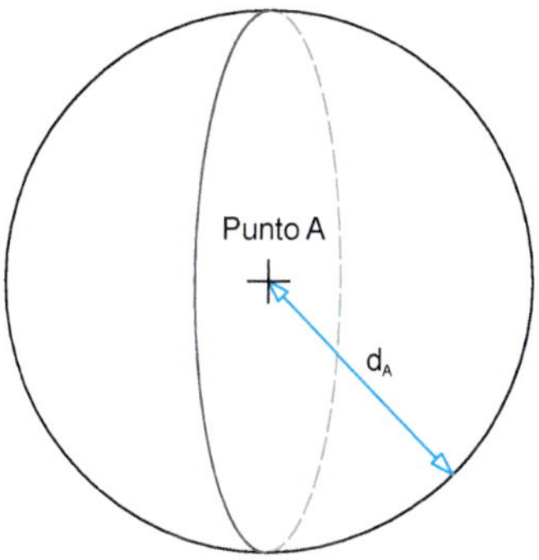

Si solo conocemos la distancia d_A a un punto, nos encontraremos en algún punto de la esfera cuyo radio sea esa distancia conocida.

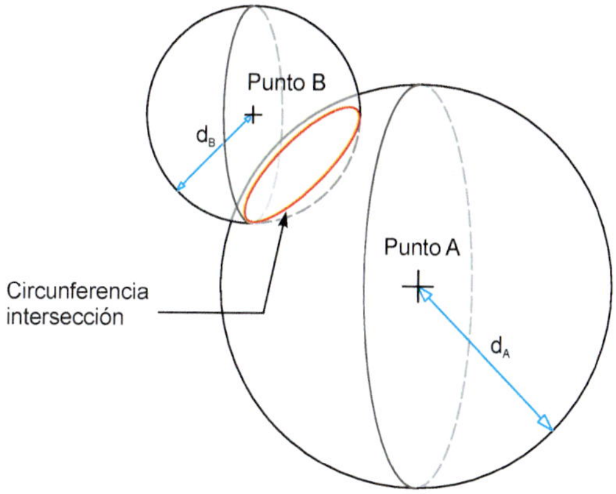

Si conocemos la distancia a un segundo punto, nos encontraremos sobre la circunferencia resultante de la intersección de las dos esferas.

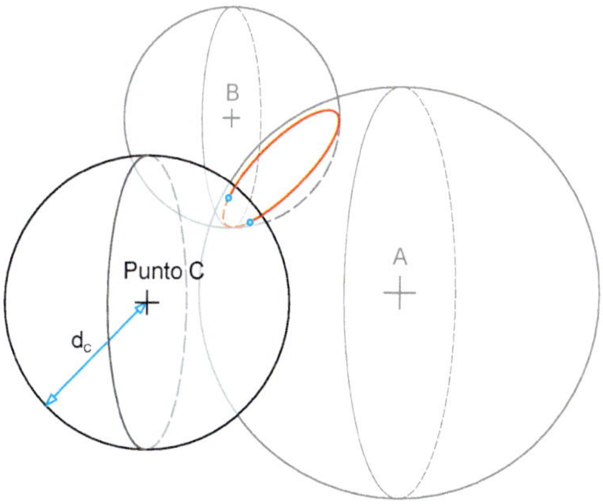

Conociendo la distancia a un tercer punto, sabremos que nos encontramos en uno de los dos puntos de la intersección de la circunferencia anterior , con la nueva esfera. Para determinar en cuál de estos dos puntos estamos, necesitaremos conocer la distancia a un cuarto punto, esto es, necesitaremos una cuarta esfera.

Figura 12.37. Para saber nuestra posición exacta, bastará saber la distancia a cuatro puntos cuya posición sea conocida.

Es importante tener en cuenta que la velocidad de propagación de las ondas electromagnéticas (radio, luz) depende del medio de transmisión. La señal de radio que emite el satélite viaja por el vacío pero también por la atmósfera. En la atmósfera, la velocidad de propagación variará dependiendo de la climatología. Esta circunstancia provoca un error importante en la determinación de la posición. Para corregir esta situación, el receptor captará la señal de un satélite adicional y verá si los cinco satélites le indican la misma posición. De no ser así, será debido a que las señales emitidas por los satélites han viajado a distintas velocidades. La computadora del GPS realizará los cálculos oportunos para que, aplicando el mismo factor de corrección a todas las señales, den una única posición.

Con la posición que tiene la aeronave en cada instante, el GPS puede generar la ruta o *track* que sigue la aeronave o calcular la velocidad de esta respecto a Tierra. Esta información se la proporciona al FMS-AFS y al IRS para ayudar en las tareas de navegación. Los datos del GPS se pueden representar en la pantalla del ND.

Tal y como sucede en el resto de sistemas digitales de las aeronaves, el GPS dispone también de sus equipos de autodiagnóstico BITE. Los fallos detectados se almacenan y el personal de mantenimiento podrá acceder a ellos a través de la MCDU.

12.8.3. COMPONENTES DE A BORDO

Como hemos hecho con otros sistemas, vamos a estudiar la configuración del GPS en un Airbus A-320, por ser representativa de la mayoría de las aeronaves comerciales. Los componentes básicos son dos: antena y receptor GPS (Figura 12.38).

Receptor GPS

Forma parte del **MMR** (*Multi-Mode Receiver*), que es la computadora encargada de recibir y procesar las señales provenientes de las antenas del ILS (*Instrument Landing System*) y del GPS.

El receptor GPS suministra a los pilotos información precisa acerca de la posición, altitud, ruta y velocidad de la aeronave. Los datos del receptor del GPS se comparan con los del ADIRU y se envían a la FMGC, para fijar la posición de forma precisa. Estos datos híbridos GPS+ADIRU se denominan GPIR (*Global Position Inertial Reference*).

El receptor GPS es capaz de gestionar señales de hasta 15 satélites distintos, generando una posición tridimensional. También estima la precisión con la que da la posición (centimétrica, métrica, etc.) y, en caso de fallo de algún satélite, descartará la señal proveniente de este.

El receptor GPS recibe, filtra, mezcla y realiza la conversión analógico-digital de la señal que le envía la antena GPS. Su salida es una señal digital con datos sobre la posición, velocidad, hora e integridad del equipo (BITE). En un Airbus A-320, la salida de datos del receptor GPS se realiza mediante un bus ARINC 429.

Antena

La antena se monta sobre la parte superior del fuselaje (Figura 12.38). De esta forma puede recibir la señal de los satélites sin interferencias. Es compacta y ligera, lo que resulta una ventaja evidente. La señal captada es enviada al receptor GPS mediante un cable coaxial.

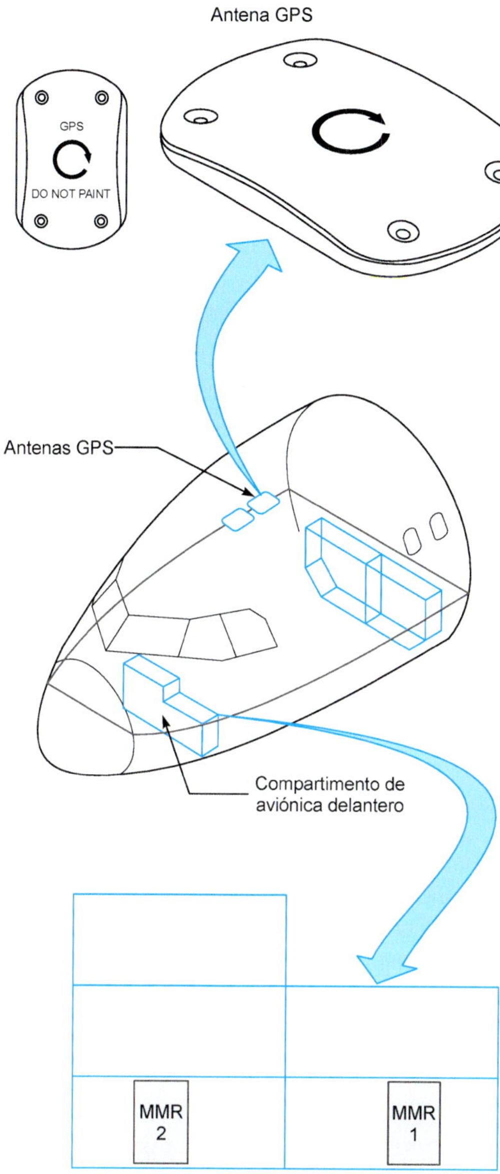

Figura 12.38. Localización de componentes del GPS (Airbus A-320).

12.8.4. SBAS

Los sistemas GNSS, como el GPS, tienen una precisión de unos 5 metros aproximadamente, resultando muy útiles durante el vuelo de crucero. Ahora bien, en la fase de aterrizaje esta precisión es insuficiente, como podemos imaginar. Para aumentar la precisión, integridad y continuidad de los sistemas GNSS, algunas zonas del planeta disfrutan de los servicios de sistemas regionales de aumento de precisión por satélite SBAS *(Satellite-Based Augmentation Service)*. Los SBAS disponen de sus propios satélites geoestacionarios ubicados sobre las zonas que pretenden dar cobertura y una red de estaciones de tierra. Con el apoyo de los SBAS, los GNSS consiguen precisiones de entorno a los 20 cm, que ya es una precisión suficiente para un aterrizaje.

Los sistemas SBAS que podemos encontrarnos actualmente son los siguientes:

- **EGNOS** (European Geostationary Navigation Overlay Service): compuesto por tres satélites geoestacionarios: dos inmarsat-3 (AOR-E e IOR) y el ESA Artemis. Incluye también numerosas estaciones terrestres repartidas por toda Europa encargadas de supervisar el funcionamiento del sistema. Concebido originalmente para integrarse con el GNSS Galileo, es capaz de funcionar también con el GPS.
- **WAAS** *(Wide Area Augmentation System)*: Con cobertura en Norteamérica. Dispone también de tres satélites geoestacionarios y una red de estaciones de supervisión en tierra.
- **GAGAN** *(GPS-aided GEO-Augmentation Navigation)*: cobertura en la India.
- **MSAS** *(Michibiki Satellite Augmentation System)*: En Japón.
- **BDSBAS** *(BeiDou SBAS)*: en China.
- **KASS** *(Korea Augmentation Satellite System)*: En Corea del Sur.
- **SDCM** *(System for Differential Corrections and Monitoring)*: En Rusia.
- **SouthPAN** *(Southern Positioning Augmentation Network)*: En Australia y Nueva Zelanda.
- **ANGA** *(Augmented Navigation for Africa)*: En Africa.

Todos estos sistemas son compatibles entre sí (no interfieren los unos con los otros) y el usuario podrá seleccionar en el equipo de a bordo qué sistema utilizar en cada momento, en función de la zona de operaciones. Los Sistemas SBAS no solo se emplean en navegación aérea, también los podemos ver en navegación marítima o terrestre.

12.9. TCAS

Mantener una separación suficiente entre aeronaves, para poder volar con seguridad, es responsabilidad de los pilotos y del control aéreo. Ahora bien, en el mundo existen regiones con un tráfico aéreo tan elevado que la vigilancia de pilotos y controladores no es suficiente para garantizar que dos aeronaves no se acerquen en exceso o que incluso colisionen. Para mejorar la seguridad en este sentido, las aeronaves disponen del sistema **TCAS** (*Traffic Alert and Collision Avoidance System*).

12.9.1. FUNCIONAMIENTO

Para evitar el acercamiento excesivo o la colisión entre dos aeronaves la clave será la comunicación entre ambas. El TCAS es el canal mediante el cual las aeronaves «dialogan» para evitar esta peligrosa situación. Este diálogo se produce a través del radar secundario y el transponder de a bordo. Así pues, antes de explicar el funcionamiento del sistema es preciso entender qué son estos dos elementos.

En la aeronave podemos distinguir entre dos tipos de **radar** (*radio detection and ranging*):

- **Radar primario PSR** (*Primary Surveillance Radar*): cuando la onda emitida por el radar primario se encuentra con un objeto (aeronave), esta rebotará de vuelta a la antena, que captará esta circunstancia. La circuitería del radar se encargará de medir el tiempo que ha necesitado la onda para realizar su viaje de ida y vuelta y calculará la distancia a la que se encuentra el objeto. Después de emitir y escuchar, la antena del radar gira, preparándose para volver a empezar el ciclo emitir-escuchar-girar. De esta manera escudriña los 360° del cielo circundante. La posición del objeto detectado se representará en la pantalla del radar (*radarscope*) o en la pantalla ND de cabina. El radar meteorológico de la aeronave es un ejemplo de radar primario.

- **Radar secundario SSR** (*Secondary Surveillance Radar*): la señal emitida por el radar secundario está dirigida al **transponder** de las aeronaves cercanas, con el fin de «interrogarlos». Cuando el transponder recibe la señal de interrogación, este responderá identificando a la aeronave y su altitud de vuelo. Midiendo el tiempo que pasa desde que el radar emite la señal y se capta la respuesta del transponder, se obtiene la distancia que separa ambas aeronaves. El TCAS utiliza este radar secundario para su funcionamiento.

Por su parte, el transponder (XPDR) responde a través de una pequeña antena UHF enviando una señal LSB (*Lower Side Band*). Esta señal contiene diferente información dependiendo del tipo o modo de funcionamiento del transponder:

- **Modo A:** el transponder solo responde con el código de identificación de la aeronave. Este transponder tan solo se equipa en aviación ligera que vuele en zonas poco congestionadas.

- **Modo C:** el transponder responde con el código de identificación y la altitud barométrica (altitud de vuelo).

- **Modo S:** el transponder responde con el código, altitud y otros datos adicionales mediante un código de 24 bits. Es el más sofisticado de los tres y es el que equipan las aeronaves con TCAS.

Es importante remarcar que el transponder responde al radar secundario de otros aviones pero también al del control de tierra. De esta forma facilita mucho el trabajo del control del tráfico aéreo. A su vez, el TCAS será incapaz de detectar aviones carentes de transponder.

El **rango de detección** del TCAS de una aeronave como el Airbus A-320 tiene un radio de 30 NM (millas náuticas) y se extiende 9900 ft hacia arriba y hacia abajo. El **rango de actuación** se extiende algo menos, a 2700 ft (Figura 12.39).

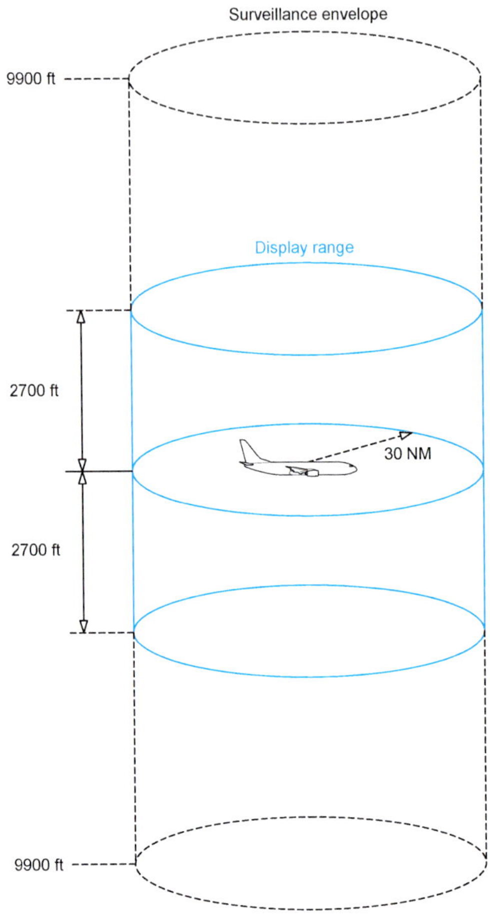

Figura 12.39. Zona de detección (*surveillance envelope*) y zona de actuación (*display range*) del TCAS de un Airbus A-320.

El TCAS establece un **área de seguridad** en torno a la aeronave. Si una aeronave «intrusa» penetra en esta zona, el TCAS interrogará a su transponder que, en función del modo equipado, responderá con su código de identificación, su altitud o incluso con otros datos adicionales. Haciendo un seguimiento segundo a segundo de la posición y altitud del intruso, el TCAS determina si su trayectoria supone una amenaza para la aeronave. Si no hay amenaza, el sistema no actuará, simplemente mostrará al intruso a los pilotos en la pantalla correspondiente. En cambio, si la trayectoria del intruso supone un riesgo para la aeronave, el TCAS activará una serie de avisos. En función de la proximidad, se establecen tres zonas (Figura 12.40):

- **Zona de colisión:** es la zona que nunca deberá invadir el intruso. También se denomina zona de máximo acercamiento **CPA** (*Closest Point of Approach*).
- **Zona de precaución** (TA – *Traffic Alert*): cuando el intruso se encuentra a menos de **40 s de la CPA,** se activará la alerta de tráfico. Los pilotos escucharán TRAFFIC! TRAFFIC! y se resaltará el intruso en la pantalla ND.

- **Zona de peligro** (RA – *Resolution Advisory*): cuando el intruso se encuentra a menos de **25 s de la CPA,** el TCAS ofrecerá una solución para evitar la colisión. Hay dos posibles soluciones: ascender (CLIMB! CLIMB!) o descender (DESCENT! DESCENT!). El TCAS también puede sugerir mantener o ajustar la velocidad vertical. De todas formas, será el piloto, desconectando el piloto automático el que realice la maniobra evasiva correspondiente. Si el intruso también dispone de TCAS, este se coordinará con el de nuestra aeronave para evitar la colisión: uno ascenderá y el otro descenderá aumentando así la separación vertical (Figura 12.41).

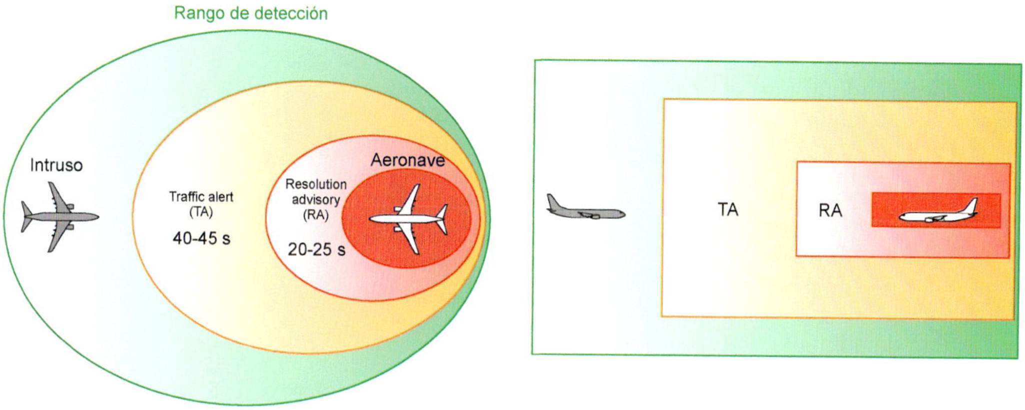

Figura 12.40. Zonas de seguridad del TCAS.

nota

Los tiempos de 40 s para la TA y 25 s para la RA son los más habituales pero no son iguales para todas las aeronaves. No obstante, nos dan una idea del orden de magnitud de estos tiempos.

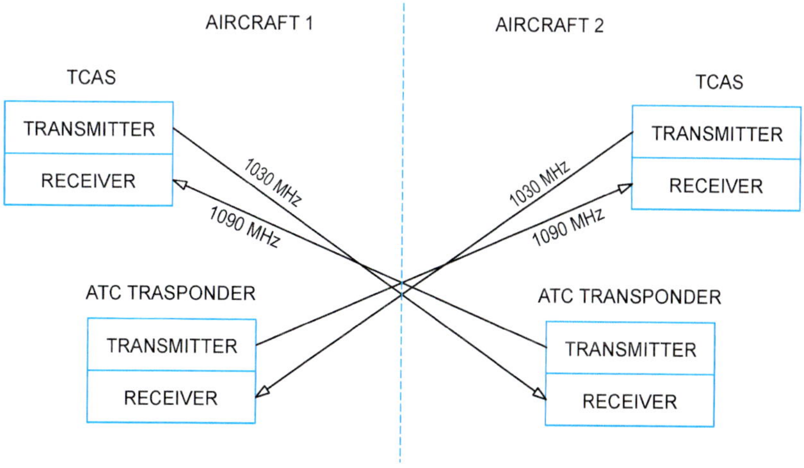

Figura 12.41. Diagrama de bloques de comunicaciones entre el TCAS y transponders de dos aeronaves.

12.9.2. COMPONENTES

Tal y como hemos hecho con otros sistemas, vamos a estudiar la configuración del TCAS en un Airbus A-320, por ser representativa de la mayoría de las aeronaves comerciales. A continuación vamos a estudiar sus componentes principales.

Computadora TCAS

Es el corazón del sistema, encargada de procesar la información que recibe de las antenas y determinar la trayectoria de las aeronaves intrusas, activando los avisos visuales y acústicos según corresponda.

La computadora, que se encuentra en el centro de equipos, se divide a su vez en cinco secciones básicas:

- Sección de recepción.
- Sección de transmisión.
- Módulo de entradas/salidas.
- CPU (dos CPU redundantes).
- Unidad de alimentación eléctrica.

La computadora del TCAS dispone de un equipo de autodiagnóstico, que facilitará las tareas de mantenimiento. La comunicación con el resto de computadoras se realiza a través de un bus ARINC 429.

Antenas direccionales

El TCAS dispone de dos antenas polarizadas verticalmente, una situada en la parte superior del fuselaje y la otra en la parte inferior, encargadas de la transmisión (1030 MHz) y recepción (1090 MHz) de las ondas de radio con las que opera el sistema.

Cada antena está compuesta a su vez por cuatro antenas elementales más pequeñas. Durante la transmisión, cada una de estas cuatro pequeñas antenas, emite una onda, cubriendo los 360° alrededor de la aeronave. Cuando alguna de estas ondas emitidas «choca» con el transponder de una aeronave intrusa, esta nos responde con otra señal de radio. La intensidad inducida en cada una de las cuatro antenas elementales en la recepción, depende de la dirección con la que recibimos la respuesta. De esta manera, la antena del TCAS enviará cuatro señales a la computadora, que será la encargada de determinar la dirección de la aeronave intrusa.

Tanto la antena superior como la inferior son planas con una cierta curvatura. Para asegurar el perfecto montaje de la antena se empleará una junta de teflón.

Unidad de control ATC/TCAS

Mediante el panel de la unidad de control del ATC/TCAS los pilotos controlan la configuración del sistema (Figura 12.42). En un Airbus A-320, esta unidad de control se comunica con la computadora del TCAS y con el ATC transponder mediante un bus ARINC 429.

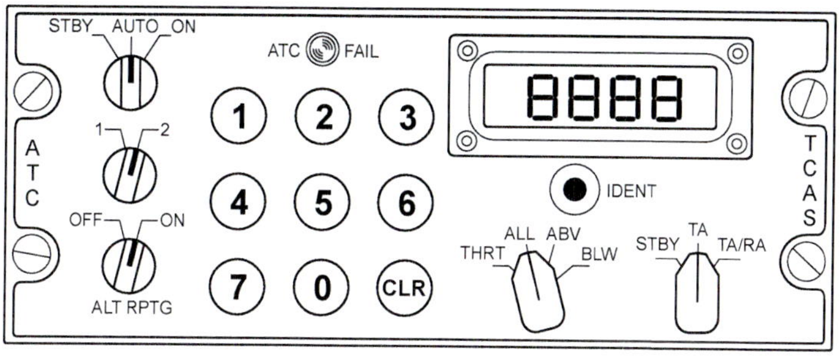

Figura 12.42. Unidad de control ATC/TCAS.

Elementos asociados

Además de los componentes exclusivos del TCAS, el sistema necesita de otros elementos para realizar su función correctamente. Son los siguientes:

- **ATC transponder modo S:** dispone de uno activo y otro en espera, cada uno con su respectiva antena. Son los encargados de «responder» al TCAS de las aeronaves cercanas y al control de tierra. Cada transponder está conectado al TCAS mediante un bus ARINC 429 para la transmisión y otro para la recepción.
- **Pantallas:** el TCAS está conectado a las pantallas de cabina a través de las DMC. La información se transmite a alta velocidad a través de un bus ARINC 429. La pantalla ND mostrará a los pilotos la posición de los intrusos, mientras que la pantalla PFD mostrará la velocidad vertical que deberán seleccionar los pilotos para evitar el acercamiento o colisión. Por su parte, en las pantallas del ECAM se mostrarán los mensajes de aviso correspondientes (*warning messages*).
- **Radioaltímetro:** puesto que la altitud de vuelo es un parámetro esencial para el TCAS, este recibirá información del radioaltímetro. Se dispone de dos radioaltímetros, uno activo y otro en espera, conectados al TCAS mediante un bus ARINC 429.
- **ADIRU:** el TCAS también recibe información de la altitud barométrica desde la ADIRU.
- **IRS:** el sistema de referencia inercial proporciona al TCAS datos sobre la actitud de la aeronave, rumbo, cabeceo y alabeo.
- **LGCIU:** la unidad de control del tren de aterrizaje (*landing gear control and inteface unit*) informa al TCAS de dos situaciones: si la aeronave descansa sobre el tren y, en vuelo, si el tren está extendido o no.
- **CFDIU:** el TCAS está conectado mediante un bus ARINC 429 con el sistema de centralización de fallos.
- ***Data loader:*** empleado para las actualizaciones de software que necesite el TCAS.
- **Otros elementos:** el TCAS también puede recibir datos de dispositivos como el GPWS, *glide slope*, FDIU, etcétera.

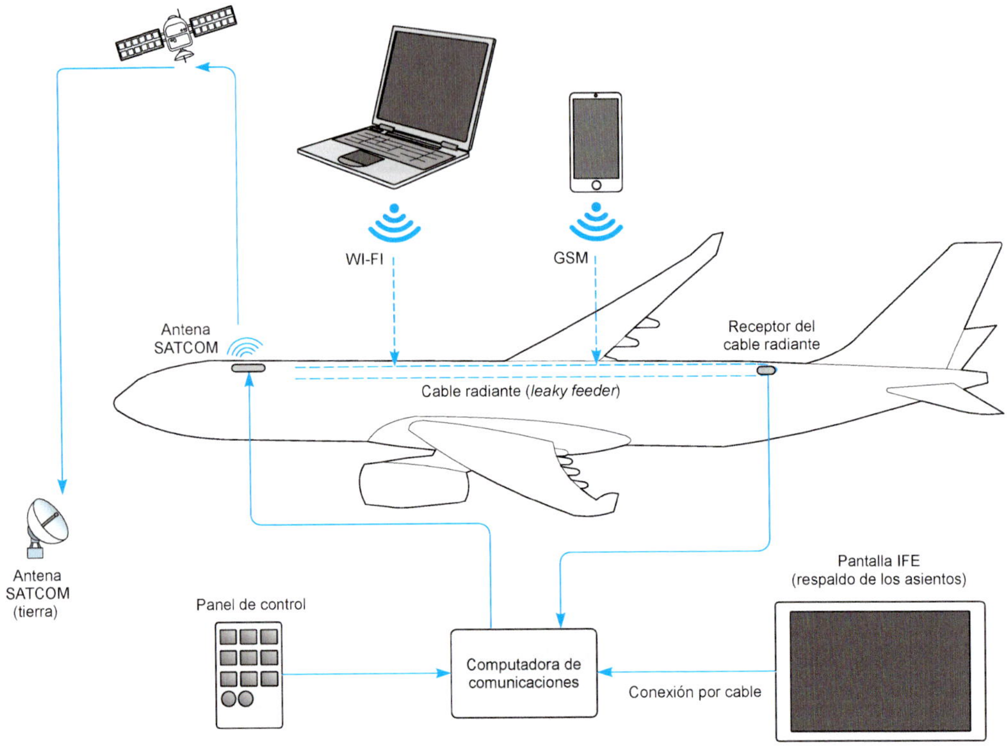

Figura 12.44. Elementos básicos del sistema de entretenimiento de a bordo y de comunicaciones del pasaje con el exterior.

- **Red inalámbrica GSM:** es una red inalámbrica local de telefonía que emplea antenas del tipo cable radiante (***leaky feeder***). Estas antenas son ligeras y emiten con una baja intensidad, por lo que son respetuosas con el entorno electromagnético. Por tanto, esta red capta la señal emitida por el teléfono de un pasajero para que sea enviada a tierra por el SATCOM.
- **Red inalámbrica wifi:** mediante una antena *leaky feeder*, el servidor (computadora de gestión de las comunicaciones) proporciona conexión a internet a *smartphones*, *tablets*, ordenadores portátiles, libros electrónicos, etc. La señal captada por esta red se envía a tierra a través del SATCOM.
- **Red local EFI:** red cableada que conecta los dispositivos de entretenimiento, situados en el respaldo de los asientos del pasaje, con el servidor. Además de proporcionar conexión a internet a través del SATCOM, esta red distribuye los contenidos propios del sistema de entretenimiento de a bordo.

La tripulación también utiliza estos canales de comunicación para informar al pasaje de noticias, situación meteorológica del aeropuerto de destino, publicidad corporativa, venta de productos, puertas de embarque, etcétera.

Para los sistemas IFE se emplean buses de datos de alta velocidad Firewire. El gran ancho de banda de estos buses permite transmitir señales de audio y de vídeo HD a centenares de terminales, situados en el respaldo de los asientos.

autoevaluación

12.1. El sistema de comunicaciones ______ ____________ es algo así como una app de mensajería instantánea que conecta la aeronave con el control de tierra.

12.2. ¿Qué significan las siglas ACARS?

12.3. El ACARS VHF opera en el rango de frecuencias de ____________ hasta ____________.

12.4. ¿En qué rangos de frecuencia puede transmitir el ACARS?

12.5. ¿Con qué antenas de la aeronave opera el ACARS?

12.6. ¿Qué es el AIRCOM?

12.7. ¿Qué frecuencias VHF emplea el ACARS en Japón?

12.8. ¿Cuáles son los tres componentes principales del ACARS?

12.9. El ACARS _________ (tiene/no tiene) capacidad de transmitir mensajes de forma autónoma.

12.10. ¿Qué es la secuencia OOOI?

12.11. ¿Dónde se localiza el ACARS MU en la aeronave?

12.12. Se denomina _______________ al equipo que controla la emisión y recepción de ondas de una antena.

12.13. ¿Qué dos modos tiene el *transceiver* VHF de la aeronave?

12.14. A través del panel ________ el piloto puede seleccionar el modo de funcionamiento del *transceiver* y la frecuencia utilizada.

12.15. ¿Qué señales de radio son menos susceptibles a sufrir interferencias, las de alta o las de baja? ¿Con cuáles realizaremos una transmisión más eficiente?

12.16. ¿Qué señal tiene una mayor frecuencia en las comunicaciones VHF, la portadora o la moduladora?

12.17. A través de la ____________, los pilotos pueden configurar el ACARS, escribir y enviar mensajes alfanuméricos y leer la información que se envía desde el control de tierra ATC.

12.18. Como norma, ¿cuál es el interfaz que emplea el personal de mantenimiento para comunicarse con la aeronave?

12.19. ¿Cuál es el operador de comunicaciones aeronáuticas que gestiona el ACARS en el continente europeo?

12.20. El ACARS transmite un mensaje con un máximo de _________ caracteres.

12.21. Cuando el ACARS de a bordo inicia la comunicación, se dice que opera en el __________ *mode*.

12.22. ¿Qué dos tipos de pantallas pertenecen al EFIS?

12.23. El sistema de Boeing que controla las pantallas EWD y SD se denomina__________.

12.24. En la pantalla ______ se centraliza la información del horizonte artificial, del inclinómetro y coordinador de giro, del ILS, del radioaltímetro, del sistema de prevención de colisiones TCAS, del anemómetro, del variómetro y el altímetro.

12.25. En la pantalla ______ se representa la información de rumbo, radioaltímetro, radar meteorológico WXR y navegación ADF, VOR, GPS e ILS.

12.26. La documentación de mantenimiento del EIS aparece en el ATA _____.

12.27. ¿En qué zona de la cabina está situado el panel de control del EFIS?

12.28. ECAM denomina a la E/WD pantalla ____________ (primaria/secundaria).

12.29. En la parte inferior izquierda de la pantalla _________ aparecerán los fallos detectados por el avión.

12.30. Durante el vuelo de crucero, en la pantalla ____________ se mostrará de forma automática la página *cruise*, que muestra datos de diversos sistemas.

12.31. ¿Qué computadora se encarga de generar los mensajes de fallo que se muestran en las pantallas del ECAM?

12.32. Cuando el BITE de una computadora detecta un fallo, da parte a la _________.

12.33. A través de la MCDU, la tripulación y el personal de mantenimiento pueden acceder a los fallos acontecidos en el último vuelo o durante los ______ vuelos anteriores.

12.34. La unión de los sistemas BITE con la CFDIU se denomina _________.

12.35. Durante el vuelo, la CFDS siempre está en ___________ *mode*.

12.36. El modo de la CFDS más interesante desde el punto de vista del mantenimiento es el ___________ *mode*.

12.37. La CFDIU es capaz de memorizar hasta ______ líneas de fallos cada vez.

12.38. ¿Cómo se denomina el informe del CFDS que recoge las alertas que han aparecido en la EWD del ECAM durante el último vuelo?

12.39. ¿Qué informe del CFDS permite al personal de mantenimiento comparar los fallos detectados con las alertas aparecidas en el EWD?

12.40. Los fallos de clase ____ detectados por el CFDS se comunican a la tripulación de forma automática. Son fallos graves, que se deberán resolver antes del próximo vuelo.

12.41. Cuando la CFDS detecta fallos de clase _____, la tripulación no tendrá acceso a los mismos, pero sí el personal de mantenimiento.

12.42. ¿Qué dos computadoras componen el AFS?

12.43. La FMGC se encarga de controlar el __________ de la aeronave, mediante el ______, el ______ y el ________.

12.44. ¿De qué se encarga la computadora FAC?

12.45. En sus aviones con FBW, Airbus ha sustituido el tradicional yugo de mando («cuernos») por un _____ ________.

12.46. Con FBW, para que el piloto no pierda la sensación de control sobre la aeronave, los mandos de vuelo disponen de sistemas de _______________, que proporcionan un *feedback* que facilita el trabajo de pilotaje.

12.47. En un Airbus A-320, el FBW controla el timón de profundidad y los alerones mediante la computadora _____.

12.48. ¿Qué es el sistema de mandos de vuelo FBL?

12.49. ¿Qué función tiene el piloto automático de la aeronave?

12.50. ¿Qué sistema engloba al piloto automático?

12.51. El AFS de Airbus se compone a su vez de dos subsistemas: ___________ y ________.

12.52. La computadora ________ (AFS) se encarga de la gestión del amortiguador de guiñada (*yaw damper*) así como del timón de dirección y de controlar que el avión permanece dentro de la evolvente de vuelo.

12.53. El _______ es un sistema de navegación basado en el funcionamiento de giróscopos y acelerómetros, no en ondas de radio.

12.54. ¿Cuál es el interfaz que emplean los pilotos para introducir el plan de vuelo?

12.55. ¿En qué leyes físicas se basa el IRS?

12.56. Los sistemas de navegación inercial IRS disponen de ____________ para calcular la aceleración lineal y ____________ para medir la aceleración angular.

12.57. El sistema de navegación ADIRU (Airbus) está compuesto por dos segmentos: ________ y ________.

12.58. ¿Qué sistema proporciona datos de aire al IRS de un Airbus A-320?

12.59. La mayoría de los giróscopos utilizados actualmente en las aeronaves se basan en el ________________, según el efecto ________________.

12.60. ¿Qué es un giróscopo RLG?

12.61. Para evitar las desviaciones, el IRS conecta con el sistema de navegación __________ de forma periódica para corregir y actualizar la ruta.

12.62. La constelación GPS tiene activos un total de ______ satélites.

12.63. La red de satélites del GPS se conoce por el nombre de ___________.

12.64. Para determinar de forma exacta la posición de la aeronave mediante GPS se necesita recibir la señal de al menos _______ (n.º) satélites.

12.65. ¿Qué dos señales emite un satélite del GPS?

12.66. ¿Cómo corrige el GPS las imprecisiones derivadas de la climatología?

12.67. Los datos del GPS se pueden observar a través de la pantalla _______.

12.68. ¿Cómo se denominan los datos combinados del GPS y del ADIRU?

12.69. ¿Dónde se instala la antena del GPS en una aeronave?

12.70. El sistema ___________ es el equivalente europeo al GPS, mientras que el ___________ es el equivalente ruso.

12.71. El sistema ____________ cruza los datos del GPS y el Galileo y sus propios satélites para mejorar la geolocalización.

12.72. ¿Cuál es la misión del TCAS?

12.73. El radar que emplea el TCAS es del tipo ____________ (primario/secundario).

12.74. ¿Qué elemento de la aeronave es el receptor de la señal del radar secundario del control de tierra?

12.75. ¿Qué es el XPDR?

12.76. La respuesta del transponder se realiza con una frecuencia _________.

12.77. El transponder modo ______ solo responde con el código de identificación de la aeronave. Este transponder tan solo se equipa en aviación ligera que vuele en zonas poco congestionadas.

12.78. ¿Qué transponder responde con el código de identificación y la altitud barométrica?

12.79. Las aeronaves con TCAS equipan transponders modo _____, que emiten una señal de ______ bits.

12.80. El rango de detección del TCAS de una aeronave como el Airbus A-320 tiene un radio de _____ NM.

12.81. En un Airbus A-320, la alarma *traffic alert* se activa cuando el TCAS detecta un intruso que está a menos de ______ segundos del ________.

12.82. En un Airbus A-320, la alarma *resolution advisory* se activa cuando el TCAS detecta un intruso que está a menos de ________ segundos del ________.

12.83. ¿Qué sugerencias realiza el TCAS a los pilotos para evitar la colisión?

12.84. ¿De qué tipo es la antena del TCAS?

12.85. En un Airbus A-320, la unidad de control ATC/TCAS se comunicará con la computadora TCAS a través de un bus ___________.

12.86. ¿Qué caracteriza a los sistemas IMA?

12.87. Las aeronaves modernas están conectadas a internet y a la red GSM de telefonía móvil a través del sistema de comunicaciones por satélite ___________.

12.88. ¿Cómo se denomina comúnmente a las antenas de cable radiante?

SOLUCIONES A LAS PREGUNTAS DE AUTOEVALUACIÓN

UNIDAD 1. SISTEMAS DE INSTRUMENTOS ELECTRÓNICOS

1.1. Anemómetro, horizonte artificial, altímetro, indicador de rumbo.

1.2. Indicador de viraje y deslizamiento, variómetro.

1.3. Variómetro.

1.4. Neumática.

1.5. A. Anemómetro; B. Horizonte artificial; C. Altímetro; D. Indicador de viraje y deslizamiento; E. Indicador de rumbo; F. Variómetro.

1.6. Navegación.

1.7. EADI.

1.8. EHSI.

1.9. A. Anemómetro combinado; B. Indicador de actitud electrónico EADI; C. Altímetro; D. Indicador radiomagnético; E. Indicador de rumbo electrónico EHSI; F. Variómetro.

1.10. EADI.

1.11. *Glass cockpit.*

1.12. EFIS.

1.13. PFD, ND.

1.14. PFD, ND.

1.15. ND.

1.16. ARC, ROSE, PLAN.

1.17. A. PFD; B. ND; C. EWD; D. SD; E. ND; F. PFD.

1.18. ECAM, EICAS.

1.19. Principal.

1.20. EWD.

1.21. SD.

1.22. En el compartimento de aviónica.

1.23. SD.

1.24. 3.

1.25. Debajo y tras la cabina (y el radar en el *radome*).

1.26. Brújula, horizonte artificial, anemómetro y altímetro.

1.27. MCDU.

1.28. En el pedestal de mandos.

1.29. En el panel antideslumbrante.

1.30. En el pedestal de mandos.

1.31. BITE.

1.32. En las consolas laterales.

1.33. En el panel superior.

UNIDAD 2. SISTEMAS DE NUMERACIÓN

2.1. 10.

2.2. 0; 1.

2.3. A. 5; B. 7; C. 45; D. 23.

2.4. A. 110; B. 100101; C. 110100; D. 10010001.

2.5. A. 9; B. 35; C. 63; D. 874.

2.6. A. 0001 0011; B. 0100 0111; C. 0101 1000 0001; D. 1001 0000 0110 0111.

2.7. A. 010; B. 0010; C. 110110; D. 0101001.

2.8. A. 011; B. 1010; C. 011000; D. 01101.

2.9. A. 0011 0000; B. 1100 1100; C. 1001 1111; D. 1000 0100.

2.10. A. 0011 0000; B. 1011 0011; C. 1110 0000; D. 1111 1011.

2.11. A. 0011 0000; B. 1100 1101;C. 1010 0000; D. 1000 0101.

2.12. A. 6; B. 20; C. 62; D. 233.
2.13. A. 11; B. 45; C. 316; D. 141.
2.14. A. 3; B. 25; C. 166; D. 7545.
2.15. A. 101; B. 1100; C. 11 0111; D. 1110 1001.
2.16. A. 14; B. 106; C. 623; D. 87.
2.17. A. 7; B. C; C. A9; D. AE.
2.18. A. 3; B. 1D; C. 76; D. F65.
2.19. A. 0111; B. 0010 1010; C. 1111 0101; D. 1010 1100 1011.
2.20. A. 1011; B. 13; C. 11; D. B.
2.21. A. 112; B. 52; C. 35; D. 2A.
2.22. A. 10000; B. 1000001.

UNIDAD 3. CONVERSIÓN DE DATOS

3.1. Analógica.
3.2. Convertir dicha señal en otra similar formada por un número discreto de valores.
3.3. Números.
3.4. Analógico.
3.5. Más.
3.6. Sencillos.
3.7. 1.
3.8. Alto.
3.9. Negativa.
3.10. 2 V; 0,8 V.
3.11. Flancos.
3.12. En un tren de pulsos periódico.
3.13. No.
3.14. Sumador ponderado y un latch.
3.15. Circuito electrónico que retiene la señal digital durante la conversión en un DAC con sumador ponderado.
3.16. Cada una el doble que la anterior.
3.17. Circuito electrónico que actúa como un relé, de tal forma que cambia la conexión del circuito en función de si recibe tensión o no.
3.18. Dos valores cualesquiera, uno doble del otro.
3.19. Un DAC que solo recibe números binarios positivos.
3.20. 1023.
3.21. 1024.
3.22. 0,0196 V; 1024.
3.23. Un circuito integrado de referencia de tensión.
3.24. Rápido.
3.25. Divisor de tensión (resistencias), comparadores (amplificadores operacionales) y un codificador de prioridad (encoder).
3.26. El gran número de comparadores necesarios y la complejidad del encoder.
3.27. Comparador (amplificador operacional). Registro de aproximaciones sucesivas y un DAC.
3.28. Menor.
3.29. Aproximaciones sucesivas.

UNIDAD 4. BUSES DE DATOS

4.1. Unidireccional.
4.2. Serie.
4.3. Paralelo.
4.4. Serie.
4.5. Rápido; pesado.
4.6. La transmisión simultánea de varias señales a través de un único medio.
4.7. Frecuencia.
4.8. Tiempo.
4.9. Síncrona.
4.10. Interfaz del bus.
4.11. Evitar reflexiones.
4.12. 32.
4.13. 100 kbps.
4.14. 20.
4.15. Unidireccional.
4.16. Par de cables de cobre trenzados y apantallados.
4.17. +5 V; 0 V; –5 V.
4.18. –5 V.
4.19. 0 V.
4.20. HI.
4.21. –10 V.
4.22. Asíncrono.
4.23. Simplex.
4.24. Etiqueta (*label*)
4.25. 9; 10; SDI.
4.26. 11; 29.
4.27. El estado del hardware implicado en la transmisión.
4.28. Impar.
4.29. Para verificar que el mensaje se ha transmitido correctamente.
4.30. Empezando por el bit menos significativo de cada campo, con excepción de la etiqueta que empieza por el MSB.
4.31. BNR y BCD.
4.32. Octal.
4.33. Serie; bidireccional; cobre.
4.34. *Half-duplex*.
4.35. 1 Mbps.
4.36. El controlador del bus (BC).
4.37. Vigilar que la transferencia de información se haya producido sin ningún fallo.
4.38. Par de cobre trenzado y apantallado.
4.39. 20 bits.

4.40. Impar.
4.41. MIL-STD-1773B.
4.42. Bidireccional.
4.43. *Full-duplex.*
4.44. 120.
4.45. 2 Mbps.
4.46. 20 bits; impar.
4.47. 664.
4.48. Fibra óptica.
4.49. 100 Mbps.
4.50. Ethernet.
4.51. 802.3
4.52. *Carrier sense, multiple access, collision detection.*
4.53. *Host.*
4.54. Reenviar el mensaje.
4.55. *Switch.*
4.56. 1394.
4.57. 800 Mbps.
4.58. Unidireccional.

UNIDAD 5. CIRCUITOS LÓGICOS

5.1. Puertas lógicas.
5.2. Álgebra de Boole.
5.3. Suma lógica, producto lógico y la complementación.
5.4. A. Buffer; B. NOT; C. AND; D. NAND; E. OR; F. NOR; G. XOR; H. XNOR.
5.5. A. 0; B. 1; C. 0; D. 0; E. 1; F. 1; G. 1; H. 0.
5.6. A. Buffer; B. NOT; C. AND; D. NAND; E. OR; F. NOR; G. XOR; H. XNOR.
5.7. A. AND; B. OR; C. XOR; D. NAND.
5.8. A. AND; B. OR.
5.9. AND.
5.10. OR.
5.11. Rápidos.
5.12. Mayor.
5.13. Menor.
5.14. Astable.
5.15. Biestable.
5.16. Biestables.
5.17. Monoestable.
5.18. Apagada; apagada.
5.19. Síncrono; asíncrono.
5.20. 1.
5.21. Secuencial.
5.22. Combinacionales.
5.23. Secuenciales.
5.24. Secuenciales.

UNIDAD 6. ESTRUCTURA BÁSICA DE UN ORDENADOR

6.1. Hardware.
6.2. La CPU.
6.3. Bus.
6.4. ALU, matriz de registros y unidad de control.
6.5. Aritmético-lógica (ALU).
6.6. Matriz de registros.
6.7. Unidad de control.
6.8. No volátil.
6.9. RAM.
6.10. RAM.
6.11. 16 matrices de memoria.
6.12. 32 bytes.
6.13. 8 bits.
6.14. 4 bits.
6.15. 1024 bytes.
6.16. 1000 bytes.
6.17. 1024 Mbytes.
6.18. 1 Gbyte.
6.19. Matrices.
6.20. Celdas.
6.21. Palabra.
6.22. Dirección.
6.23. En la ROM.
6.24. ROM.
6.25. ROM de máscara.
6.26. No.
6.27. Que la EPROM se puede rescribir y la PROM no.
6.28. Aplicando luz ultravioleta a través de la ventanilla del integrado.
6.29. EEPROM.
6.30. Menor.
6.31. Mayor.
6.32. SRAM.
6.33. DDR DRAM.
6.34. DRAM.
6.35. Unidireccional.
6.36. Direcciones.
6.37. 256 palabras.
6.38. Bidireccional.
6.39. Bidireccional.
6.40. VME bus; paralelo.
6.41. Disco duro y demás dispositivos de almacenamiento.
6.42. Óptico.
6.43. Luz láser infrarrojo de baja potencia.
6.44. RW.
6.45. EEPROM, flash.
6.46. Software de sistema.

6.47. Software de sistema.
6.48. Software de sistema.
6.49. Software de aplicación.
6.50. *Driver*.
6.51. Ensamblador, de nivel bajo.
6.52. Bajo.
6.53. Máquina.
6.54. Alto.
6.55. Bajo.
6.56. Compilador.
6.57. Máquina.

UNIDAD 7. FIBRA ÓPTICA

7.1. Luz.
7.2. Más.
7.3. Mayor.
7.4. Es prácticamente inmune.
7.5. No.
7.6. Menor.
7.7. Difíciles.
7.8. Igual al de incidencia.
7.9. El cambio de dirección de propagación al pasar de un medio a otro con distinto índice de refracción.
7.10. A la distinta velocidad a la que se mueve la luz por distintos medios.
7.11. 205 800 km/s.
7.12. 2.
7.13. El ángulo de incidencia necesario para que el de refracción sea de 90°.
7.14. 22,6°.
7.15. 50,3°.
7.16. Se refleja toda.
7.17. Mayor.
7.18. *Core*; *clad*.
7.19. Todos los rayos que inciden sobre el extremo de la fibra con ángulos menores al del cono de aceptación se propagarán.
7.20. 0,5.
7.21. 0,54.
7.22. Menor.
7.23. Decibelios dB.
7.24. A la composición de la fibra y al método empleado en la fabricación.
7.25. La reflexión de la luz en dirección perpendicular a la de propagación, debido a las partículas microscópicas presentes en el medio.
7.26. 0,6 dB.
7.27. Debido a que cada modo recorre una longitud distinta al propagarse por la fibra, el receptor captará los distintos modos de forma paulatina, apareciendo una dispersión temporal.
7.28. Menor.
7.29. Vidrio (sílice) o plástico (PMMA – polimetilmetacrilato).
7.30. Menor.
7.31. Escalonado; gradual.
7.32. Mayor.
7.33. 125.
7.34. 9.
7.35. 62,5 μm y 50 μm.
7.36. Multimodo.
7.37. Sencillas.
7.38. Diodo LED infrarrojo de baja intensidad o bien un diodo láser.
7.39. Segunda ventana.
7.40. Multimodo exclusivamente.
7.41. De 1,525 μm a 1,575 μm.
7.42. Láser.
7.43. Fotodiodo PN, PIN y de avalancha y fototransistor.
7.44. La alineación.
7.45. A través de la superficie de fibra; a través del núcleo.
7.46. El *router*.
7.47. El *switch*.
7.48. Boeing B777.
7.49. Un *fly-by-wire* pero con bus de fibra óptica.

UNIDAD 8. INDICADORES VISUALES ELECTRÓNICOS

8.1. CRT.
8.2. Elevado, 150° o más.
8.3. Un haz de electrones.
8.4. Nula, el vacío.
8.5. Lanzar a gran velocidad un haz de electrones hacia la superficie interna de la pantalla.
8.6. Cátodo, filamento, rejilla de control, ánodo acelerador y ánodo de enfoque.
8.7. Negativo.
8.8. Filamento.
8.9. Rejilla de control.
8.10. Variando el potencial negativo de la rejilla de control: a mayor potencial, menos brillo.
8.11. Diverja.
8.12. Concentrar el haz de electrones.
8.13. Electroestática.
8.14. El número de veces que se redibuja la pantalla completa en un segundo.
8.15. Triangular en rampa.
8.16. 8000 Hz.
8.17. La imagen se representa directamente, no se realiza barrido alguno; fabricación de osciloscopios.
8.18. Positivo.

8.19. La superficie homogénea más pequeña de las que componen la imagen de la pantalla.
8.20. El número de píxeles que es capaz de representar.
8.21. La proporción entre el número de píxeles horizontales y verticales.
8.22. Rojo, verde y azul.
8.23. De sombra, de rejilla y de apertura de rejilla.
8.24. Controlador de la CRT.
8.25. Termotrópicos nemáticos.
8.26. Estar polarizada.
8.27. No.
8.28. LCD reflectivos.
8.29. Retroiluminadas; activa.
8.30. Fluorescente CCFL o LED.
8.31. Matriz pasiva.
8.32. Una LCD de matriz activa, que emplea transistores TFT.
8.33. Un transistor de película fina (TFT – *Thin Film Transistor*).
8.34. 512 colores.
8.35. Pantalla de plasma.
8.36. LCD.
8.37. Es una OLED transparente.
8.38. FOLED.
8.39. En la EFB (*Electronic Flight Bag*) y en el sistema de entretenimiento de a bordo.
8.40. Resistivas.
8.41. Capacitiva.
8.42. De 5 mA a 20 mA.
8.43. Circulares de 3 mm y 5 mm y cuadrados de 5 × 2 mm.
8.44. 20°; 40°.
8.45. Del material de fabricación.
8.46. Rojo.
8.47. Al verde.
8.48. La sensibilidad del ojo a la luz en función de su longitud de onda (color).
8.49. Un diodo rectificador en antiparalelo.
8.50. Resistor.
8.51. a.
8.52. Polarizándolo directamente, se seleccionará la función de comprobación de diodos. Si el diodo está en correcto estado, este se iluminará.

UNIDAD 9. DISPOSITIVOS SENSIBLES A CARGAS ELECTROSTÁTICAS

9.1. Un dispositivo sensible a las cargas y descargas electrostáticas.
9.2. Mayor.
9.3. Baja.
9.4. 1 MΩ.
9.5. Hasta 35 kV.
9.6. Aire.
9.7. Algodón.
9.8. Ganar.
9.9. Ganar.
9.10. Ceder.
9.11. Aislantes.
9.12. Menor; mayor.
9.13. 20 V a 100 V.
9.14. A la estructura de la aeronave, bien a través de un *jack* o bien directamente mediante una pinza.
9.15. Conductores.
9.16. Un film plástico y una película conductora (metal o carbono).

UNIDAD 10. CONTROL DE GESTIÓN

10.1. A.
10.2. B.
10.3. E.
10.4. *Aircraft Maintenance.*
10.5. DO-178B; ED-12B.
10.6. *Field Loadable Software* (FLS).
10.7. No.
10.8. No.
10.9. Sí.
10.10. *Airline/Operator Modificable Software* (A/OMS).
10.11. *User Modificable Software (UMS); User Certificable Software* (UCS).
10.12. *User Modificable Software* (UMS).
10.13. E.
10.14. UCS.
10.15. El suministrador.
10.16. SCS.
10.17. *Aircraft Configuration List* (ACL).
10.18. *Aeronautical Database* (ADB) o *Database Field Loadable Data* (DFLD).
10.19. Binario natural.
10.20. EASA Form 1 o FAA 8130-3.
10.21. *Letter Of Acceptance* (LOA).
10.22. *Checksum* (suma de verificación) y *Cyclic Redundancy Check* (CRC).

UNIDAD 11. ENTORNO ELECTROMAGNÉTICO

11.1. Eléctrico y magnético.
11.2. No.
11.3. Mayor.
11.4. Mínimo.

11.5. 90°.

11.6. Paralela.

11.7. Paralelas.

11.8. Fuente de la onda, camino de acoplamiento y receptor de la interferencia.

11.9. Conductivo, inductivo, capacitivo, radiación.

11.10. Bus de fibra óptica.

11.11. Radiodifusión, televisión digital terrestre, wifi, navegación aérea y marítima, comunicación de policía, bomberos y servicios de emergencia, radares, satélites, naves espaciales, etcétera.

11.12. Equipos de soldadura, herramientas de corte eléctricas, hornos microondas, lavadoras de ultrasonidos, etcétera.

11.13. Dispositivos electrónicos personales, como un *smartphone* o una *tablet*.

11.14. 50 %.

11.15. Estas estructuras no protegen de la EMI a los equipos embarcados tan bien como lo hacen las estructuras metálicas.

11.16. Epoxi.

11.17. 3 m.

11.18. 0,75 m.

11.19. Lineal.

11.20. Las no lineales.

11.21. No lineal.

11.22. Disminución del FDP, aumento del factor de cresta, deformación excesiva de la onda, generación de EMI.

11.23. Menor.

11.24. 118-136,975 MHz.

11.25. VLF, LF, MF, HF, VHF, UHF, SHF.

11.26. SHF.

11.27. En un cable recubierto por una malla metálica conectada a masa en un extremo.

11.28. Externos.

11.29. HIRF.

11.30. Test de susceptibilidad radiada.

11.31. Se «inyectará» directamente la onda electromagnética en la estructura de la aeronave, para comprobar si los sistemas de a bordo siguen funcionando.

11.32. Son espacios totalmente aislados de interferencias exteriores. En ellas se prueban los equipos electrónicos, sometiéndoles a ondas electromagnéticas de forma controlada, monitorizando su respuesta.

11.33. La compatibilidad electromagnética de los equipos de a bordo entre sí y con el entorno de operación de la aeronave.

11.34. Ensayo del equipo en la aeronave. El fabricante de la aeronave comprobará que todos los equipos embarcados son compatibles entre sí, esto es, que unos no generan interferencias en los demás. Se realizan a campo abierto en zonas alejadas de edificios, antenas, líneas eléctricas, etcétera.

11.35. Negativa.

11.36. Interferencias EMI, atracción de rayos, favorece la corrosión, aparece chisporroteo, aumenta la probabilidad de sufrir descargas eléctricas a la tripulación o al pasaje.

11.37. Mediante descargadores de estática.

11.38. Entre 6 MΩ y 200 MΩ.

11.39. El interconexionado eléctrico de todos los componentes estructurales de la aeronave.

11.40. 3000 horas.

11.41. La fricción de las partículas de agua y hielo presentes en las nubes.

11.42. Negativa.

11.43. *Stepped leader*.

11.44. Cuando aparece la descarga de retorno.

11.45. Tierra; la nube.

11.46. 90 %.

11.47. 200 kA.

11.48. En las tropicales (cálidas y húmedas).

11.49. Cuando se vuela dentro de las nubes.

11.50. 22 000 pies.

11.51. En el morro, en las puntas de los planos o en la *nacelle* de los motores.

11.52. 1A; 1B.

11.53. Zona 2.

11.54. En la punta de las palas del rotor principal o del rotor antipar de cola.

11.55. 20 microsegundos.

11.56. Primaria.

11.57. Daños directos y daños indirectos.

11.58. Tiras metálicas de desvío.

11.59. Uno.

11.60. Coaxial.

11.61. Trenzado; apantallado.

11.62. Bajo.

11.63. Altas.

UNIDAD 12. SISTEMAS TÍPICOS ELECTRÓNICOS-DIGITALES EN LAS AERONAVES

12.1. ACARS.

12.2. *ARINC Communication and Addressing and Reporting System*.

12.3. De 129 MHz hasta 137 MHz.

12.4. HF (comunicaciones HF), VHF (comunicaciones VHF), UHF (SATCOM).

12.5. Con las mismas del sistema de comunicaciones VHF. También puede utilizar las del SATCOM y las del HF COMM.

12.6. Un sistema análogo al ACARS empleado en el continente australiano.

12.7. 131,475 MHz.

12.8. ACARS MU, MCDU e impresora.

12.9. Tiene.

12.10. *Gate out* (salida de la terminal), *wheels off* (despegue), *wheels on* (aterrizaje), *gate in* (llegada a la terminal).

12.11. En el centro de equipos (compartimento de aviónica).

12.12. *Transceiver.*

12.13. *Radio mode* y *data mode.*

12.14. RMP.

12.15. Las de baja; las de alta.

12.16. La portadora.

12.17. MCDU.

12.18. MCDU.

12.19. SITA.

12.20. 220.

12.21. *Demand.*

12.22. ND y PFD.

12.23. EICAS.

12.24. PFD.

12.25. ND.

12.26. ATA 31.

12.27. En el panel antideslumbrante.

12.28. Primaria.

12.29. EWD.

12.30. SD.

12.31. FWC.

12.32. CFDIU.

12.33. 64.

12.34. CFDS.

12.35. *Normal mode.*

12.36. *Menu mode.*

12.37. 40.

12.38. *Last/current leg ECAM report.*

12.39. *Post flight report.*

12.40. Clase 1.

12.41. Clase 3.

12.42. FMGC y FAC.

12.43. Rumbo; AP; FD; A/THR.

12.44. Controla el amortiguador de guiñada (*yaw damper*), el timón de dirección y que la aeronave no supere su evolvente de vuelo.

12.45. *Sidestick.*

12.46. Sensibilidad artificial.

12.47. ELAC.

12.48. Sistema de mandos de vuelo con transmisión de datos a través de fibra óptica.

12.49. Controlar de forma automática el rumbo de la aeronave.

12.50. FMS-AFS.

12.51. FMGS y FAC.

12.52. FAC.

12.53. IRS.

12.54. La MCDU.

12.55. En las leyes de Newton.

12.56. Acelerómetros; giróscopos.

12.57. ADR; IR.

12.58. ADR.

12.59. Interferómetro láser; Sagnac.

12.60. Un giróscopo láser de anillo (*ring-laser gyro*).

12.61. GPS.

12.62. 24.

12.63. Navstar (*Navigation satellite timing and ranging*).

12.64. 4.

12.65. Almanaque y efemérides.

12.66. Captando la señal de un quinto satélite.

12.67. ND.

12.68. GPIR (*Global Position Inertial Reference*).

12.69. En la parte superior del fuselaje.

12.70. Galileo; GLONASS.

12.71. EGNOS.

12.72. Evitar acercamientos excesivos y colisiones entre aeronaves.

12.73. Secundario.

12.74. Transponder.

12.75. El transponder.

12.76. UHF.

12.77. A.

12.78. Modo C.

12.79. S; 24.

12.80. 30.

12.81. 40; CPA.

12.82. 25; CPA.

12.83. Seguir a la misma altitud, ascender, descender o ajustar la velocidad de vuelo.

12.84. Omnidireccional, polarizada verticalmente y compuesta por cuatro antenas elementales más pequeñas.

12.85. ARINC 429.

12.86. Se utiliza una sola computadora para controlar varios sistemas, a través de diversos software específicos de dichos sistemas.

12.87. SATCOM.

12.88. *Leaky feeder.*

PREGUNTAS DE TEST

EXAMEN TIPO 1

1. (Referido a la Figura T.1.) En el sistema de instrumentos tradicional con T básica, el anemómetro se coloca en la posición:

   A. A.
   B. B.
   C. C.

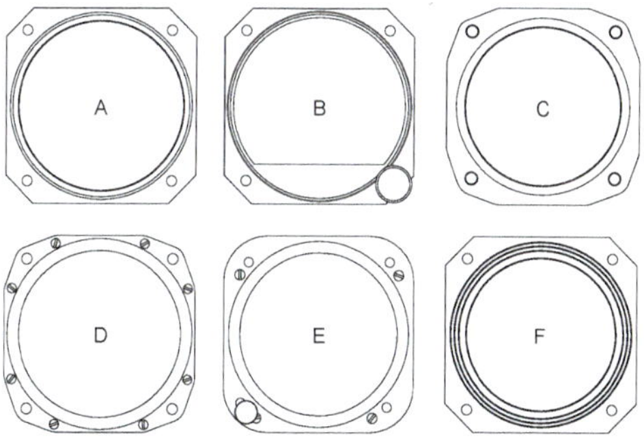

Figura T.1. Pregunta 1.

2. ¿Cuál de los siguientes indicadores no forma parte de la T básica del sistema de instrumentación?

   A. Indicador de rumbo.
   B. Anemómetro.
   C. Inclinómetro.

3. (Referido a la Figura T.2.) El indicador de la figura es el:

   A. Variómetro.
   B. Altímetro.
   C. Anemómetro.

Figura T.2. Pregunta 3.

4. ¿En qué pantalla se representa la información del radar meteorológico, del ADF, VOR, ILS y GPS?

   A. SD.
   B. ND.
   C. PFD.

5. (Referido a la Figura T.3.) ¿En qué posición estará la SD por norma general?

   A. A.
   B. C.
   C. D.

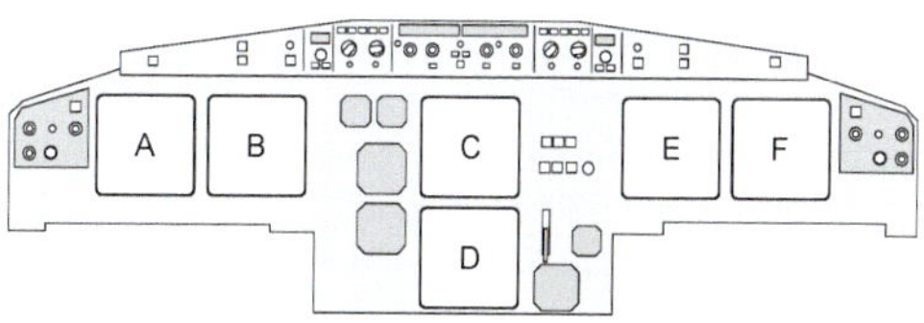

Figura T.3. Pregunta 5.

6. ¿Dónde está situado el panel de control del ECAM?

A. En el panel principal.
B. En el panel antideslumbrante.
C. En el pedestal de mandos.

7. El número binario 0111 se corresponde con el decimal:

A. 7.
B. 8.
C. 12.

8. El número decimal 27 es equivalente al binario BCD:

A. 00100111.
B. 11011.
C. 10011.

9. El número hexadecimal A3 es equivalente al binario:

A. 10100011.
B. 10110101.
C. 10010101.

10. La suma de los números binarios 10 + 1 es igual a:

A. 101.
B. 11.
C. 110.

11. Un convertidor ADC transforma una señal:

A. Analógica en una digital equivalente.
B. Digital en una analógica equivalente.
C. Analógica en una digital equivalente y viceversa.

12. ¿Cuál es la resolución de un DAC que opera a una tensión de entrada máxima de 30 V y una salida de 4 bits?

A. 1 V.
B. 2 V.
C. 3 V.

13. ¿Cuál es el número decimal máximo que puede representar un DAC de 4 bits?

A. 15.
B. 16.
C. 32.

14. ¿Qué tipo de bus conecta equipos que solo son capaces de transmitir con otros que solo son capaces de recibir?

A. Paralelo.
B. Bidireccional.
C. Unidireccional.

15. ¿Cómo se denomina a la transmisión de señales a través de un único medio?

A. Combinación.
B. Cuantificación.
C. Multiplexación.

16. La velocidad de transmisión de un bus MIL-STD-1553B es de:

A. 100 kbps.
B. 1 Mbps.
C. 100 Mbps.

17. El bus MIL-STD-1553B transmite tramas con paridad:

A. Par.
B. Impar.
C. Doble.

18. En el protocolo de Ethernet, si el mensaje enviado por el *host* «colisiona» con otra transmisión, el *host:*

A. Reenviará el mensaje.
B. Informará de un fallo en la transmisión.
C. No volverá a transmitir el mensaje.

19. (Referido a la Figura T.4.) El símbolo de la figura representa una puerta:

A. AND.
B. NOT.
C. BUFFER.

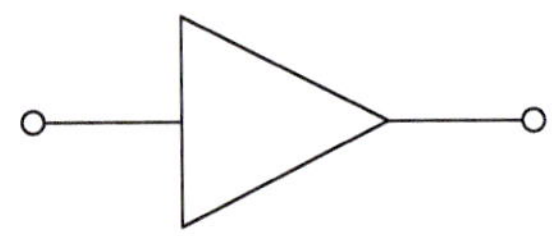

Figura T.4. Pregunta 19.

20. (Referido a la Figura T.5.) En la figura se representa el circuito electrónico básico de una puerta:

A. OR.
B. AND.
C. XOR.

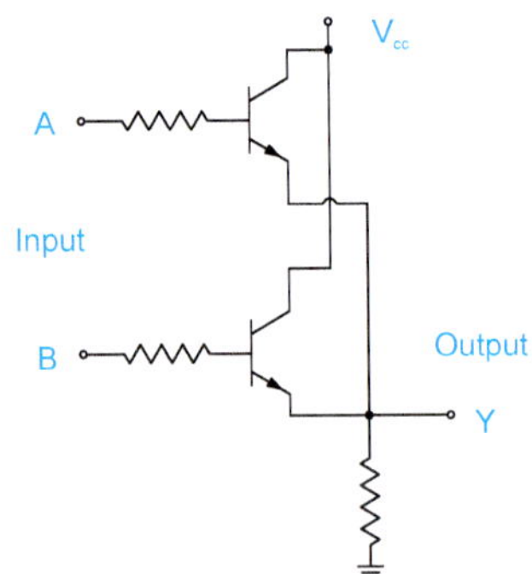

Figura T.5. Pregunta 20.

21. (Referido a la Figura T.6.) El símbolo de la figura representa la puerta:

A. XNOR.
B. NOR.
C. XOR.

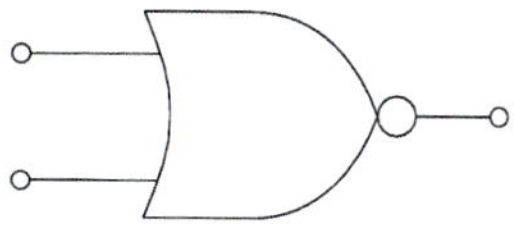

Figura T.6. Pregunta 21.

22. Los circuitos integrados digitales CMOS se implementan con transistores:

A. Bipolares BJT.
B. MOSFET complementarios.
C. De unión UJT.

23. (Referido a la Figura T.7.) La salida Y del circuito de la figura será:

A. 1.
B. 0.
C. 0 o 1 indistintamente.

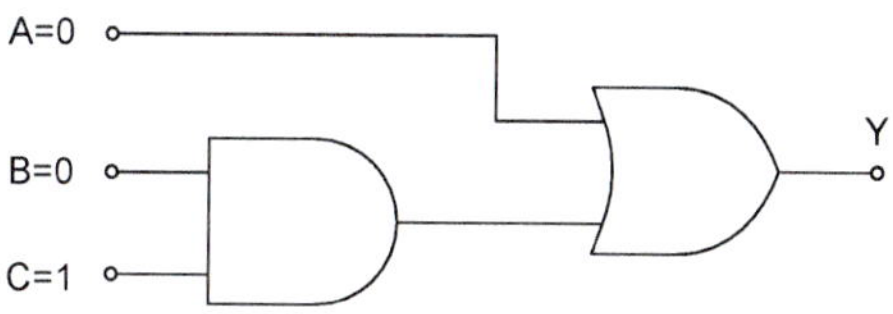

Figura T.7. Pregunta 23.

24. Los circuitos multivibradores son característicos de los circuitos:

A. Combinacionales.
B. Secuenciales.
C. Tanto combinacionales como secuenciales.

25. La salida complementaria de un latch SR será:

A. La opuesta a la salida principal.
B. Idéntica a la salida principal.
C. Independiente del estado de la salida principal.

26. El elemento encargado de realizar las operaciones lógicas de una computadora según el álgebra de Boole es la:

A. ALU.
B. Matriz de registros.
C. Unidad de control.

27. ¿Cuántas matrices de memoria de 16K × 4 bits se necesitan para una capacidad de 8 kbytes?

A. 1 matriz.
B. 2 matrices.
C. 4 matrices.

28. Un conjunto ordenado y finito de operaciones que permite hallar la solución a un problema se conoce como:

A. Aplicación.
B. Software.
C. Algoritmo.

29. ¿Qué elemento se encarga de traducir el código fuente en código objeto?

A. Compilador.
B. *Driver.*
C. *Firmware.*

30. Por un bus de fibra óptica se transmite:

A. Un haz de luz.
B. Un pulso en forma de onda mecánica.
C. Una pequeña corriente eléctrica.

31. ¿En qué tipo de fibra óptica resulta más sencillo el acoplamiento de terminales y el conexionado?

A. Fibra monomodo de índice gradual.
B. Fibra multimodo.
C. Fibra monomodo.

32. ¿Cómo se denomina al circuito electrónico complejo encargado de dirigir o enrutar apropiadamente los paquetes de datos transmitidos entre dos o más redes LAN?

A. *Switch.*
B. *Router.*
C. *Latch.*

33. ¿Cómo se denomina al cilindro metálico que rodea al cátodo de una CRT y sirve para concentrar y controlar el flujo de electrones dirigido hacia la pantalla?

A. Filamento.
B. Bobina de deflexión.
C. Rejilla de control.

34. La pantalla de un monitor CRT tendrá potencial:

A. Negativo.
B. Positivo.
C. Nulo.

35. ¿Cuál de las siguientes sustancias tiene una mayor tendencia de cargarse positivamente?

A. Aluminio.
B. Aire.
C. Polimetilmetacrilato.

36. ¿Qué criticidad tiene el software de nivel C?

A. Fallo catastrófico.
B. Fallo peligroso.
C. Fallo mayor.

37. Cuando se actualiza el software FLS:

A. Se modificará el *part number* del hardware de destino.
B. El hardware de destino mantendrá su *part number*.
C. Es imprescindible una orden de ingeniería.

38. Una antena receptora de radio deberá ser:

A. Paralela al campo eléctrico de la onda.
B. Perpendicular al campo eléctrico de la onda.
C. Paralela al campo magnético de la onda.

39. ¿Cómo puede el piloto cambiar el modo de funcionamiento del *transceiver* VHF (*radio mode-data mode*)?

  A. A través de la MCDU.
  B. A través del RMP.
  C. No puede, este cambio solo se realiza de forma automática.

40. Las computadoras FMGC y FAC pertenecen al:

  A. *Autoflight-system*.
  B. CFDS.
  C. AIMS.

EXAMEN TIPO 2

1. (Referido a la Figura T.8.) En el sistema de instrumentos tradicional con T básica, el horizonte artificial se coloca en la posición

  A. A.
  B. B.
  C. C.

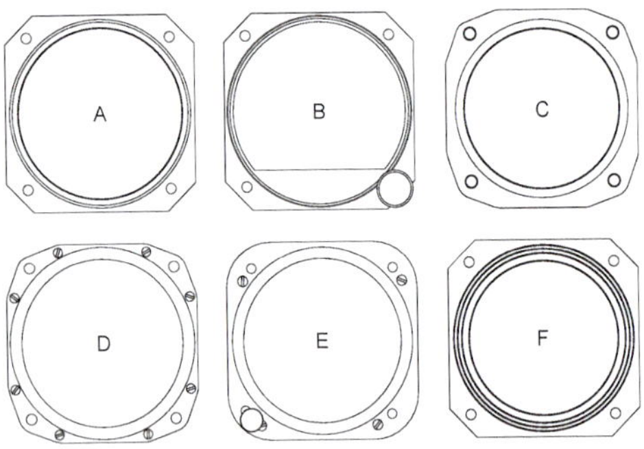

Figura T.8. Pregunta 1.

2. (Referido a la Figura T.9.) El indicador de la figura es el:

  A. Inclinómetro.
  B. Horizonte artificial.
  C. Indicador de rumbo.

Figura T.9. Pregunta 2.

3. ¿Cuál de los siguientes indicadores no forma parte de los instrumentos *standby* que disponen las cabinas tipo *full glass*?

  A. Anemómetro.
  B. Variómetro.
  C. Altímetro.

4. El número binario 10101 se corresponde con el decimal:

  A. 17.
  B. 19.
  C. 21.

5. ¿Cuál es el complemento a dos del número binario 1011?

  A. 0100.
  B. 1011.
  C. 0101.

6. El número octal 47 es equivalente al binario:

  A. 100101.
  B. 010101.
  C. 100111.

7. Si un circuito digital asigna +5 V al bit 1 y 0 V al bit 0, tendremos lógica:

  A. Negativa.
  B. Positiva.
  C. De nivel bajo.

8. Para suavizar la onda de salida de un conversor DAC se emplea un filtro de:

  A. Inducción (*choke coil*).
  B. Paso de banda.
  C. Paso bajo.

9. ¿Cuál es el número decimal máximo que puede representar un DAC de 8 bits?

  A. 64.
  B. 255.
  C. 256.

10. La transmisión en la que el transmisor y el receptor reciben la misma señal del reloj, siendo el ritmo de transmisión idéntico al ritmo de recepción se denomina transmisión:

  A. Síncrona.
  B. Asíncrona.
  C. Polarizada.

11. En la trama transmitida por un bus ARINC 429, del bit 11 al 29 tenemos:

  A. Los datos (información propiamente dicha).
  B. La etiqueta.
  C. El identificador de fuente/destino (SDI).

12. El bus MIL-STD-1553B transmite una trama de:

  A. 16 bits
  B. 20 bits.
  C. 32 bits.

13. ¿Qué función del álgebra de Boole implementa la puerta BUFFER?

A. Producto.
B. Suma.
C. Igualdad.

14. (Referido a la Figura T.10.) En la figura se representa el circuito equivalente de una puerta:

A. OR.
B. XOR.
C. AND.

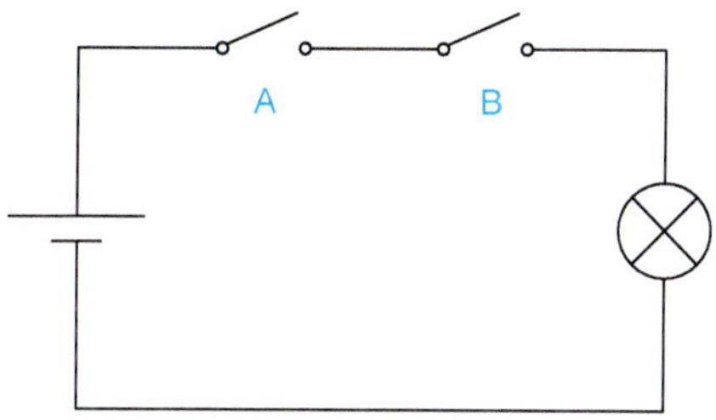

Figura T.10. Pregunta 14.

15. (Referido a la Figura T.11.) El símbolo de la figura representa la puerta:

A. BUFFER.
B. NOT
C. XOR.

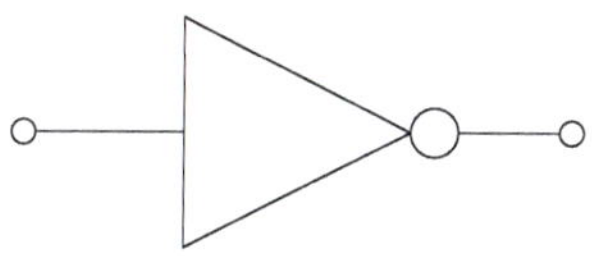

Figura T.11. Pregunta 15.

16. Los circuitos CMOS:

A. Tienen un mayor intervalo de voltaje que los TTL.
B. Tienen un menor factor de carga que los TTL.
C. Son más rápidos que los TTL.

17. La parte de la CPU de una computadora encargada de realizar los cálculos es la:

A. Matriz de registros.
B. ALU.
C. Unidad de control.

18. ¿Cuántas matrices de memoria de 32K × 4 bits se necesitan para una capacidad de 32 kbytes?

A. 1 matriz.
B. 2 matrices.
C. 4 matrices.

19. En la programación de un microprocesador, el programador escribe las instrucciones empleando lenguaje:

A. De alto nivel.
B. Máquina.
C. Ensamblador.

20. El índice de refracción del vidrio es de 1,5. ¿Qué velocidad tendrá la luz al atravesar dicho medio?

A. 450 000 km/s
B. 200 000 km/s.
C. 150 000 km/s.

21. Si un haz de luz avanza desde un medio A (n_A) hacia un medio B (n_B), ¿cómo se calculará la apertura numérica?

A. $AN = n_A - n_B$
B. $AN = \sqrt{n_A - n_B}$
C. $AN = \sqrt{n_A^2 - n_B^2}$

22. En una transmisión con fibras ópticas multimodo de 62,5 μm se emplean longitudes de onda de:

A. De 0,82 μm a 0,88 μm.
B. De 1,285 μm a 1,3 μm.
C. De 1,525 μm a 1,575 μm.

23. El cátodo del cañón de electrones de una CRT emite:

A. Protones.
B. Neutrones.
C. Electrones.

24. La relación de aspecto de una pantalla de 1024 × 768 es de:

A. 4:3.
B. 5:3.
C. 3:2.

25. Cuando se aplica tensión al cristal líquido que forma una pantalla LCD, este:

A. Dejará pasar la luz.
B. No dejará pasar la luz.
C. Se iluminará.

26. ¿Qué LED presenta una mayor eficiencia de forma natural?

A. El verde.
B. El rojo.
C. El azul.

27. ¿Con qué humedad relativa el aire tiene una mayor tendencia a cargarse electrostáticamente?

A. 0 %.
B. 48 %.
C. 100 %.

28. ¿Cuál de los siguientes dispositivos es más propenso a sufrir daños por descargas electrostáticas?

A. Memoria dinámica.
B. Integrado TTL.
C. Transistor TFT.

29. El software de un sistema esencial, como el del ILS o el VOR, tiene una criticidad de nivel:

A. A.
B. B.
C. E.

30. El procedimiento de instalación del software estará definido en el:

A. AMM o en un SB.
B. AMM exclusivamente.
C. IPC, como norma general.

31. ¿Qué tipo de camino de acoplamiento EMI se da con mayor facilidad en circuitos que funcionan con elevadas intensidades sin necesidad de contacto directo?

A. Inductivo.
B. Capacitivo.
C. Conductivo.

32. Las cargas que generan más problemas de interferencias electromagnéticas son las:

A. Lineales.
B. No lineales.
C. Mixtas.

33. En un avión turbohélice:

A. El rayo saldrá por las palas de la hélice.
B. Es poco probable que un rayo impacte en la hélice.
C. Las palas de la hélice forman parte de la zona 1A.

34. ¿Qué elemento estructural dispone de tiras metálicas de desvío para minimizar los problemas del impacto de un rayo?

A. La cabina de pasajeros.
B. El larguero metálico del ala.
C. El radome.

35. ¿Qué tipo de información se transmite a través del ACRAS?

A. Alfanumérica.
B. Vídeo y audio.
C. Audio.

36. ¿Cuántos caracteres puede tener como máximo el mensaje del ACARS?

A. 100.
B. 220.
C. 500.

37. ¿Qué es el CFDS?

A. El sistema de control del alabeo.
B. La computadora de control del vuelo.
C. La unión de los sistemas BITE con la CFDIU.

38. ¿Qué sistema de mandos de vuelo emplea un avión como el Airbus A-380?

A. *Fly-by-wire*.
B. *Fly-by-wireless*.
C. *Fly-by-light*.

39. Los giróscopos del IRS de a bordo se encargan de calcular:

A. La aceleración lineal.
B. El cambio de altitud.
C. La aceleración angular.

40. Tras ser «interrogado», la respuesta del transponder será una onda:

A. VHF.
B. UHF.
C. SHF.

EXAMEN TIPO 3

1. (Referido a la Figura T.12.) En el sistema de instrumentos tradicional con T básica, el indicador de viraje y deslizamiento (bastón y bola) se coloca en la posición:

A. C.
B. D.
C. E.

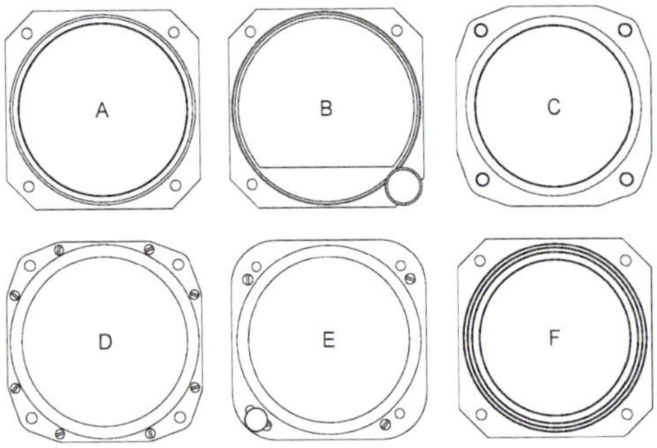

Figura T.12. Pregunta 1.

2. ¿Cuál de los siguientes indicadores recoge información relativa al rumbo y a la navegación?

A. EADI.
B. EHSI.
C. VSI.

3. (Referido a la Figura T.13.) La pantalla de la figura es la:

A. PFD.
B. ND.
C. EWD.

Figura T.13. Pregunta 3.

4. El número binario 10110011 se corresponde con el decimal:

A. 123.
B. 145.
C. 179.

5. El número decimal 41 es equivalente al binario:

A. 101101.
B. 01000001.
C. 101001.

6. El número binario 110101 es equivalente al octal:

A. 55.
B. 65.
C. 71.

7. El número binario 0111110 es equivalente al hexadecimal:

A. 86.
B. 3E.
C. F4.

8. ¿Qué función tiene el latch en un convertidor DAC?

A. Ponderar el peso que tiene cada señal de entrada.
B. Establecer el peso que tiene cada entrada.
C. Retener la señal de entrada hasta que esta cambie.

9. Para conseguir una tensión constante y libre de ruido en un DAC, independiente de la temperatura y la carga conectada, recurriremos a un tipo especial de circuito integrado denominado:

A. Referencia de tensión.
B. Flip-flop.
C. Latch.

10. El ARINC 429 es un bus de datos:

A. Serie simplex.
B. Serie bidireccional.
C. Paralelo unidireccional.

11. El ARINC 429 es un bus de datos:

A. Paralelo.
B. Serie.
C. Bidireccional.

12. Si la tensión de uno de los cables del bus ARINC 429 es de 0 V, la tensión del otro cable será de:

A. −5 V.
B. 0 V.
C. +5 V.

13. La velocidad de transmisión de un bus ARINC 629 es de:

A. 100 kbps.
B. 1 Mbps.
C. 2 Mbps.

14. ¿Cuál de los siguientes buses de datos consigue una mayor velocidad de transmisión?

A. ARINC 664.
B. ARINC 629.
C. IEEE 1394 Firewire.

15. Para que la salida de una puerta AND sea 1, sus entradas deberán ser:

A. 1 y 1.
B. 1 y 0.
C. 0 y 0.

16. (Referido a la Figura T.14.) El símbolo de la figura representa la puerta:

A. AND.
B. OR.
C. XOR.

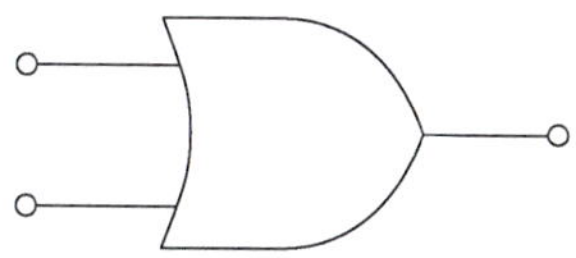

Figura T.14. Pregunta 16.

17. ¿Qué función del álgebra de Boole implementa la puerta NOT?

A. Complementación.
B. Producto lógico.
C. Inversión.

18. Los circuitos digitales cuyas salidas dependen de las entradas presentes y de las previas se denominan:

A. Combinacionales.
B. Secuenciales.
C. Estáticos.

19. (Referido a la Figura T.15.) ¿En qué salida tendremos un 1?

A. Y_1.
B. Y_2.
C. Y_3.

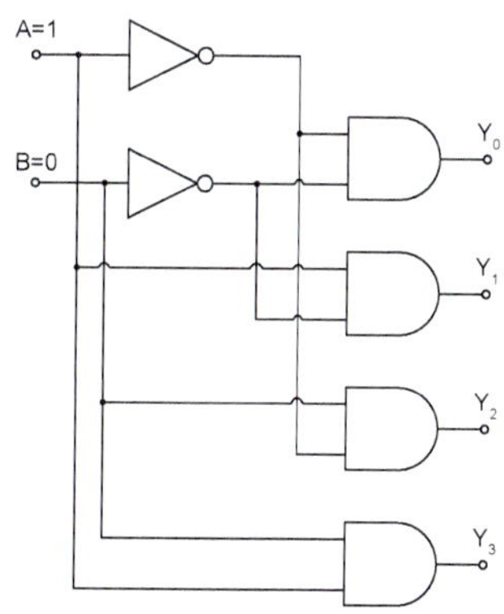

Figura T.15. Pregunta 19.

20. El conjunto de elementos físicos de una computadora se denomina:

A. Bus.
B. Software.
C. Hardware.

21. ¿Cómo se denomina comúnmente a cada fila de una matriz de memoria de una computadora?

A. Celda.
B. Palabra.
C. Dirección.

22. ¿Qué tipo de memoria ROM se puede programar por el usuario, pero una vez grabada no se puede modificar?

A. ROM de máscara.
B. PROM.
C. EPROM.

23. ¿Cuál es el bus empleado por la CPU para transmitir una determinada posición de memoria sobre la que se quiere leer o escribir un dato?

A. Bus de datos.
B. Bus de control.
C. Bus de direcciones.

24. La memoria flash es una memoria:

A. Magnética.
B. De estado sólido.
C. Óptica.

25. ¿En cuál de los siguientes medios la luz viaja a mayor velocidad?

A. Fibra óptica.
B. Aire.
C. Agua.

26. Las pérdidas por dispersión de una fibra óptica aumentan:

A. Al aumentar el ángulo del cono de aceptación de la fibra.
B. Si disminuye la distancia que tiene que recorrer el haz de luz.
C. Al aumentar la potencia luminosa transmitida.

27. En un acoplador en estrella para fibra óptica, la transmisión se realiza:

A. Mediante un conector eléctrico.
B. A través de la superficie de la fibra óptica.
C. A través del núcleo.

28. Las pequeñas pantallas CRT de a bordo emplearán normalmente deflexión:

A. Magnética.
B. Electrostática.
C. Mixta.

29. Una pantalla CRT con una resolución de 640 × 480 tiene un número total de píxeles de:

A. 285 000.
B. 307 200.
C. 356 000.

30. En la fabricación de pantallas LCD del EFIS, el cristal líquido más utilizado es el:

A. Liotrópico.
B. Termotrópico.
C. De vesícula.

31. ¿Qué tipo de pantalla se basa en la ionización de un gas?

A. LCD.
B. CRT.
C. Plasma.

32. Como norma, ¿qué circuitos integrados digitales serán más propensos a dañarse en presencia de descargas electrostáticas?

A. VLSI.
B. MSI.
C. SSI.

33. Los materiales disipadores de estática tienen una resistencia mayor que los:

A. Aislantes.
B. Aislantes y conductores.
C. Conductores, pero menor que los aislantes.

34. El Software dedicado a los sistemas de entretenimiento de a bordo se clasifica según su criticidad como de nivel:

A. A.
B. B.
C. E.

35. ¿Qué documentación debe acompañar al CD con la actualización del software embarcado?

A. ED-12B.
B. DO-178B
C. EASA Form 1 o equivalente.

36. Para que se produzca acoplamiento EMI por radiación, es indispensable que:

A. La tensión sea suficientemente alta.
B. La intensidad sea suficientemente alta.
C. La frecuencia sea suficientemente alta.

37. ¿Qué sistema se encarga de detectar y registrar los fallos que aparecen en los dispositivos digitales durante el vuelo?

A. BITE.
B. EFIS.
C. DMU.

38. El CFDS de una aeronave en vuelo opera:

A. Habitualmente en el *menu mode*.
B. Siempre en el *normal mode*.
C. En el *normal mode* o en el *menu mode*, dependiendo de las circunstancias.

39. ¿Dónde se instalan las computadoras FMGC y FAC del AFS?

A. En la cabina.
B. En la bodega de carga.
C. En el compartimento de aviónica.

40. El cátodo de un giróscopo RLG emite:

A. Electrones.
B. Fotones.
C. Neutrones.

EXAMEN TIPO 4

1. (Referido a la Figura T.16.) En el sistema de instrumentos tradicional con T básica, el variómetro se coloca en la posición:

A. C.
B. D.
C. F.

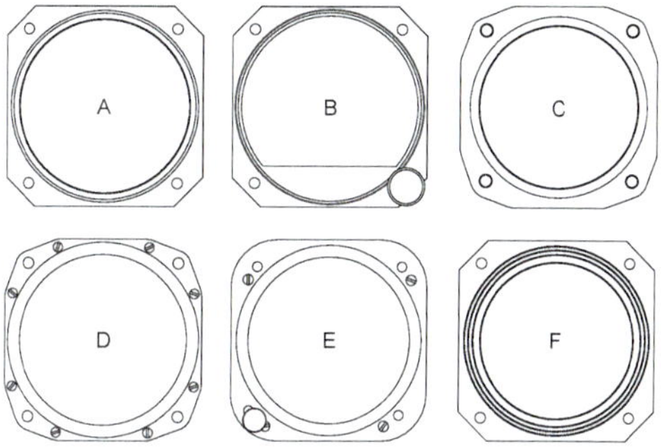

Figura T.16. Pregunta 1.

2. En el indicador EADI se centraliza información del horizonte artificial:

A. Únicamente.
B. Del inclinómetro y del ILS.
C. Y del ILS.

3. (Referido a la Figura T.17.) El indicador de la figura es el:

A. Variómetro.
B. Altímetro.
C. Anemómetro.

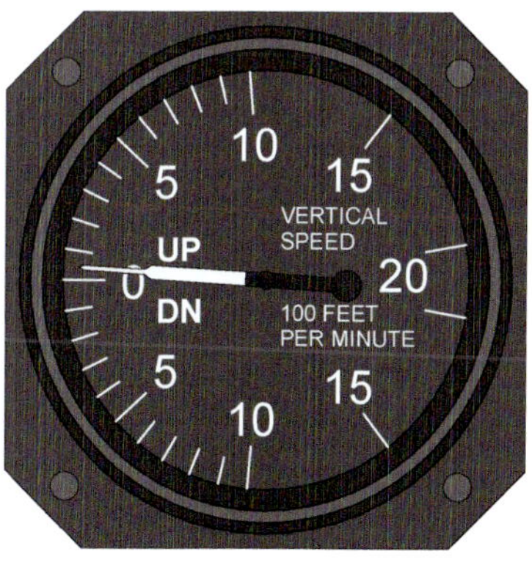

Figura T.17. Pregunta 3.

4. ¿Cómo se denomina el interfaz mediante el cual la tripulación y el personal de mantenimiento se comunican con las computadoras de a bordo?

A. EWD.
B. RMP.
C. MCDU.

5. En un número binario positivo, el MSB:

A. Será 1.
B. Será 0.
C. Será 0 y el menos significativo 1.

6. El número octal 13 es equivalente al decimal:

A. 9.
B. 11.
C. 13.

7. El número hexadecimal 35 es equivalente al binario:

A. 110101.
B. 100011.
C. 100101.

8. ¿Qué son los flancos de una señal binaria?

A. Las señales de inicio de transmisión de la palabra binaria.
B. Los límites de tensión que puede alcanzar la señal.
C. La transición entre los dos niveles lógicos de la señal.

9. ¿Cómo se denominan los DAC que pueden operar tanto con señales binarias positivas como negativas?

A. Mixtos.
B. Unipolares.
C. Bipolares.

10. ¿Cuáles son los componentes principales de un convertidor flash?

A. Amplificador operacional y latch.
B. Amplificador operacional, divisor de tensión y encoder.
C. Latch, encoder y flip-flop.

11. ¿Qué tipo de bus transmite la información de forma secuencial bit a bit hasta que se complete la trama?

A. Serie.
B. Paralelo.
C. Local.

12. El bus de datos más utilizado en la aviación comercial (Airbus A-320 y Boeing B737) es el:

A. ARINC 429.
B. ARINC 629.
C. MIL-STD-1553B.

13. Cuando el bit que transmite el bus ARINC 429 es 1, entonces el bus estará en:

A. HI.
B. NULL.
C. LO.

14. En un bus MIL-STD-1553B se pueden conectar un máximo de:

A. 20 receptores.
B. 31 receptores.
C. 56 receptores.

15. El bus ARINC 629 transmite tramas con paridad:

A. Doble.
B. Par.
C. Impar.

16. Las operaciones definidas por el álgebra de Boole son:

A. La suma y la multiplicación.
B. La suma, el producto y la complementación.
C. La suma, la resta y la complementación.

17. (Referido a la Figura T.18.) El símbolo de la figura representa la puerta:

A. AND.
B. OR.
C. XOR.

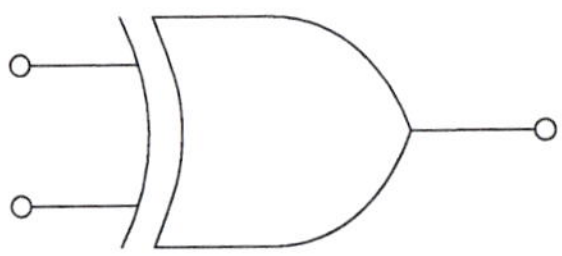

Figura T.18. Pregunta 17.

18. En una puerta NOR, la salida será un 1 cuando sus entradas sean:

A. 1 y 1.
B. 0 y 0.
C. 1 y 0.

19. (Referido a la Figura T.19.) La salida Y del circuito de la figura será:

A. 1.
B. 0.
C. 0 o 1 indistintamente.

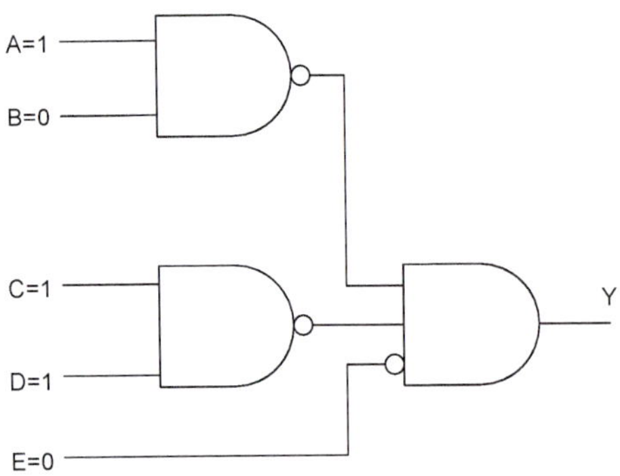

Figura T.19. Pregunta 19.

20. ¿Qué tipo de multivibrador cambia su estado bajo un «disparo» (acción detonadora)?

A. Astable.
B. Biestable.
C. Monoestable.

21. El flip-flop cambia su estado:

A. En función del nivel alto o bajo de sus entradas.
B. Con el flanco positivo del impulso del reloj exclusivamente.
C. Con el flanco de subida o de bajada del reloj.

22. ¿Qué memoria se encarga de arrancar el sistema operativo de una computadora?

A. BIOS.
B. CMOS setup.
C. Bootstrap.

23. La memoria DRAM:

A. Tiene elevada capacidad pero baja velocidad de lectura.
B. Tiene poca capacidad pero alta velocidad de lectura.
C. Tiene elevada capacidad y velocidad de lectura.

24. El lenguaje máquina tiene codificación:

A. Binaria.
B. Octal.
C. Hexadecimal.

25. El ángulo de reflexión de una onda sobre una superficie plana es:

A. Menor al de incidencia.
B. Igual al de incidencia.
C. Igual o mayor al de incidencia.

26. ¿En qué tipo de fibra óptica el índice de refracción del núcleo varía progresivamente?

A. Fibra monomodo de índice escalonado.
B. Fibra monomodo.
C. Fibra multimodo de índice gradual.

27. (Referido a la Figura T.20.) El patrón representado en la figura se corresponde con una máscara de:

A. Sombra.
B. Rejilla.
C. Apertura de rejilla.

Figura T.20. Pregunta 27.

28. Las pantallas LCD con iluminación CCFL equipan una lámpara:

A. LED.
B. Fluorescente.
C. De xenón.

29. ¿Qué pantallas OLED son transparentes?

A. *Top-emitting* OLED.
B. FOLED.
C. TOLED.

30. La propensión del aire seco a cargarse es:

A. Menor que la del húmedo.
B. Mayor que la del húmedo.
C. Igual a la del húmedo.

31. El terminal de conexión de una pulsera antiestática tiene una resistencia del orden de:

A. 1 Ω.
B. 100 Ω.
C. 1 MΩ.

32. Los requisitos que debe cumplir el software embarcado están recogidos en la norma:

A. MIL-STD-1553B.
B. ED-12B.
C. DO-15-STD.

33. El software LSAP está incluido en el certificado:

A. Tipo (TC).
B. Tipo suplementario (STC).
C. DO-170.

34. Las interferencias EMI, originadas por el *smartphone* de un pasajero, se consideran de origen:

A. Externo.
B. Interno.
C. Natural.

35. Los armónicos que aparecen en las cargas no lineales:

A. Provocan un aumento del factor de potencia.
B. Disminuyen el factor de cresta.
C. Provocan una deformación excesiva de la onda de alimentación.

36. Las interferencias electromagnéticas, originadas en la aeronave tras el impacto de un rayo, se consideran:

A. Daños secundarios.
B. Daños indirectos.
C. Daños directos.

37. Del ACARS de a bordo, podemos decir que:

A. Es capaz de transmitir mensajes de audio y/o de vídeo.
B. Transmite mensajes de forma automática, informando a tierra de los parámetros principales de los motores tras el despegue.
C. Es un sistema particularmente útil en la navegación transoceánica.

38. La red de tierra que emplea el ACARS en Europa la gestiona:

A. CANADIAN.
B. ARINC.
C. SITA.

39. ¿Qué sistema de a bordo genera el informe LAST/CURRENT LEG REPORT?

A. CFDS.
B. EIS.
C. ACARS.

40. El horizonte artificial y la brújula *standby* proporcionan información de apoyo para el:

A. ADR.
B. CFDS.
C. IR.

EXAMEN TIPO 5

1. (Referido a la Figura T.21.) El indicador de la figura es el:

A. ILS.
B. RMI.
C. VSI.

Figura T.21. Pregunta 1.

2. ¿Qué instrumento mide la velocidad vertical de la aeronave?

A. Inclinómetro.
B. Variómetro.
C. Anemómetro.

3. ¿En qué pantalla se pueden leer las comprobaciones previas al despegue (TO *checklist*)?

A. SD.
B. EWD
C. PFD.

4. ¿Dónde se encuentra la palanca de control de flaps y slats?

A. En el panel lateral.
B. En el pedestal de mandos.
C. En el panel superior.

5. El número decimal 27 es equivalente al binario:
   A. 10111.
   B. 11011.
   C. 10011.
6. El número octal 35 es equivalente al decimal:
   A. 19.
   B. 23.
   C. 29.
7. El número decimal 15 es equivalente al hexadecimal:
   A. D.
   B. E.
   C. F.
8. ¿Qué tipo de conversor es capaz de transformar una señal digital en otra analógica equivalente?
   A. DAC.
   B. ADC.
   C. Flash.
9. La precisión de un DAC depende de:
   A. La tolerancia de los resistores empleados.
   B. Lo exacta que sea la tensión aplicada.
   C. La tolerancia de los resistores empleados y de lo exacta que sea la tensión aplicada.
10. ¿Cuál es el número de valores de salida analógicos que se puede obtener con un DAC de 12 V y 2 bits?
    A. 4.
    B. 16.
    C. 64.
11. ¿Qué tipo de bus conecta equipos que pueden tanto transmitir como recibir información?
    A. Unidireccional.
    B. Bidireccional.
    C. Serie.
12. La transmisión en la que transmisor y receptor reciben distintas señales de reloj se denomina transmisión:
    A. Coordinada.
    B. Síncrona.
    C. Asíncrona
13. El bus MIL-STD-1553B emplea para la transmisión un:
    A. Conductor de fibra óptica.
    B. Par trenzado y apantallado de cobre.
    C. Un cable coaxial apantallado de cobre.
14. ¿Cuál de los siguientes buses es de fibra óptica?
    A. ARINC 664.
    B. ARINC 629.
    C. ARINC 429.
15. (Referido a la Figura T.22.) El símbolo de la figura representa la puerta:
    A. AND.
    B. OR.
    C. XOR.

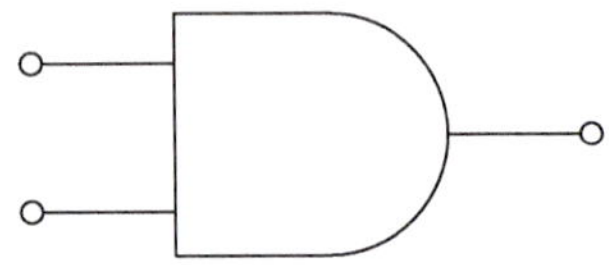

Figura T.22. Pregunta 15.

16. Para que la salida de una puerta XOR sea 1, sus entradas deberán ser:
    A. 1 y 1.
    B. 0 y 0.
    C. 1 y 0.
17. (Referido a la Figura T.23.) El símbolo de la figura representa la puerta:
    A. XNOR.
    B. NAND.
    C. XOR.

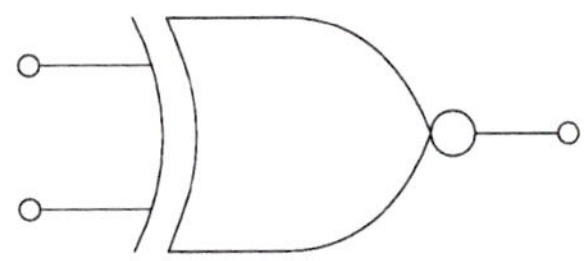

Figura T.23. Pregunta 17.

18. Los circuitos digitales cuyas salidas dependen exclusivamente de sus entradas en cada instante se denominan:
    A. Combinacionales.
    B. Secuenciales.
    C. Estáticos.
19. El flip-flop SR es un circuito:
    A. Asíncrono.
    B. Síncrono.
    C. Ambiguo.
20. ¿Qué tipo de memoria es no volátil?
    A. RAM.
    B. DRAM.
    C. ROM.
21. La memoria DRAM basa su funcionamiento en:
    A. Circuitos flip-flop.
    B. La carga y descarga de condensadores.
    C. Circuitos latch.
22. ¿En qué consiste un bus tipo *backplane*?
    A. En un par trenzado y apantallado de cobre.
    B. En un soporte rígido con varias ranuras para conectar diversos circuitos impresos.
    C. En un bus de fibra óptica.
23. Cuando un rayo de luz pasa del agua al aire, el rayo refractado:
    A. Se alejará de la vertical (el ángulo de refracción aumenta).
    B. Se acercará a la vertical (el ángulo de refracción disminuye).
    C. Tendrá el mismo ángulo que el rayo incidente.

24. Un filamento de fibra óptica tiene un cono de aceptación de 30°. Su apertura numérica será de:

A. 60°.
B. 0,5.
C. 0,7.

25. El ánodo acelerador de una pantalla CRT tiene potencial:

A. Positivo.
B. Nulo.
C. Negativo.

26. Las pantallas LCD:

A. Tienen un consumo eléctrico menor que las CRT.
B. Son más voluminosas que las CRT pero un consumo menor.
C. No se emplean actualmente en las pantallas del ECAM de las aeronaves.

27. El ángulo de visión de un LED con encapsulado cuadrado es del orden de:

A. 20°.
B. 40°.
C. 100°.

28. ¿Qué cuerpos tienden a retener la carga electrostática en mayor medida?

A. Conductores.
B. Aislantes.
C. Semiconductores.

29. (Referido a la Figura T.24.) Si nos encontramos la etiqueta de la figura en un equipo electrónico, es porque:

A. Es un dispositivo sensible a descargas electrostáticas.
B. Se deberá manejar con cuidado.
C. No se deberá tocar.

Figura T.24. Pregunta 29.

30. ¿Cuál es la probabilidad de fallo del software embarcado cuyo fallo tiene consecuencias fatales, con pérdida de la aeronave y con riesgo de lesiones graves para la tripulación y el pasaje?

A. Extremadamente improbable.
B. Muy poco probable.
C. Poco probable.

31. El software FLS que no está incluido en el certificado tipo se denomina:

A. ADB o DFLD.
B. LSAP.
C. UMS.

32. El campo eléctrico de una onda electromagnética es:

A. Paralelo al magnético.
B. Perpendicular al magnético.
C. Concéntrico al magnético.

33. ¿Por encima de qué frecuencia suele aparecer el acoplamiento EMI por radiación?

A. 30 MHz.
B. 30 kHz.
C. 300 Hz.

34. Respecto al impacto de un rayo en una aeronave, ¿en qué zona existe una probabilidad alta de que el rayo se quede «enganchado»?

A. Zona 1A.
B. Zona 1B.
C. Zona 2.

35. ¿Qué sistema de a bordo transmite información al control de tierra o al operador de la secuencia OOOI?

A. FMS.
B. GPS.
C. ACARS.

36. ¿En qué ATA se detalla el mantenimiento del EIS?

A. ATA 23.
B. ATA 31.
C. ATA 33.

37. ¿Qué tipo de fallos detectados por el CFDS se comunican a la tripulación de forma automática a través de las pantallas del ECAM?

A. Tipo 1.
B. Tipo 2.
C. Tipo 3.

38. El piloto automático de una aeronave pertenece al sistema:

A. CFDS.
B. FMS/AFS.
C. EFIS.

39. El receptor GPS forma parte del MMR, que se encarga también de procesar las señales del:

A. ILS.
B. VOR.
C. ADF.

40. Para evitar un acercamiento excesivo, el TCAS propondrá al piloto:

A. Ascender o descender.
B. Cambiar de rumbo.
C. Disminuir la velocidad de vuelo.

EXAMEN TIPO 6

1. En el indicador RMI, la flecha doble suele indicar la dirección de la antena del:
   A. VOR.
   B. ADF.
   C. GPS.

2. (Referido a la Figura T.25.) La pantalla ND de la figura está en modo:
   A. PLAN.
   B. ROSE.
   C. ARC.

Figura T.25. Pregunta 2.

3. El número decimal 45 es equivalente al binario:
   A. 101101.
   B. 110011.
   C. 101011.

4. El número decimal 11 es equivalente al binario BCD:
   A. 1011.
   B. 10001.
   C. 10011.

5. ¿Cuál es el complemento a uno del número binario 101?
   A. 010.
   B. 111.
   C. 001.

6. El número decimal 12 es equivalente al hexadecimal:
   A. B.
   B. C.
   C. D.

7. ¿Cuáles son los elementos principales de un convertidor DAC básico?
   A. Un sumador ponderado y un divisor de tensión.
   B. Un sumador ponderado, un latch y un amplificador operacional.
   C. Un circuito flip-flop y un reloj.

8. ¿Cuál es la resolución de un DAC que opera a una tensión de entrada máxima de 9 V y una salida de 2 bits?
   A. 1 V.
   B. 2 V.
   C. 3 V.

9. Para permitir que los datos transmitidos pasen de un bus serie a otro paralelo y viceversa, se necesitará un:
   A. Interfaz del bus.
   B. Acoplador.
   C. Derivador.

10. El bus local de una computadora es habitualmente un bus:
    A. Serie.
    B. Paralelo.
    C. Mixto.

11. ¿Cómo se denomina el estado de transición que marca el cambio de bit en un bus ARINC 429?
    A. HI.
    B. NULL.
    C. LO.

12. El bus MIL-STD-1553B transmite de forma:
    A. Unipolar.
    B. Asíncrona.
    C. Síncrona.

13. (Referido a la Figura T.26.) En la figura se representa el circuito electrónico básico de una puerta:
    A. OR.
    B. AND.
    C. XOR.

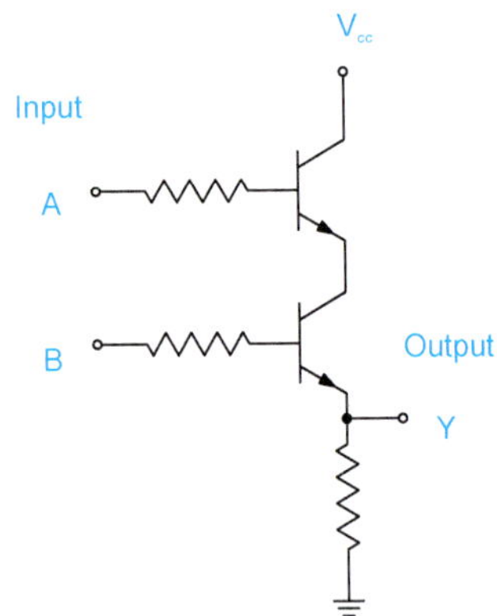

Figura T.26. Pregunta 13.

14. ¿Qué puerta lógica se emplea para amplificar la señal de un circuito lógico?
    A. NOT.
    B. BUFFER.
    C. XOR.

15. (Referido a la Figura T.27.) El símbolo de la figura representa la puerta:

A. XNOR.
B. NAND.
C. XOR.

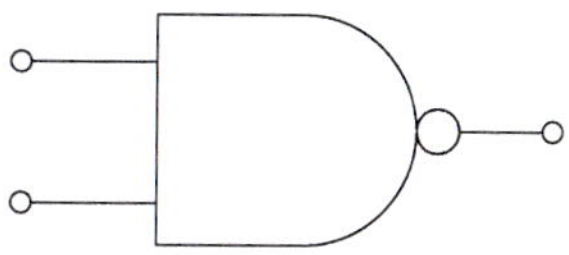

Figura T.27. Pregunta 15.

16. De los circuitos integrados digitales TTL podemos decir que son:

A. Más lentos pero con una mayor inmunidad al ruido que los CMOS.
B. Más compactos y ligeros que los CMOS.
C. Más rápidos que los CMOS pero con un mayor consumo.

17. Un circuito flip-flop o un latch, es un circuito:

A. Astable.
B. Biestable.
C. Monoestable.

18. ¿Cuántas palabras puede direccionar un bus de direcciones de 4 bit?

A. 8.
B. 16.
C. 64.

19. ¿Cuántos bits puede almacenar la celda de una matriz de memoria?

A. 1.
B. 2.
C. 8.

20. ¿Qué memoria se encarga de iniciar y comprobar los componentes de hardware durante el arranque de la computadora (teclado, pantalla, disco duro, memoria RAM, etc.)?

A. BIOS.
B. CMOS setup.
C. Bootstrap.

21. ¿En qué tipo de disco compacto podemos escribir y borrar datos tantas veces como queramos?

A. CD-ROM.
B. CD-R.
C. CD-RW.

22. La fibra óptica polimérica tiene un peso:

A. Menor que la de silicio.
B. Igual a la de silicio.
C. Mayor que la de silicio.

23. Por una fibra óptica convencional se transmite una luz:

A. Blanca.
B. Infrarroja.
C. Ultravioleta.

24. De los fotorreceptores empleados en fibra óptica se puede decir que:

A. El fotodiodo de avalancha APD tiene una baja sensibilidad a los cambios de luz.
B. El fotodiodo PIN presenta un mayor ancho de banda que el fotodiodo PN.
C. El fotodiodo PN se emplea en aplicaciones con elevadas velocidades de transmisión.

25. Las bobinas de deflexión de una CRT se alimentan con ondas:

A. Cuadradas.
B. Senoidales.
C. Triangulares.

26. Las TFT son pantallas:

A. AMLCD.
B. De matriz pasiva.
C. Reflectivas.

27. ¿De qué depende el color de la luz emitida por un LED?

A. Del material de fabricación.
B. De la intensidad que lo atraviese.
C. De la potencia que disipe.

28. ¿Qué tipo de circuito integrado es menos propenso a sufrir daños por descargas electrostáticas?

A. CMOS.
B. TTL.
C. NMOS.

29. ¿Qué normativa europea recoge los requisitos para la certificación de software embarcado?

A. ED-12B.
B. MIL-STD-1553B.
C. DO-178B.

30. La instalación de un software FLS en una LRU:

A. Deberá realizarse con la LRU fuera del avión en cualquier caso.
B. Es tarea exclusiva del fabricante de la LRU.
C. Puede hacerse con dicha LRU montada en la aeronave.

31. ¿Qué camino de acoplamiento se da solo cuando el receptor está directamente conectado con el emisor de la EMI?

A. Inductivo.
B. Conductivo.
C. Capacitivo.

32. Para generar un rayo, la tierra tendrá:

A. Carga positiva, al igual que la parte baja de la nube.
B. Carga positiva, actuando la nube como negativo.
C. Carga negativa, siendo la nube positiva.

24. Una pantalla CRT de 625 líneas con una frecuencia de refresco de 50 Hz tendrá una frecuencia de barrido horizontal de:

A. 12,5 Hz.
B. 0,08 kHz.
C. 31.250 Hz.

25. En la fabricación de pantallas LCD de la cabina se emplean cristales:

A. Colestéricos.
B. Liotrópicos.
C. Nemáticos trenzados.

26. En un indicador LED de siete segmentos, para formar el número 1, se iluminarán los LED:

A. a y b.
B. e y f.
C. b y c.

27. La tensión generada al extraer unas piezas de cuarzo de una bolsa de poliestireno será mayor cuanto:

A. Menor sea la humedad.
B. Mayor sea la humedad.
C. Menor sea la temperatura.

28. ¿Qué normativa estadounidense recoge los requisitos para la certificación de software embarcado?

A. ED-12B.
B. MIL-STD-1553B.
C. DO-178B.

29. ¿Qué tipo de software puede ser modificado o actualizado por el operador sin necesidad de cambiar el TC o el STC?

A. FLS.
B. LSAP.
C. A/OMS.

30. En una onda electromagnética, cuando el campo eléctrico es máximo, el campo magnético será:

A. También máximo.
B. Mínimo o negativo.
C. Nulo.

31. Debido al fenómeno de la precipitación estática, la aeronave se quedará:

A. Cargada negativamente.
B. Cargada positivamente.
C. Descargada totalmente.

32. Tras el impacto de un rayo, la mayor parte de la corriente circula por la estructura:

A. Primaria.
B. Secundaria.
C. De fibra de carbono.

33. ¿En qué momento el rayo brilla con más energía?

A. Cuando se está creando el *stepped leader*.
B. En los *restrikes*.
C. Cuando aparezca la descarga de retorno.

34. ¿Qué rango de frecuencias VHF emplea el ACARS para transmitir?

A. De 75 MHz a 78 MHz.
B. De 108 MHz a 117,95 MHz.
C. De 129 MHz a 137 MHz.

35. El ACARS VHF transmite en:

A. FM.
B. AM.
C. AM o FM indistintamente.

36. Cuando el BITE detecta una anomalía:

A. La almacena en una memoria no volátil propia.
B. Da parte a la CFDIU.
C. La almacena en una memoria no volátil propia y da parte a la CFDIU.

37. En los aviones Airbus con *fly-by-wire*, los pilotos mueven las superficies de control a través de:

A. Un *sidestick*.
B. Los tradicionales «cuernos» de mando.
C. El yugo (cuernos) o el *sidestick* indistintamente.

38. ¿Cuántos satélites en total se encuentran operativos a la vez en el sistema GPS?

A. 4.
B. 24.
C. 31.

39. El transponder forma parte del radar:

A. Secundario SSR.
B. Primario PSR.
C. Meteorológico.

40. ¿Para qué se utilizan las antenas de cable radiante *leaky feeder* en las aeronaves?

A. Para dar cobertura de red GSM y wifi al pasaje.
B. Para comunicaciones vía satélite.
C. Para el ATC XPDR.

EXAMEN TIPO 9

1. ¿Qué pantallas componen el EFIS?

A. ND y PFD.
B. ND y SD.
C. PFD y EWD.

2. (Referido a la Figura T.31.) La pantalla EWD será habitualmente la:

A. A.
B. C.
C. D.

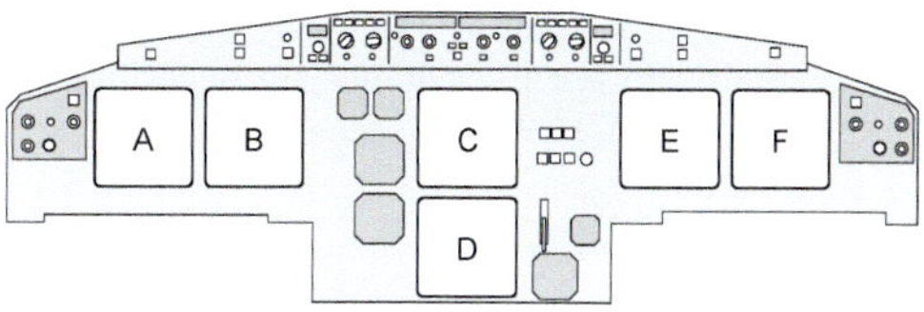

Figura T.31. Pregunta 2.

3. ¿Dónde se encuentran las MCDU?
   A. En el panel antideslumbrante.
   B. En pedestal de mandos.
   C. En el panel principal.
4. ¿Cuántos dígitos emplea el sistema decimal?
   A. 2.
   B. 10.
   C. 16.
5. ¿Cuál es el complemento a dos del número binario 10110?
   A. 01001.
   B. 01010.
   C. 0101.
6. El número binario 1011 es equivalente al hexadecimal:
   A. B.
   B. C.
   C. D.
7. La suma de los números binarios 10 + 1 es igual a:
   A. 101.
   B. 11.
   C. 110.
8. ¿Qué aplicación tiene en un circuito digital el tren de pulsos periódico?
   A. Señal de reloj (*clock*).
   B. Rectificación de señales.
   C. Transmisión de información.
9. ¿Cuál es el número de valores de salida analógicos que se puede obtener con un DAC de 5 V y 8 bits?
   A. 16.
   B. 64.
   C. 256.
10. Los convertidores ADC de aproximaciones sucesivas:
    A. Son más rápidos y baratos que los flash.
    B. Son capaces de funcionar como conversor DAC.
    C. Son los más utilizados en la conversión ADC con salidas de alta resolución.
11. De los buses de datos podemos decir que:
    A. El bus serie necesita más líneas para transmitir que el bus paralelo.
    B. El bus paralelo es más rápido que el bus serie.
    C. El bus serie se emplea habitualmente como bus local.
12. El ARINC 429 es un bus de datos:
    A. Unidireccional.
    B. Bidireccional.
    C. Paralelo.
13. Si la tensión de uno de los cables del bus ARINC 429 es de +5 V, la tensión del otro cable será de:
    A. –5 V.
    B. 0 V.
    C. +5 V.
14. El bus MIL-STD-1553B emplea multiplexación:
    A. Por división de frecuencias.
    B. Por división de tensión.
    C. Por división de tiempo.
15. ¿Qué red se emplea habitualmente en el sistema de entretenimiento de a bordo?
    A. IEEE 1394 Firewire.
    B. ARINC 664.
    C. MIL-STD-1773B.
16. ¿Qué función del álgebra de Boole implementa la puerta AND?
    A. Producto lógico.
    B. Suma lógica.
    C. Complementación.
17. (Referido a la Figura T.32.) La salida Y del circuito de la figura será:
    A. 1.
    B. 0.
    C. 0 o 1 indistintamente.

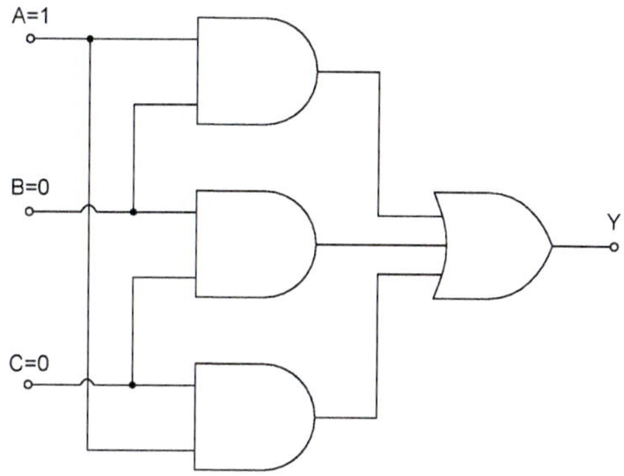

Figura T.32. Pregunta 17.

18. La memoria que almacena datos transitorios y temporales que son utilizados por los programas en ejecución o por la CPU se denomina:
    A. ROM.
    B. RAM.
    C. ALU.
19. ¿Cuántos bits tiene un Nibble?
    A. 2.
    B. 4.
    C. 8.

20. La memoria DRAM más utilizada actualmente es la

A. FPM DRAM.
B. EDO DRAM.
C. DDR SDRAM.

21. El *firmware* es un software de:

A. Aplicación.
B. Programación.
C. Sistema.

22. C++, Fortran o Java, son lenguajes de:

A. Bajo nivel.
B. Ensamblado.
C. Programación.

23. ¿Qué ley de la física define la relación que existe entre el ángulo de incidencia y el de refracción?

A. Ley de Boole.
B. Ley de Hopkinson.
C. Ley de Snell.

24. En un acoplador en T para fibra óptica con una entrada y cuadro salidas, la energía luminosa de cada salida será:

A. Una cuarta parte de la energía del haz de entrada.
B. La mitad de la energía del haz de entrada.
C. Igual a la energía del haz de entrada.

25. Las pantallas CRT de una aeronave:

A. Presentan un bajo consumo eléctrico.
B. Permiten la reproducción de una escasa variedad cromática.
C. Presentan ángulos de visión superiores a 150°.

26. Si la tensión transmitida por el TFT al cristal nemático de una pantalla aumenta, la cantidad de luz que deja pasar el cristal:

A. También aumentará.
B. Disminuirá.
C. Permanecerá constante.

27. Según la respuesta espectral, el ojo humano tiene mayor sensibilidad al color:

A. Rojo.
B. Azul.
C. Verde.

28. Del acero podemos decir que tiene una gran tendencia a:

A. Mantener su carga constante.
B. Adquirir carga positiva.
C. Adquirir carga negativa.

29. El fallo del software de nivel D:

A. Causa un aumento de la carga de trabajo sin consecuencias físicas para tripulación o pasaje.
B. Provoca un fallo catastrófico.
C. Es extremadamente improbable.

30. ¿Qué tipo de software puede ser modificado o actualizado por el operador sin necesidad de cambiar el TC o el STC?

A. FLS.
B. LSAP.
C. A/OMS.

31. ¿Cuál de los siguientes buses es menos vulnerable a los efectos de la EMI?

A. ARINC 429.
B. MIL-STD-1553.
C. ARINC 664.

32. El ensayo de susceptibilidad radiada, se emplea para determinar la sensibilidad de una aeronave frente a los campos electromagnéticos:

A. De alta intensidad.
B. Producidos por el resto de sistemas de a bordo.
C. Generados por los dispositivos electrónicos del pasaje (*smartphone*, *tablet*, *laptop*, etc.).

33. Respecto al impacto de un rayo, la zona 1C:

A. Es la zona de impacto inicial del rayo.
B. Es la zona de salida del rayo.
C. Es una zona de transición entre la primera descarga de retroceso y las siguientes.

34. Los filtros de ferrita, derivan a masa las interferencias de:

A. Baja frecuencia.
B. Frecuencias intermedias.
C. Alta frecuencia.

35. ¿Dónde se encuentra situado el ACARS MU?

A. En la cabina.
B. En la parte superior del fuselaje, junto a la antena de transmisión VHF.
C. En el centro de equipos o de aviónica.

36. Para que el técnico de mantenimiento pueda acceder al historial de fallos del CFDS, este deberá estar en:

A. *Demand mode.*
B. *Normal mode.*
C. *Menu mode.*

37. ¿Qué computadora controla el cabeceo y el alabeo en un Airbus A-320 con FBW?

A. ELAC exclusivamente.
B. SEC exclusivamente.
C. ELAC y SEC.

38. ¿Qué función tiene el ADR del ADIRS en un avión Airbus?

A. Proporcionar una referencia inercial.
B. Proporcionar datos de aire.
C. Controlar el alabeo del avión.

39. ¿Qué tipo de cable se emplea para conectar la antena del GPS al receptor de GPS en un avión comercial?
A. ARINC 429.
B. Coaxial.
C. Fibra óptica.

40. Las antenas del TCAS están polarizadas:
A. Verticalmente.
B. Horizontalmente.
C. Perpendicularmente.

EXAMEN TIPO 10

1. ¿Qué pantalla del EFIS se puede considerar una evolución del EADI?
A. ND.
B. PFD.
C. SD.

2. (Referido a la Figura T.33.) La pantalla A será habitualmente la:
A. PFD.
B. ND.
C. SD.

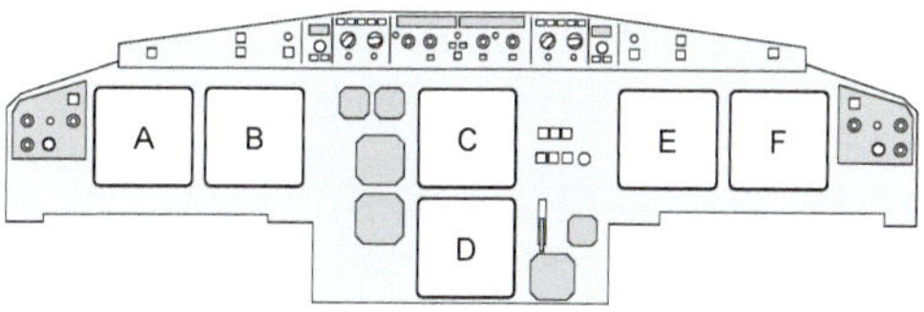

Figura T.33. Pregunta 2.

3. El número decimal 32 es equivalente al binario:
A. 100000.
B. 011010.
C. 101010.

4. El número binario 1011 es equivalente al octal:
A. 15.
B. 13.
C. 11.

5. El número octal 24 es equivalente al binario:
A. 011010.
B. 010100.
C. 011000.

6. El número binario 1010101 es equivalente al hexadecimal:
A. 55.
B. 2E.
C. A5.

7. El número 13_5 es equivalente al decimal:
A. 8.
B. 9.
C. 10.

8. En el sumador de un DAC, la señal del MSB pasará por la resistencia:
A. Más baja.
B. Más alta.
C. Que se encuentre más próxima al operacional.

9. ¿Cuál es el número de valores de salida analógicos que se puede obtener con un DAC de 10 V y 4 bits?
A. 16.
B. 64.
C. 256.

10. Habitualmente, las computadoras de la aeronave se comunican entre sí mediante un bus:
A. Serie.
B. Paralelo.
C. Combinado.

11. La velocidad de transmisión de un bus ARINC 429 es de:
A. 12,5 o 100 kbps.
B. 1 Mbps.
C. 4 Mbps.

12. El bus ARINC 629 es un bus:
A. Unidireccional.
B. Bidireccional *half-duplex*.
C. Bidireccional *full-duplex*.

13. En un bus MIL-STD-1553B, el elemento situado en el transmisor encargado de iniciar la comunicación se denomina:
A. Controlador del bus (BC).
B. Terminal remoto (RT).
C. Monitor del bus (BM).

14. La red Ethernet LAN de a bordo emplea un bus:
A. Par trenzado y apantallado.
B. Par trenzado y apantallado o fibra óptica.
C. Cable coaxial apantallado.

15. En una puerta NOT, la salida será un 1 cuando su entrada sea de:
A. 1.
B. 0.
C. 1 o 0 indistintamente.

16. (Referido a la Figura T.34.) El circuito de la figura es un circuito:
A. Secuencial.
B. Combinacional.
C. Flip-flop.

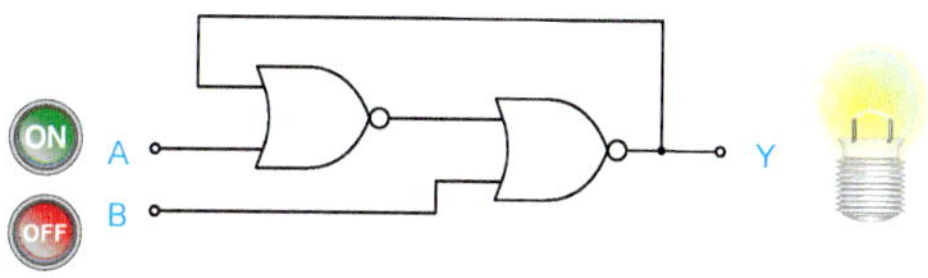

Figura T.34. Pregunta 16.

17. ¿Cuántos bits tiene un byte?

A. 8.
B. 16.
C. 32.

18. ¿Qué tipo de memoria ROM se programa en fábrica, no pudiendo ser modificada por el usuario?

A. ROM de máscara.
B. PROM.
C. EPROM.

19. La memoria caché se fabrica a partir de una memoria:

A. EPROM.
B. DRAM.
C. SRAM.

20. El lector de un CD-ROM emite un rayo de luz:

A. Ultravioleta.
B. Infrarrojo.
C. Blanca.

21. El *firmware* es un:

A. Tipo de hardware.
B. Software de sistema.
C. Software ensamblador.

22. Un haz de luz avanza desde un medio A con $n_A = 2$ hacia un medio B con $n_B = 1$. ¿Cuál será el ángulo crítico de refracción?

A. 60°.
B. 45°.
C. 30°.

23. Cuanto mayor sea la dispersión modal de una fibra óptica:

A. Mayor velocidad de transmisión y menor ancho de banda.
B. Menor velocidad de transmisión y mayor ancho de banda.
C. Menor velocidad de transmisión y menor ancho de banda.

24. En las aeronaves se emplean con mayor frecuencia las fibras:

A. Multimodo.
B. Monomodo de índice gradual.
C. Monomodo de índice escalonado.

25. Los osciloscopios tradicionales emplean pantallas CRT de monitor:

A. Vectorial.
B. Con deflexión electromagnética exclusivamente.
C. De barrido.

26. ¿Cuál de las siguientes pantallas tendrá una mayor relación de aspecto?

A. 840 × 80.
B. 640 × 480.
C. 480 × 480.

27. ¿En qué tipo de pantallas LCD aparece el típico «efecto rastro» y el «efecto imagen fantasma»?

A. De matriz activa.
B. De matriz pasiva.
C. LCD reflectiva.

28. ¿Qué pantallas OLED son plegables?

A. *Top-emitting* OLED.
B. FOLED.
C. TOLED.

29. La brisa que incide sobre un globo de goma sintética provoca que:

A. El globo se cargue pasivamente.
B. El aire se cargue negativamente.
C. El globo se cargue negativamente y el aire positivamente.

30. ¿Cuál de las siguientes normativas de software es más moderna?

A. DO-178C.
B. DO-178B.
C. DO-278.

31. Desde el punto de vista de prevención de las EMI, lo ideal es que la aeronave tenga una estructura:

A. Metálica tradicional.
B. A base de fibra de carbono.
C. A base de fibra de carbono o de vidrio.

32. Los ensayos de compatibilidad EMC de nivel 1 se realizan:

A. A campo abierto, en una zona alejada de edificios, antenas, líneas eléctricas, etcétera.
B. En vuelo, en el entorno natural de funcionamiento de la aeronave.
C. En una cámara anecoica.

33. Los filtros de paso bajo derivan a masa las interferencias de:

A. Baja frecuencia.
B. Frecuencias intermedias.
C. Alta frecuencia.

34. En una transmisión por radio, ¿qué tipo de onda incluye la información?

A. La moduladora.
B. La portadora.
C. La moduladora y la portadora.

35. ¿A qué tipo de fallos detectados por el CFDS no tiene acceso el piloto pero sí el personal de mantenimiento?

A. Tipo 1.
B. Tipo 2.
C. Tipo 3.

36. El sistema de navegación IRS se basa en la información que recibe de:

A. VOR y ADF.
B. Acelerómetros y giróscopos.
C. GPS.

37. La antena del GPS se ubica:

A. En un lateral de la aeronave.
B. En la parte inferior del fuselaje, cerca de la cabina.
C. En la parte superior del fuselaje.

38. El transponder que solo responde con el código de identificación de la aeronave es del modo:

A. A.
B. C.
C. S.

39. Cuando el TCAS activa la *traffic alert*, los pilotos escucharán:

A. TRAFFIC! TRAFFIC!
B. CLIMB! CLIMB!
C. DESCENT! DESCENT!

40. ¿Qué antena de comunicaciones emplean habitualmente las aeronaves para dar servicio de red GSM al pasaje de un avión comercial?

A. VHF.
B. UHF.
C. SATCOM.

EXAMEN TIPO 11

1. ¿En qué pantalla se representan los datos propios de los motores y los fallos detectados?

A. SD.
B. EWD.
C. PFD.

2. ¿Dónde se encuentran los paneles de mando de los sistemas a bordo de un avión como el A-320?

A. En el panel principal.
B. En el panel superior (*overhead panel*).
C. En el panel antideslumbrante.

3. El número decimal 17 es equivalente al binario:

A. 10010.
B. 10100.
C. 10001.

4. Empleando el método de magnitud y signo, el número decimal negativo –3, es equivalente al binario:

A. 1100.
B. 1101.
C. 1011.

5. El número decimal 82 es equivalente al octal:

A. 112.
B. 122.
C. 134.

6. El número hexadecimal CE es equivalente al binario:

A. 11000011.
B. 10110101.
C. 11001110.

7. ¿Cuál de los siguientes dispositivos es un circuito biestable asíncrono?

A. Flip-flop.
B. Latch.
C. Clock.

8. La salida del encoder de un convertidor ADC será una señal:

A. Analógica.
B. Digital binaria.
C. Analógica cuantificada.

9. Los convertidores flash son:

A. Rápidos pero complejos cuando se convierten señales de alta resolución.
B. Rápidos, sencillos y compactos, incluso con señales de alta resolución.
C. Lentos pero sencillos y baratos.

10. ¿Qué tipo de multiplexación se emplea como norma en la transmisión de ondas de radio a través de la atmósfera?

A. Por división de tensión.
B. Por división de frecuencia.
C. Por división de tiempo.

11. ¿Qué elemento permite conectar a un solo bus serie varias computadoras?

A. Interfaz del bus.
B. Acoplador.
C. Obturador.

12. El número máximo de receptores conectados a un bus ARINC 429 es de:

A. 20.
B. 30.
C. 45.

13. Un bus bidireccional que solo puede emplear un sentido de transmisión en cada momento se denomina:

A. *Simplex.*
B. *Half-duplex.*
C. *Full-duplex.*

14. En una transmisión síncrona, los bloques de bits SYN y ETB se denominan:

A. Finalizadores.
B. Almanaque.
C. Delimitadores.

15. La trama transmitida por un bus ARINC 429 emplea habitualmente paridad:

A. Impar.
B. Par.
C. Mixta.

16. Las redes Ethernet LAN emplean el estándar:

A. IEEE 802.3.
B. ARINC 629.
C. MIL-STD-1773B.

17. El bus AFDX se corresponde con el:
   A. ARINC 629.
   B. ARINC 664
   C. MIL-STD-1553B.

18. ¿Qué circuito digital se implementa con transistores bipolares BJT?
   A. TTL.
   B. CMOS.
   C. Tanto TTL como CMOS.

19. En una puerta XNOR, la salida será un 0 cuando sus entradas sean:
   A. 1 y 1.
   B. 0 y 0.
   C. 1 y 0.

20. Los estados set y reset son característicos de los circuitos multivibradores:
   A. Astables.
   B. Monoestables.
   C. Biestables.

21. En una matriz de memoria de una computadora:
   A. En cada celda se podrán almacenar entre 10 y 16 bits.
   B. La posición de una palabra se conoce como dirección.
   C. La capacidad de la memoria es inversamente proporcional al número de palabras de la matriz.

22. ¿Cuántos bytes tiene 1 Kilobyte?
   A. 1000.
   B. 1024.
   C. 100.

23. La tarjeta de memoria SSD es una evolución de la memoria:
   A. UV EPROM.
   B. EEPROM.
   C. DRAM.

24. La memoria RAM tiene capacidad de:
   A. Lectura.
   B. Escritura.
   C. Lectura y escritura.

25. El conjunto de programas, instrucciones y reglas informáticas para ejecutar ciertas tareas en una computadora, se denomina:
   A. Hardware.
   B. Software.
   C. Memoria.

26. Cuando un rayo de luz pasa del aire al agua, el rayo refractado:
   A. Se alejará de la vertical (el ángulo de refracción aumenta).
   B. Se acercará a la vertical (el ángulo de refracción disminuye).
   C. Tendrá el mismo ángulo que el rayo incidente.

27. El diámetro del núcleo de una fibra óptica monomodo es de:
   A. 9 μm.
   B. 50 μm.
   C. 62,5 μm.

28. La superficie homogénea más pequeña de las que componen la imagen de una pantalla se denomina:
   A. Trama.
   B. Nodo.
   C. Píxel.

29. Las pantallas LCD reflectivas se emplean en:
   A. Relojes, polímetros y calculadoras.
   B. Las pantallas del EFIS.
   C. Las pantallas del ECAM.

30. ¿Qué pantallas táctiles permiten hacer zoom «pellizcando» con dos dedos?
   A. Solo las acústicas.
   B. Resistivas.
   C. Capacitivas.

31. La brisa que incide sobre un globo de goma sintética provoca que:
   A. El globo se cargue positivamente.
   B. El aire se cargue negativamente.
   C. El globo se cargue negativamente y el aire positivamente.

32. ¿En qué tipo de software el operador puede modificar o actualizar los datos y el código ejecutable?
   A. UMS.
   B. LSAP.
   C. DO-178B.

33. Una antena de 2 m de longitud recibirá de forma óptima una señal con una longitud de onda de:
   A. 4 m.
   B. 2 m.
   C. 1 m.

34. Una fuente de alimentación conmutada, como la de una computadora, es un ejemplo de carga:
   A. No lineal.
   B. Lineal.
   C. Senoidal.

35. Para proteger el cableado de interferencias electromagnéticas, este será:
   A. De aluminio.
   B. Apantallado.
   C. Agrupado en mazos.

36. ¿A través de qué dispositivo introducen los pilotos los mensajes en el ACRAS MU?
   A. ECAM.
   B. RMP.
   C. MCDU.

37. ¿En qué informe del CFDS se recogen solo los mensajes de fallo generados durante el último vuelo?

A. POST FLIGHT REPORT.
B. LAST LEG ECAM REPORT.
C. LAST LEG REPORT

38. ¿Cuál es el interfaz que emplean los pilotos para introducir el plan de vuelo en la FMC?

A. MCDU.
B. Panel de control del ECAM.
C. Panel de control del FMS.

39. El giróscopo microelectromecánico MEMS se basa en el efecto:

A. Sagnac.
B. Seebeck.
C. Piezoeléctrico.

40. La computadora del TCAS y su transponder están interconectados a través de:

A. Un bus de datos.
B. Un cable coaxial.
C. Un cable apantallado no coaxial.

EXAMEN TIPO 12

1. La pantalla secundaria del ECAM es la:

A. SD.
B. EWD.
C. ND.

2. ¿Dónde se alojan las DMC que controlan las pantallas del EFIS?

A. En la cabina de pilotaje.
B. En el centro de equipos (centro de aviónica).
C. En el cono de cola o bajo el radome.

3. El número binario BCD 10000101 es equivalente al decimal:

A. 155.
B. 133.
C. 85.

4. En una computadora, el número decimal –4 es equivalente al binario:

A. 0010.
B. 1011.
C. 010010.

5. ¿Qué signo tiene el número binario 011010?

A. Ninguno.
B. Negativo.
C. Positivo.

6. ¿Cuál es el complemento a uno del número binario 101101?

A. 110011.
B. 1001.
C. 010010.

7. Para suavizar la onda de salida de un conversor DAC se emplea un filtro de:

A. Inducción (*choke coil*).
B. Paso de banda.
C. Paso bajo.

8. El convertidor ADC más rápido es el:

A. Flash.
B. De aproximaciones sucesivas.
C. R-2R.

9. ¿Qué tipo de DAC se emplea preferentemente en conversiones con 8 o más bits de entrada?

A. DAC en escalera R-2R.
B. DAC con conmutador analógico.
C. DAC con latch.

10. ¿Qué tensiones pueden tomar los cables de un bus ARINC 429 respecto a masa?

A. + 5V y –5 V.
B. +5 V y 0 V.
C. +5 V, 0 V y –5 V.

11. El bus MIL-STD-1773B es un bus:

A. Análogo al MIL-STD-1553B pero de fibra óptica.
B. Paralelo.
C. Serie unidireccional.

12. ¿Qué es físicamente el terminador de un bus?

A. Una resistencia de 50 Ω.
B. Un amplificador operacional.
C. Un latch.

13. El bus MIL-STD-1553B es un bus:

A. Paralelo.
B. Serie unidireccional.
C. Serie del tipo *half-duplex*.

14. El ARINC 429 emplea para la transmisión un:

A. Conductor de fibra óptica.
B. Par trenzado y apantallado de cobre.
C. Un cable coaxial apantallado de cobre.

15. El bus ARINC 629 es capaz de interconectar un máximo de:

A. 120 dispositivos.
B. 200 dispositivos.
C. 255 dispositivos.

16. Las memorias son características de los circuitos:

A. Secuenciales.
B. Combinacionales.
C. Tanto combinacionales como secuenciales.

17. ¿Cuál de las siguientes memorias presenta una mayor capacidad?

A. RAM.
B. Caché.
C. Registro de la CPU.

18. ¿Cuántos bytes tiene 1 kilobyte?

A. 1000.
B. 1024.
C. 100.

19. La memoria SRAM:
A. Tiene elevada capacidad pero baja velocidad de lectura.
B. Tiene poca capacidad pero alta velocidad de lectura.
C. Tiene elevada capacidad y velocidad de lectura.

20. ¿Qué elemento se encarga de traducir el lenguaje de alto nivel en lenguaje máquina?
A. Driver.
B. Firmware.
C. Compilador.

21. El sistema operativo de una computadora es un software de:
A. Aplicación.
B. Programación.
C. Sistema.

22. El índice de refracción del núcleo de una fibra óptica es:
A. Menor que el del revestimiento.
B. Mayor que el del revestimiento.
C. Igual al del revestimiento.

23. ¿En qué tipo de fibra óptica la luz se propaga siguiendo distintas trayectorias o caminos?
A. Fibra multimodo.
B. Fibra monomodo escalonado.
C. Fibra monomodo gradual.

24. El diámetro del revestimiento de una fibra óptica monomodo es de:
A. 50 μm.
B. 62,5 μm.
C. 125 μm.

25. Los colores básicos representados en una pantalla CRT a color son:
A. Rojo, verde y azul.
B. Rojo, verde y amarillo.
C. Rojo, amarillo y azul.

26. Las pantallas OLED se fabrican:
A. Con matriz activa o con matriz pasiva.
B. Siempre con matriz pasiva.
C. Siempre con matriz activa.

27. El cuerpo humano:
A. Tiende a cargarse positivamente.
B. Tiende a cargarse negativamente.
C. No se cargará electrostáticamente.

28. ¿Qué es el software FLS?
A. El instalable por el operador sobre el terreno.
B. El indispensable para el funcionamiento de los mandos de vuelo.
C. El software típico del sistema de entretenimiento de a bordo.

29. OPS, OSS y MEDB son tres tipos de software:
A. UMS.
B. SCS.
C. ADB.

30. ¿Cuál de los siguientes dispositivos genera campos HIRF?
A. Antena terrestre de radio y televisión.
B. *Smartphone* de un pasajero.
C. GPS portátil.

31. ¿En qué circunstancia la probabilidad de que una aeronave sufra el impacto de un rayo es mayor?
A. Despegue y aterrizaje.
B. Carreteo por la pista.
C. Vuelo de crucero a 44 000 ft.

32. Cuando el ACARS de a bordo genera una respuesta automática al ser «interrogado» desde tierra, está funcionando en modo:
A. *Pulled mode.*
B. *Touchless mode.*
C. *Demand mode.*

33. ¿Dónde se encuentra el panel de control del EFIS de un avión comercial como el Airbus A-320?
A. En el panel superior.
B. En el panel principal.
C. En el panel antideslumbrante.

34. El *autopilot*, el director de vuelo y el *autothrust* son funciones de la:
A. FMGC.
B. FAC.
C. CFDIU.

35. Los instrumentos *standby* forman parte del sistema:
A. ADIRS.
B. CFDS.
C. AIMS.

36. El giróscopo láser basa su funcionamiento en el:
A. Efecto Sagnac.
B. Efecto corona.
C. Efecto Joule.

37. ¿Qué sistema de geoposicionamiento cruza los datos del GPS con los del Galileo?
A. EGNOS.
B. GLONASS.
C. GPS Navstar.

38. El radar meteorológico de una aeronave es un ejemplo de radar:
A. Secundario SSR.
B. Estático.
C. Primario PSR.

39. El TCAS transmite a una frecuencia de:
A. 220 kHz.
B. 450 kHz.
C. 1030 MHz.

40. El transponder modo S emite una señal codificada de:
A. 24 bits.
B. 64 bits.
C. 128 bits.

SOLUCIONES A LAS PREGUNTAS DE TEST

	Examen tipo											
Pregunta	**1**	**2**	**3**	**4**	**5**	**6**	**7**	**8**	**9**	**10**	**11**	**12**
1	A	B	B	C	B	A	C	B	A	B	B	A
2	C	B	B	B	B	C	A	B	B	A	B	B
3	C	B	B	A	B	A	A	B	B	A	C	C
4	B	C	C	C	B	A	C	C	B	B	C	B
5	C	C	C	B	B	A	B	A	B	B	B	C
6	C	C	B	B	C	B	A	A	A	A	C	C
7	A	B	B	A	C	B	A	C	B	A	B	C
8	A	C	C	C	A	C	B	A	A	A	B	A
9	A	B	A	C	C	A	C	A	C	A	A	A
10	B	A	A	B	A	B	B	C	C	A	B	C
11	A	A	B	A	B	B	C	C	B	A	B	A
12	B	B	B	A	C	B	B	C	A	C	A	A
13	A	C	C	A	B	B	A	A	A	A	B	C
14	C	C	C	B	A	B	A	C	C	B	C	B
15	C	B	A	C	A	B	B	B	A	B	A	A
16	B	A	B	B	C	C	A	A	A	A	A	A
17	B	B	C	C	A	B	A	C	B	A	B	A
18	A	B	B	B	A	B	A	C	B	A	A	A
19	C	C	A	B	B	A	C	B	B	C	C	B
20	A	B	C	C	C	A	C	C	C	B	C	C

	Examen tipo											
Pregunta	**1**	**2**	**3**	**4**	**5**	**6**	**7**	**8**	**9**	**10**	**11**	**12**
21	B	C	B	C	B	C	B	A	C	B	B	C
22	B	A	B	C	B	C	C	A	C	C	B	B
23	B	C	C	A	A	B	B	C	C	C	B	A
24	B	A	B	A	B	B	A	C	A	A	C	C
25	A	B	B	B	A	C	C	C	C	A	B	A
26	A	B	C	C	A	A	A	C	B	A	B	A
27	A	A	C	A	C	A	A	A	C	B	A	A
28	C	A	B	B	B	B	C	C	A	B	C	A
29	A	A	B	C	A	A	A	C	A	C	A	B
30	A	A	B	B	A	C	B	A	C	A	C	A
31	B	A	C	C	A	B	A	A	C	A	C	A
32	B	B	A	B	B	B	C	A	A	C	A	A
33	C	C	C	A	A	B	B	C	C	C	A	C
34	B	C	C	B	B	A	C	C	C	A	A	A
35	B	A	C	C	C	A	C	B	C	C	B	A
36	C	B	C	B	B	A	B	C	C	B	C	A
37	B	C	A	B	A	C	A	A	C	C	C	A
38	A	A	B	C	B	A	A	B	B	A	A	C
39	B	C	C	A	A	B	C	A	B	A	C	C
40	A	B	B	C	A	A	B	A	A	C	A	A

BIBLIOGRAFÍA

A319/A320A321 Aircraft Maintenance Manual (AMM). Airbus Industrie. 1989. Balgnac Cedex (France).

A319/A320/A321 Flight deck and systems briefing for pilots. AIRBUS. 1998.

Advisory circular AC-43-216 (Software management during aircraft maintenance). US Department of Transportation (Federal Aviation Administration). 2017.

AFDX Protocol tutorial. Condor Engineering. 2005. Santa Barbara (California).

Aircraft digital electronic and computer systems (principles, operations and maintenance). Mike Tooley. Ed. Elsevier Butterworth-Heinemann. 2007.

Aircraft Electricity & Electronics. Thomas K. Eismin. McGraw-Hill. 1994.

ARINC Protocol tutorial. Condor Engineering. 2000. Santa Barbara (California).

ARINC 429 Specification tutorial. AIM GmbH. 2010. Freiburg (Germany).

Aviation Maintenance Technician Handbook. US Department of Transportation (Federal Aviation Administration). 2008.

Digital Techniques. Electronic instrument systems. James W. Wasson. Aircraft technical book company. 2016. USA.

Fundamentos de sistemas digitales. Thomas L. Fluid. Ed. Pearson Educación. 2000. Madrid.

MD-80 Maintenance Manual. McDonnell Douglas Corporation.1999.

S-76 Rotorcraft high intensity radiated fields. US Department of Transportation (Federal Aviation Administration). 1991. Atlantic City.